本 书 由

国家体育总局"彩票业政府管制与
立法研究"项目（681SS04081）

浙江大学侨福建设基金

浙江大学人文社会科学"强所"计划

资 助 出 版

"公法时代"丛书

Times of Public Law Series

彩票业的政府管制与立法研究

Government Regulation and Legislation of the Gambling Industry

■ 朱新力 宋华琳 等 著

浙江大学出版社
ZHEJIANG UNIVERSITY PRESS

"公法时代"丛书总序

胡建淼

我们推出"公法时代"丛书,并非基于倾向"要强化公权力并弱化私权利",而是基于一种共识:"21 世纪,是公法的世纪,因为在这个世纪里,公权力比私权利更需得到法的规制。"

虽然公法与私法本身的概念仍会让我们争论几百年,但划分其"界河"的工作与理论几乎可以往前推演近 2000 年。自古罗马的 D. 乌尔比安(Domitius Ulpian,约 170—228)以来,公、私法的划分几经沉浮,到近代终于成为欧陆法制的原则和法学研究的前提。即使以普通法为传统的英美法系,甚至一度与西方法制决裂的前苏联东欧各国,在当代也无力抗拒公、私法的划分。

列宁曾经说过:"我们不承认任何'私法',在我们看来……一切都属于公法范围……"(见列宁:《给德·伊·库尔斯基的便条》,《列宁全集》(中文版)第 36 卷,人民出版社 1959 年版,第 587 页)这种对"公法"的过分好感,我们又慑于接受。公法就是公法,私法就是私法;不能因公法否定私法,也不能相反。规范与约束国家公权力行为者为公法,引导市民善待自己人身权与财产权者为私法。没有善良的公法规则,任何私权可能都会消失殆尽。

以公法为研究对象者曰"公法学"。公法学实与一国法治文明唇齿相依。J. 布丹(Jean Bodin,1530—1596)以《国家论六卷》首开近代公法学先河,经《拿破仑法典》编纂,法国确立了公、私法划分,率先进入法治国家行列。德国在 19 世纪中叶的欧洲无足轻重,公法学也姗姗来迟,到二战以后,其公法学名家鹊起,臻于繁盛,德国遂能忝列法治强国之列。而德国纳粹政权、意大利法西斯统治以及拉美极权政府全盘否定公、私法划分,终致法律沦为强权工具,国家与民众备遭祸乱。

　　中国两千年来的"法制"总体乃为"诸法合体"，既无法律部门区分，更无公、私法划分。清末丁韪良移译《万国公法》以后，《公法与私法》、《实理公法》、《比较宪法》等著译蔚为大观；清末修律、北洋"立宪"直至国民政府颁行《六法全书》，公、私法划分始告确立。废《六法全书》以后，中国也步前苏联后尘，取消公、私法划分。改革开放以来，中国迎来法治春天，其中，公法性法规剧增，公法学雄姿勃发，可喜可贺。

　　当下中国学界，"公法"内涵虽尚未定论，但"公法"似有广义与狭义之分，乃是不争的共识。作为狭义的"公法"，仅指宪法与行政法；但从广义论之，还需将刑法、诉讼法等纳入其中。中国的"公法学"不再是几个公法部门法的汇集，而是一种内在联系的外化。

　　"公法时代"丛书以推进中国的公法学与公法学的国际性比较为宗旨，以浙江大学公法与比较法研究力量为核心，汇集研究中外公法学者的力量，将一系列公法学研究方面的最新成果奉献给大家。

　　"公法时代"丛书是对中国"公法时代"的企盼！

2005 年 5 月·中国杭州

前　言

　　本书是"彩票业政府管制与立法研究"课题（国家体育总局项目：681SS04081）的最终成果。尽管呈现给读者面前的这本小书不可能尽善尽美，但也算是我们这几年通过研究领域拓展、研究方法革新，对彩票业政府管制与立法研究的些许尝试。

　　传统行政法学以司法审查为中心，更关注如何能够"亡羊补牢"，由法院来解决私人和政府之间的纠纷；而现代行政法学则同时关注控权和最好行政两个方面。后者以行政过程为中心，关注的是如何能够"防患于未然"，通过事前途径设计出更好的政策蓝图。我们在多年的行政法研究、教学以及实践过程中，逐渐感觉到传统行政法学面对来自各个具体行政领域的现象和问题时，每每感到捉襟见肘，力不从心。作为在传统行政法田地里耕耘多载的我们，也不时为此感到困惑。

　　近年来，在阅读文献的过程中，在与国内外同行的交流过程中，在和学友们共同讨论和研究的过程中，我们对政府管制理论逐渐发生了浓厚的兴趣。我们逐渐意识到，政府管制是一种问题导向的政策分析理论，是一种为了彻底解决问题而综合运用各种法律手段、法律机制和法律思想的理论，它对"细节中的魔鬼"的把握，对真实世界的解释力，让我们逐渐下定了拓展研究领域的信心和勇气。

　　之所以选择彩票业管制作为我们进入政府管制研究领域的敲门砖，并非一时兴之所至，而是因为我们的团队对这个行业有着相对较长时间的关注，与实际部门也有着较为密切的联系和合作。在彩票管制的研究中，我们先后申请并获得了国家体育总局体育社会科学软科学研究项目、浙江省体育局体育社会科学软科学研究项目、浙江省体育彩票管理中心彩票里的政府规制及其立法研究项目、浙江大学人文社会科学"强所"计划重大研究项目的资助，这为我们研究工作的进一步开展提供了可能。

　　以高涨的热忱投身本项研究过程中，我们深切感到了转换研究领域的艰难，为此必须感谢浙江大学公法与比较法研究所全体同仁在工作、教学和研究方面给予课题组的大量帮助，感谢以浙江大学副校长、博士生导师胡建淼教授为代表的浙江省宪法学与行政法学重点学科给予的鼎力支持。我们这个研究团队是一支年轻向上、富有朝气的学术队伍,课题组成员为本课题研究所贡献的并不仅仅是一篇篇高质量的论文,更在其间倾注了自己的心力与才情。相信这次合作会镌刻在每个人的记忆中,定格成为美好的回忆。在此我们也衷心祝愿课题组的每个人未来都能走上一条更为平坦顺利的学术之路!

"彩票业政府管制与立法研究"课题组
2006 年 11 月 25 日

目　　录

第一章　政府对彩票业的法律管制
　　——问题、成因及和谐社会理念下的制度面因应 ………… 1

　一、引言:"第六产业"的"繁荣"与困境 ………… 1

　二、彩票业管制中的问题表象 ………… 2

　三、问题的制度面成因 ………… 4

　四、和谐社会理念下的彩票业管制改革 ………… 8

　五、余论:公共论题的多学科融合 ………… 14

第二章　博彩管制研究 ………… 16

　一、政府制定规则 ………… 17

　二、博彩和公共利益 ………… 17

　三、管制博彩 ………… 19

　四、同注分彩博彩 ………… 24

　五、广　告 ………… 32

　六、新奥尔良案 ………… 35

　七、建　议 ………… 39

　附件 A　一个赌场的"最佳作法" ………… 41

　附件 B　NASPL 广告标准 ………… 43

　附件 C　广告与市场运作"最佳实践"的范例 ………… 45

第三章　中国彩票业政府管制研究 ………… 48

　一、引　言 ………… 48

　二、中国彩票业政府管制历史简考 ………… 48

　三、现行中国彩票业政府管制的结构 ………… 52

　四、彩票业政府管制的改革、困境与出路 ………… 57

　五、结　语 ………… 61

第四章　论福利彩票的政府管制 …………………………… 62

　　一、福利彩票中政府管制的必要性 ………………………… 62

　　二、福利彩票的政府管制体制 ……………………………… 63

　　三、福利彩票政府管制的要素 ……………………………… 67

　　四、福利彩票政府管制的法制化 …………………………… 75

第五章　管制与公共利益：商业性博彩和国家彩票 …………… 78

　　一、导　论 …………………………………………………… 78

　　二、商业博彩管制中的公共利益 …………………………… 79

　　三、国家彩票：从理想到设计 ……………………………… 85

　　四、国家彩票的基本框架 …………………………………… 88

　　五、商业性博彩的管制：一种基本的模式 ………………… 93

　　六、行动中的模式 …………………………………………… 96

　　七、结　论 …………………………………………………… 106

第六章　彩民权利研究 …………………………………………… 110

　　一、前　言 …………………………………………………… 110

　　二、游离于公权力行政与私经济行政之间：我国政府在彩票业

　　　　中的角色定位 ………………………………………… 114

　　三、彩民权利研究 …………………………………………… 121

　　四、代结语：彩民权利研究的新进路——以过程—关系模式为依托

　　　　…………………………………………………………… 129

第七章　彩票行政中的正当法律程序 ………………………… 131

　　一、彩票行政程序的价值内核 ……………………………… 131

　　二、彩票行政程序法律关系的表达 ………………………… 133

　　三、彩票行政程序的制度框架设计 ………………………… 135

第八章　非法彩票的界定与治理 ……………………………… 140

　　一、概　述 …………………………………………………… 140

　　二、我国非法彩票的现状与类型 …………………………… 141

　　三、有奖销售、有奖竞猜与非法彩票 ……………………… 144

　　四、非法彩票的治理思路 …………………………………… 149

第九章　新加坡彩票业政府管制的历史演进及启示…………… 154

一、引　言 …………………………………………………… 154

二、早期新加坡彩票产生的历史和文化根基——供中国人赌博的

　　"税收农场"(1797—1919) ……………………………… 156

三、博彩业在地下蓬勃发展(1919—1942) ………………… 159

四、日本统治新加坡期间彩票的合法化(1942—1945) …… 160

五、合法与非法彩票并存(1945—1965) …………………… 160

六、国营彩票(1965—至今) ………………………………… 163

七、前景与启示 ……………………………………………… 167

第十章　奥地利博彩业的政府管制 ………………………… 170

一、欧洲的博彩市场 ………………………………………… 170

二、奥地利博彩法的历史发展 ……………………………… 172

三、奥地利博彩法基本术语 ………………………………… 174

四、奥地利博彩法规则详述 ………………………………… 176

五、结　论 …………………………………………………… 180

第十一章　西班牙彩票的销售:组织与激励(1763—2000)

　　　　——"一直以来我们依靠彩票销售致富"(西班牙谚语)… 181

一、简　介 …………………………………………………… 181

二、为什么控制彩票的销售与分配 ………………………… 182

三、一种官方组织:西班牙彩票管理网络 ………………… 184

四、给彩票销售商设定激励机制的必要性 ………………… 185

五、激励的类型:职业结构抑或经济回报 ………………… 186

六、经济激励:佣金 ………………………………………… 187

七、另一种经济激励:额外收益 …………………………… 189

八、职业激励:提拔和稳定性 ……………………………… 189

九、西班牙彩票管理者的任命:不同的任命体系及其结果 … 191

十、结　论 …………………………………………………… 194

附录一　《中华人民共和国彩票法》立法建议书 …………… 196

附录二　国务院关于进一步规范彩票管理的通知 …………… 204

附录三　彩票发行与销售机构财务管理办法……………… 206

附录四　彩票发行与销售管理暂行规定……………………… 217

附录五　即开型彩票发行与销售管理暂行规定……………… 222

后　记……………………………………………………………… 229

第一章

政府对彩票业的法律管制

——问题、成因及和谐社会理念下的制度面因应[*]

一、引言:"第六产业"的"繁荣"与困境

从世界上第一张彩票发行以来,[①]伴随着人们的争论,彩票业越来越成为国民收入再分配过程中的"神奇之杖"。目前绝大多数国家都发行彩票。根据相关的统计数据,彩票业已成为"世界第六大产业"。

新中国成立以来最早发行的彩票是 1984 年 10 月国际马拉松比赛主办单位中国田径协会与中国体育服务公司发行的印有"发展体育奖,一九八四年北京国际马拉松赛"字样的奖券。之后,从中央到地方,为筹集社会公益活动资金,陆续发行了许多种类的彩票。但这些彩票的审批和发行都是"一事一议"式的,不具有制度性和常规性。真正地实现制度化运作并建立起完整的彩票发行和销售系统是在 1987 年,当时在民政部的提议下,国家成立"中国社会福利有奖募捐委员会",在全国范围内开始发行福利彩票。7 年后的 1994 年,国务院批准当时的国家体委发行体育彩票。[②] 至此,全国范围内的两大彩票发行和销售系统得以建立,并在中国彩票业发展中扮演举足轻重的角色。

通过数据可以说明中国彩票业近 20 年来的成就:到 2002 年底,通过发行彩票,国家已累计筹集公益金 420 亿元;而到 2003 年底,这个数字已达到

---

[*] 本章由唐明良、朱新力合作。唐明良,浙江社会科学院法学研究所研究人员;朱新力,浙江大学法学院教授、博士生导师。

[①] 彩票究竟源于何时何处,在学界无一定论。欧美现代彩票起步较早,发展较快,故对彩票渊源有较多的文字记载。1503 年,意大利佛罗伦萨建立了第一个公开发行彩票的机构,而 1566 年,英国女王伊丽莎白一世批准发行彩票以筹款修建港口……这些都是比较早的相关记载。参见宋一欣:《彩票法律制度初探》,《政治与法律》1999 年第 3 期。

[②] 中国彩票业的发展脉络。详参财政部综合司:《新中国彩票发展综述》,载《中国彩票年鉴2002》,中国财政经济出版社 2002 年版,第 3-12 页。

572.5 亿元。① 这组数据还在滚动式的刷新之中。在"繁荣"景象的数据背后,我们也不得不看到近年来彩票业"丑闻"迭报的窘相:从瞒天过海的双色球事件到偷梁换柱的西安宝马(汽车)彩票案,还有之前案值高达 5806 万元天文数字的"彩世塔",彩票业的公信力正在面临重重考验。由此,也让我们联想起另外一组值得警醒的数据:2003 年中国彩票销售仅增长 3.9%,而世界是 10%。2003 年中国(内地)的彩票销售收入是 48.5 亿美元,世界是 1540 亿美元。我们人均购买彩票是 31 元人民币,在世界处于较低水平,居世界首位的新加坡,人均是 550 美元。②

中国的彩票业在短暂的勃兴(或者根本未曾繁荣?)之后走进了困境,制度面的原因何在,又如何应对? 特别是在和谐社会的理念下,政府对彩票业的管制将何以作为?

二、彩票业管制中的问题表象

(一)彩民权利受损,彩票公信力下降

彩票是国家为支持社会公益事业而特许专门机构垄断发行,供人们自愿选择和购买,并按照事前公布的规则取得中奖权利的有价凭证。③ 因此,从法律上分析,彩票是一种无记名有价证券,表征着一种合同关系:在双方意思自治的情形下,彩民通过购买彩票,与彩票销售者形成合法有效的合同关系,基于这种合同关系,彩民获得中奖的机会与权利。如果说,在开奖之前,彩民所拥有的仅仅是一种机会、一种期待权的话,那么一旦中奖,彩票的期待权便转化为一种实实在在的(相对于彩票发售者的)债权,④彩民可以基于这种债权要求予以承兑。

以上的权利分析在法律上并不困难,但是复杂的社会现实却使得彩民的权利经常有被"掏空"的危险:著名的宝马汽车彩票案中,主人公好不容易抽中宝马汽车,结果彩票却被掉了包;之后,新疆一位彩民买的彩票明明与报上公布的中奖号码相同,彩票中心却说"你没中奖",理由很简单,因为号

---

① 两个数据分别来源于肖捷:《中国彩票业的使命》,载《中国彩票年鉴 2002》,中国财政经济出版社 2002 年版;朱彤、余晖:《彩票市场的竞争性质与我国彩票监管体制的重构》,《中国工业经济》2004 年第 4 期。

② 该组数据来源于:《"赌博合法化"之辩》,《南方周末》2004 年 12 月 23 日。

③ 财政部:《彩票发行与销售管理暂行规定》(财综〔2002〕13 号)第 2 条。

④ 韩世远:《彩票的法律分析》,《法学》2005 年第 4 期。

码必须"连号";①而福彩双色球第 2004009 期开奖的转播镜头中,居然"特写画面与全景画面不同步",如此严重的程序正义丧失更使得广大彩民"心拔凉拔凉的"……如此种种,不一而足。人们不禁对彩票的公信力产生严重的质疑:"究竟是谁在操纵彩票?"在这些彩民权益受损的案例中,或许部分当事人通过法律途径"讨到了说法",也获得了应有的经济补偿(部分彩民恐怕只能自认倒霉甚至更为致命——根本不知道自己权利受损),即便如此,从制度建设的层面,此种"迟到的正义"对于彩票公信力的维护并无多大作用。

(二)彩票市场秩序混乱,"私彩"问题严峻

目前,我国彩票市场由两家来经营:即国家体育总局下属的中国体育彩票发行中心和民政部下属的中国福利彩票发行中心,地方各级民政部门和体育行政部门配套组建相应的发行机构。因此,在目前的发行框架之下,福彩中心和体彩中心各成体系,它们为争夺市场份额进行事实上的价格战,甚至发展到"撕破脸皮的恶性竞争"地步。比如,为在与体彩的竞争中取得优势地位,四川福彩中心曾违规将发行成本结余的 1000 余万元作为特等奖奖金保底基金,并在对外宣传报道及对投注站点散发的宣传资料中,有意将体育彩票和福利彩票的有关指标进行比较性宣传。② 事实上,在各地的两大彩票中心竞争中,采用"奖金保底"作为竞争手段的做法并不鲜见。另外,各地彩票中心还通过修改游戏规则来实现竞争优势等等。③ 各种各样的恶性竞争自然导致彩票市场秩序的极度混乱。

与"国家彩票市场"的恶性竞争同时存在的,是体制外的"私彩"问题。早些年,沿海一些地区如广东的汕尾、汕头、梅州、揭阳、清远、韶关等地相继出现了当地残联以义卖形式销售经当地政府批准的变相彩票活动。广州、汕尾、佛山、肇庆等地还出现了销售香港"六合彩"的投注站。近些年,私彩

---

① 详见《中国青年报》2005 年 2 月 17 日、18 日相关报道。

② 参见《财政部关于对四川省福利彩票发行中心违规事件的通报》(财规〔2000〕36 号)。

③ 为此,财政部在《彩票发行与销售管理暂行规定》(财综〔2002〕13 号)中作出了应对:各类彩票的游戏规则必须报财政部审批。事实上,恶性竞争的手段多种多样,不一而足,以至于管制者常常极为无奈。比如在山东某地,财政部门曾经不让两种彩票在同一个县市、同一个地点、同一时间进行销售,否则无法避免恶性竞争。此种让人啼笑皆非的做法居然被誉为"创举"。

和境外"六合彩"更是席卷了南方的许多沿海城市,并迅速向内地蔓延。①

(三)公益金分配上的正当性缺失

按照最初的体制安排,发行彩票所得的公益金全部用于体育和社会福利领域的开支。而社会福利和体育事业不是唯一需要公益金扶持的,卫生、环保等领域也迫切需要资金的支持。于是,国务院于2001年对公益金的分配方案进行了适当调整:由财政部会同民政部、国家体育总局,分别确定民政部门和体育部门的彩票公益金基数,基数以内的彩票公益金,由民政和体育部门继续按规定的范围使用;超过基数的彩票公益金,20%由民政和体育部门分别分配使用,80%上交财政部,纳入全国社会保障基金,统一管理和使用。② 而纳入全国社保基金的部分,由财政部在助学、残疾、环保、社保及奥运会等八大领域分配。现在的问题在于,一方面,由体育和社会福利领域分享公益金大头的正当性依据是否具备? 另一方面,除了已经享受公益金的八大领域之外(不包括体育和福利),其他如教育、建设、西部开发等领域的利益又如何平衡?

三、问题的制度面成因

(一)管制体制的缺陷与管制者的尴尬

20世纪90年代初,国务院将彩票管制职能赋予中国人民银行,中国人民银行继而成为彩票管理的主管机关。但事实上,当时的"中募委"和国家体育总局仍旧保留了部分审批权,因此形成了多头审批和多头管理的局面。管制体制上的不顺实际肇端于此。1999年底彩票管制职能从中国人民银行移交到财政部之后,局面有所改观,作为管制者的财政部风风火火地采行了一些改革措施。但当其准备出台旨在推动"部门彩票"向"国家彩票"转变的两项大手笔改革措施(即彩票发行机构脱离行政依附和公益金分配的国家化)时,却遭遇了重大阻力。部门权力角逐的最后结果是由国务院作出的

---

① 参见佘方勇:《彩票市场的发行管理及对策研究》,《银行与企业》1999年第9期。在内地的一个小山城,自2003年春节后,"六合彩"便以迅雷不及掩耳之势遍及山城的各个角落,有的地方不管男女老少几乎人人"打彩",已发行了几十期,福彩和体彩的销售量急剧下降,人们的见面问候语由以往的"吃了吗?"变成了"打彩了吗?"资料来自汪琳:《彩票法的立法思路与目标》,http://www.cn-loans.com/detail.asp? articleid=1713&detailpage=3。
② 《国务院关于进一步规范彩票管理的通知》(国发〔2001〕35号)。

折中式改革方案：现行彩票管理和发行体制维持不变，调整公益金比例并调整其分配政策（前已述及）。[1]

在 2001 年的《国务院关于进一步规范彩票管理的通知》中，对现行的管制体制予以了进一步明确：财政部负责起草和制定国家有关彩票管理的法规、政策，管理彩票市场和彩票资金；民政、体育部门分别负责组织福利、体育彩票发行与销售活动。如此的管制体制带来两个后果：一方面，发行机构所依附的民政和体育部门也承担着部分管制职能，很多时候"自己作自己的法官"，具有仲裁者的意味；另一方面，财政部所要管制的实际上是两个与自己地位相仿、级别一样的部门，其出台的各项政策只有在中央和地方各级民政和体育部门的配合下才能取得实效。并且，对于发行部门恶性竞争、侵害彩民权利等违规行为，管制者缺乏足够的制裁机制（工具）予以制约。[2]

"西安宝马彩票案"已经凸显该种管制体制的疲软。事实上，在"彩世塔"等案件的刺激下，财政部已经意识到彩票包销过程中存在的问题，并于2003 年出台《即开型彩票发行与销售管理暂行规定》（财综〔2003〕78 号），该《暂行规定》第 17 条明确规定：彩票机构不得采用承包、转包、买断等形式对外委托彩票发行和销售业务。这一管制规则背后的精神，一方面，恐怕是为了加强对彩票销售的管制，如果彩票的销售被人承包或者买断，那么承包商进行溢价销售或者其他不当行为，彩票发行人势必无权干涉；另一方面，不许包销，也与彩票的游戏特点相关。彩票与股票不同，表现在彩票要按比例返奖，返奖、彩票公益金和发行费用之间有固定的比例，对于承销者而言，此种投入产出模型决定了如允许包销，包销商为了分散风险，很容易会打返奖或彩票公益金的主意，在压缩发行费用所占比例的情况下，这一问题会变得更为突出。[3] 在现有的发行体制之下，制定如此的管制规则可谓用心良苦。然而，在部门利益导向之下，西安当地的彩票发行部门并未遵循管制者的这一规则，为规避风险，"稳赚不赔"，将大量的彩票额度承包给"西安宝马彩票案"主角杨永明。在事件的背后，折射出的是在管制权威和制约工具双双缺

---

① 此间的角力过程，详参财政部综合司：《新中国彩票发展综述》，载《中国彩票年鉴 2002》，中国财政经济出版社 2002 年版，第 3-12 页。

② 福建省财政厅一位官员的话充分体现了管制者的尴尬地位："财政部、体育部和民政部都是部级单位，谁管谁呢？……头段时间，我们因为两家（指民政和体育——笔者注）进行恶性竞争开处理会议，一位民政局长居然在会议上拍桌子。我们曾向财政部提议加快处罚条例的制定，使违规者受到处罚。但现在的事实是，仲裁权并不在财政部，两家跟以前一样都设有自己的仲裁中心，一旦出现了问题，仲裁结果能公正吗？"材料来自贾存斗：《彩票部门利益恶争激生财政部紧急通知》，《经济月刊》2002 年第 8 期。

③ 参见韩世远：《彩票的法律分析》，《法学》2005 年第 4 期。

失背景之下管制体制的乏力。

(二)"依附于行政"的发行体制

如前所述,我国目前的彩票发行机构分别依附于民政和体育部门。此种行政依附式的发行体制除了间接导致上述管制体制的疲软之外,还产生了以下的负面效果:

第一,两大发行系统之间实质上的同质竞争导致市场混乱。中国福利彩票与体育彩票虽然叫法不同,但从游戏规则看,基本可以分成即开型彩票、数字型彩票、乐透型彩票和足球竞猜彩票。除了足球彩票归体育彩票发行中心发行外,其余三类彩票由福彩和体彩两大寡头部门共同发行。因此,尽管游戏规则各异,但两大发行机构之间的竞争实质上是同质竞争。① 由此带来的结果是双方在价格上的比拼,这对于以筹集公益金为发行目的的彩票业来说并非福音。

第二,发行体制上的行政依附性导致公益金分配过程中偏向于两大部门。目前这一状况虽有所改善,但仍带有强烈的"部门彩票"色彩。②

第三,由于体制上的依附性,整个彩票发行的运作过程也呈现"行政化"特征。在彩票发行的早期,发行部门广泛采用现场销售的模式,于是,大奖组的彩票发行销售往往成了民政、宣传、公安、城管、工商、银行、税务、物价、公证等数十个部门的"假日总动员"。在大量改用计算机热线销售之后,这种情况已经得到改观。但是"行政化"的倾向仍然体现于彩票发行的许多环节中,导致发行效率不高、成本巨大。以发行费的分级管理为例,在2002年以前,我国的彩票发行费高达20%,之后,国务院将之调整为"不得高于15%"。③ 应该说,15%的发行费比例在世界范围内是相当高的,④但问题在

---

① 参见余晖、朱彤:《垄断型彩票行业的风险》,《南方周末》2004年4月15日,第C19版。

② 以体育彩票为例,实际上目前发行的体育彩票更多的是体育部门发行的彩票的简称,而非严格意义上的体育彩票(以足球比赛胜负为竞猜对象的足球彩票是一个例外——笔者注)。参见谢琼桓:《关于发行体育彩票的若干问题》,《体育科学》2000年第1期。在我国,特别是在彩票发行的早期,体育彩票和福利彩票的区分主要是基于公益金享受主体的判断。难怪主管体育彩票的一位官员感叹:"不是我们各级体委需要彩票,而是我们已经离不开彩票了。"参见《中国彩票如何走出危机》,《中国新闻周刊》2004年第22期。

③ 《国务院关于进一步规范彩票管理的通知》(国发〔2001〕35号)规定:从2002年1月1日起,彩票发行资金构成比例调整为:返奖比例不得低于50%,发行费用比例不得高于15%,彩票公益金比例不得低于35%。

④ 例如,英国、美国、加拿大、澳大利亚四国彩票发行成本占总收入的比重分别为5%、5.8%、6.4%和6.4%。参见朱彤、余晖:《彩票市场的竞争性质与我国彩票监管体制的重构》,《中国工业经济》2004年第4期。

于,发行中的行政依附性使得发行费被层层扣减,从中央到地方的各级彩票中心均要从中分一杯羹。于是,基层彩票中心获得的发行费就相对很少。为确保自己的利益,彩票发行中心便往往违规将部分甚至全部发行额度承包给私营经济主体以转嫁风险。而无法再转嫁风险的经济主体为谋求利益最大化,违法巧取 50% 返奖的动机大涨。

(三)彩票管制的规范基础薄弱

在我国,彩票业的发展承袭了"摸着石头过河"的改革样板,重复着"先发展、后立法"的路径。从 20 世纪 90 年代初以来,国务院、中国人民银行、财政部以及民政部、国家体育总局先后以"通知"、"函"、"批复"等形式发布了许多规范性文件。应该说,这些文件对于统一彩票市场、管制彩票发行起到了相当大的作用。但从法律(行政法)面分析,"通知"、"函"、"批复"等"红头文件"在位阶上属于"其他规范性文件",理论上或谓之"行政规定"。"行政规定"处于法律渊源效力层次的底端,其规范效力十分有限,主要作用是对法律、行政法规、地方性法规和政府规章进行具体细化规定。

如此的效力层次显然无法适应彩票管制实践的需要:一方面,彩票管制框架的设计牵涉行政组织法上各个职能部门的权限配置问题,该种权限配置由"行政规定"来完成实在失之草率;另一方面,公益金分配涉及到国家公共财政资金的支配和使用,根据行政法上的"法律保留"原理,由"红头文件"来作出分配缺乏正当性;最后,彩票管制中需要设定许多行政许可和行政处罚项目,而按照我们国家的立法权限分配,"其他规范性文件"几无设定权,由此可能带来巨大的管理真空。

以行政处罚的设定为例:根据《行政处罚法》的规定,法律、行政法规、地方性法规和政府规章可以设定行政处罚(其中部门规章只能设定警告和一定数量的罚款),其他规范性文件一律不得设定行政处罚,而只能在上位法律法规规章已经设定处罚的行为、种类和幅度范围内进行具体的细化规定。[①] 在这样的处罚设定权限分配框架之下,彩票管制部门常常面临两难:

---

① 参见《中华人民共和国行政处罚法》第 9-14 条。

一方面它没有上位法的依据对彩票市场中的违规①行为进行处罚,另一方面它自己又无权设定有关的行政处罚项目。于是,我们可以看到管制过程中的某些复杂图景:对于前述四川省福彩中心的严重违规行为,财政部作出了两项处理决定:其一,在全国主要媒体上对四川省福彩中心进行通报批评;其二,建议由四川省人民政府依据干部管理权限,追究其主要责任人的党纪、政纪责任。② 如此处理存在两个问题:第一,"通报批评"作为《行政处罚法》上的"其他行政处罚",在没有相关上位法依据的前提下,由"红头文件"作出设定是否违反《行政处罚法》? 第二,管制部门只能建议性地提议由有权部门追究相关责任人的政治责任,而无法追究违规者的法律责任以落实其管制职责。此种无奈充分体现了彩票管制规范的储备严重不足。③

四、和谐社会理念下的彩票业管制改革

(一)和谐社会理念的制度面因应

建设和谐社会已经成为中国社会的时代主题。继十六届三中全会提出"坚持统筹兼顾,协调好改革进程中的各种利益关系。坚持以人为本,树立全面、协调、可持续的发展观,促进经济社会和人的全面发展"之后,十六届四中全会进而予以升华:"要适应我国社会的深刻变化,把和谐社会建设摆在重要位置,注重激发社会活力,促进社会公平和正义……"一时间,从街谈巷议到党报大刊,"和谐社会"都是"头版"的主题。但是,究竟何系和谐社会,如何建构,都没有确定的答案。无论如何,有一点应当是肯定的:在和谐社会中,社会关系应当得到全面有效的调整。

---

① 此处终于有合适的机会解释为何笔者在文中谨慎地采用"违规"的措辞,而非"违法"。因为,在法学界,规章以下的规范性文件究竟是否属于"法"存在较大的争议。尽管学术界有人呼吁要尊重"行政规定",但在部门利益倾向严重的转型中国,无论实务界还是理论界,一般对其还是采取了相当的保留态度。关于这个问题的详细探讨,国外相关理论可参见[日]盐野宏著,杨建顺译:《行政法》,法律出版社1999年版,第42页以下。国内学者的探讨可以参见朱新力、金伟峰、唐明良:《行政法学》,清华大学出版社2005年版,第32页以下。另见朱芒:《论行政规定的性质——从行政规范体系角度的定位》,《中国法学》2003年第1期。

② 《财政部关于对四川省福利彩票发行中心违规事件的通报》(财规〔2000〕36号)。

③ 除了行政处罚,对于严重违规的行为,还可以追究刑事责任。但对于彩票中的严重违规行为,在刑法上究竟如何定罪也是一个问题。西安宝马彩票案中的杨永明最后被定性为诈骗罪和行贿罪。学术界对这个问题也有争论,参见魏地:《彩票问题的刑法适用》,《中国刑事法杂志》2002年第2期。

然而,所谓"条条大路通罗马",社会关系的全面调整、经济社会的和谐建设亦可通过多种路径实现。从大处着眼,我们既可借助于人治,也可依赖于法治,两者或许均可达致经济社会和谐的目标。问题在于,通过前者的路径,无法实现社会制度层面上的和谐。例如,一个认同和谐社会理念的封建君主(独裁者),以专制的手段朝经济社会和谐的方向施政,却建立在人治的基础之上,法律制度没有建构,民众也没有在有参与感的情况下真正产生和谐的内心体认,那么,一旦江山易主或者政治风向突变,所有试图达致社会和谐的措施亦将成为泡影。就这个意义上说,我们在强调和谐社会理念的时候,不但需要注意社会和谐的整体目标,亦应关注社会制度层面的和谐。也正因为如此,重在调整国家与社会、政府与市场关系的各种管制改革,需要重点把握的是制度建构面的和谐,接受民主、法治以及程序理性、经济效率的考验,而不应仅仅停留于个案中的利益平衡上。

(二)彩票业管制因应和谐社会理念的改革方向

彩票业管制要在制度层面符合和谐社会的理念,亦需经受民主、法治、经济原理以及程序理性的考验。

1. 管制制度的正当化基础——民主、法治和程序理性的考验

首先必须具备的是坚实的法律规范基础。第一,发行公益彩票,是国家对国民收入再分配的政策工具,其正当性应当通过法律的形式确立;第二,彩票管制措施,包括组织法框架的调整、公益金分配等等,均应通过一定位阶的"法"予以正当化,而不能仅仅依赖于行政首长意志或者部门规定、政策等。

其次,彩票管制政策作成过程中应当彰显程序正义,吸收利害关系人乃至一般公众参与到管制政策的形成过程中,以公众参与、公开透明确保其正当性基础。

2. 管制政策的效率考量——经济原理的适用

第一,管制机构的专业性和超脱性。唯有超脱,才有落实管制的可能;唯有专业,才能提高管制效率,对管制对象"洞若观火"。

第二,建构以特许制度为背景的市场化发行体制。目前的行政依附式发行体制以及发行额度管理具有浓重的计划经济色彩,不符合市场经济的原理。作为垄断产业的彩票业需要严格管制,但并非绝对遏制竞争。

第三,在以上两项得以落实的基础上,采用多种管制工具以促进效率,

包括许可、处罚、信息管制、自我管制等等。

（三）具体的改革方案——结合比较法上的考察

1. 市场化的发行体制

有鉴于现有行政依附式发行体制的种种弊端，早在财政部全面接管彩票管理工作之初，就提出了彩票管理体制的改革方案，其首要内容便是将福利和体育两个彩票机构从其所属的行政部门中分离出来，改制成企业性质的专业化彩票发行机构。随后，国务院体改办于 2000 年 11 月亦提出了相类似的改革方案。但国务院出于平衡各方面利益的考虑，并未下决心对彩票发行体制作出根本的变革。事隔多年之后，一方面，现有发行体制的弊端进一步暴露，尤其是其间接造成的管制疲软、发行成本巨大以及在人事制度和分配制度上的计划经济色彩等已成为整个彩票业发展的掣肘，从"部门彩票"到"国家彩票"转化的呼声不断高涨；另一方面，近年来我国在诸多公用事业领域的市场化改革已经提供了许多可资借鉴的经验，彩票业市场化运作的时机已经逐步成熟。

至于具体的市场化运作模式，目前在世界上有两种方式比较流行，兹分述如下：

（1）国家彩票由政府特许一家私人企业经营，同时允许其他公共彩票的发展。这种模式的代表国是英国。1993 年英国《国家彩票法》第 5 节规定国家彩票总监应向一家私人部门公司颁发许可证来管理彩票的运营，如果其是满足"合格和适当的人选"之要求。其活动应仅限于国家彩票的运营，构成彩票的销售、辅助设施和其他附随于前述事项的必要活动，或在从事类似活动之后的有关补贴利息的收取的活动。① 根据这一条，Camelot 公司通过竞标获得了 1994—2001 年 7 年间的国家彩票经营权。2000 年，该公司在竞标中再度胜出而成为 2002—2009 年度英国国家彩票的经营者。但在国家彩票市场实行"阶段垄断"的同时，英国还允许社会公益彩票、地方政府彩票等"非国家彩票"的发展，并为其设计了不同于国家彩票的管制政策。

（2）由国有（或国家控股）的公司垄断全国彩票发行市场，这种模式的代表国是法国。20 世纪 70 年代中期，法国在传统彩票之外允许六合彩的发展，并将六合彩业务委托给佩罗公司。六合彩在法国获得巨大成功之后，法

---

① David Miers. Regulation and the Public Interest: Commercial Gambling and the National Lottery. The Modern Law Review. Vol 59, 1996.

国政府实施了国有化的管制策略,把经营传统型彩票的法国国家彩票公司和经营六合彩的佩罗企业合并,成立国家彩票和六合彩公司。1991 年,该公司又更名为法国国家游戏集团。该公司由国家控股(国有股最初为 51％,后扩张到 72％),垄断全国彩票发行市场。① 美国在发行体制上也采用垄断模式,但由于其联邦制结构,实行地区垄断,即各个州由一家彩票公司垄断发行。

我国彩票业的市场化改革究竟应当采用何种模式,理论界和实务界也有许多不同的声音。代表性的观点有:

(1)主张成立全国统一的彩票总公司。由此公司统管全国彩票市场与行业,垄断经营全国彩票,改变目前中央、地方、部门分属管理局面,保证彩票市场的统一性和完整性。在体制上,各省、市、自治区、计划单列市可设由总公司投资的国有独资企业法人的子公司,而地、市、县、区设立非独立核算、非企业法人的分公司、支公司。②

(2)建议将全国彩票市场划分为三块:竞猜型彩票市场、数字型与乐透型彩票市场、传统型与即开型彩票市场。每一个彩票市场通过竞标方式发放一张许可证,形成多寡头的间接竞争模式。这种模式的优点在于既能促进部分竞争、实现技术进步,又由于三块市场属于异质产品之间的间接竞争,出现恶性竞争的可能性相对较小。③

(3)认为只需在现有的中国福利彩票中心和中国体育彩票中心基础上予以改组,两家脱离行政依附,实行企业化运作。

笔者以为,第三种模式的改革阻力或许相对较小,但其导致恶性竞争的可能性非常大,实不足取。第一种和第二种模式均是可行的改革方案,特别是第二种方案,能够兼顾效率和公平。最后不管采取何种方案,改革进程中需要注意的是中国转型时期的特征,必须照顾到“改革进程中的各种利益”,尤其是地方各级彩票发行机构的利益,切忌一夜之间以“休克”疗法予以剥夺。

---

① 参见《国外彩票管理体制介绍(2)——法国彩票发展历程》,http://www.lottery.gov.cn/culture/hualang/2005-02-25/493795.html。(最后访问时间 2005 年 2 月 25 日)

② 宋一欣:《彩票法律制度初探》,《政治与法律》1999 年第 3 期。与此类似的观点还有成立彩票专卖局等。

③ 参见朱彤、余晖:《彩票市场的竞争性质与我国彩票监管体制的重构》,《中国工业经济》2004 年第 4 期。

2. 超脱而专业的管制机构

彩票的管制体制与发行体制密切相关,发行体制的市场化可以消解目前管制体制的种种掣肘,从而使得财政部的管制者地位部分地"实至名归"。但由于具体的管制者实际上是财政部综合司的彩票处,其级别与人员均无法彻底实现管制的独立性。① 因此,长远的制度安排应当是借鉴世界上许多国家的做法,也借鉴中国已经开始实践的独立管制机构模式(如保监会、证监会等),组建一个不隶属于任何行政部门、相对独立的管制机构,如"国家彩票管制委员会"。

从渐进的角度出发,在独立的彩票管制委员会组建之前,可以先行充实财政部有关机构的管制力量,并由财政部牵头,逐步吸收发行彩票后可分享净收入的政府机构和组织代表及涉及彩票管理的有关政府机构代表进入彩票管制组织,为最终的彩票管制委员会组建做好铺垫。

另外一个值得探讨的话题是彩票管制委员会的管制职权问题。这方面,英美的经验值得借鉴。英国设立了一个全新的非部的管制机构——国家彩票总监(OFLOT)。根据英国国家彩票法的规定,国家彩票总监的职责是对管理彩票的许可证进行分配,促进博彩销售,以及保证受许可人遵守相关条件。"他必须以他认为最有可能保证彩票的最合理运营,保证每一参与者利益等目标的实现方式来履行其职能。所设计的程序也是为了实现该法,尤其是在 Camelot 公司获得的许可证中所渗透的合理性、消费者保护和收入最大化三种独立的目标。"②在美国,各州彩票委员会的职权是制定彩票发行与经营的相关政策和规则;雇佣州彩票公司经理并监督其经营行为;向立法机关做关于彩票经营和改进意见的年度报告;通过必要的听证程序可以暂扣或撤销州彩票公司发放的销售许可证;监督彩票基金的使用等。③我国将来的彩票管制委员会也应当主要着力于准入和退出机制、政策制定、彩票运作监督以及公益金管理等方面。

---

① 国外许多非常著名的管制机构都设在部门内部。按我国的标准,顶多只有司局级地位,如德国经济部卡特尔局,美国司法部反垄断局等。但是,这种设置并不影响其执法的权威性和独立性。参见周汉华:《如何完善独立监管制度》,《经济观察报》2005 年 4 月 4 日。因此,照理说,在财政部内设一个管制委员会也应当能起到管制功能,问题是我国的行政文化和行政制度特征决定了该种做法会"自讨没趣",所以更凸显设置不依附于行政部门的独立彩票管制机构的必要性。

② David Miers. Regulation and the Public Interest: Commercial Gambling and the National Lottery. The Modern Law Review, Vol 59, 1996.

③ 朱彤、余晖:《彩票市场的竞争性质与我国彩票监管体制的重构》,《中国工业经济》2004 年第 4 期。

最后,管制者应当采用多种政策工具实现管制目的。① 比如说,在准入阶段,运用特许的管制策略;而在运营阶段,则采用信息管制,强制彩票发行企业进行信息披露(比如在美国,彩票公司除特别规定以外,所有记录都应视为公共记录并接受公众审查;在英国,每个财政年度末尾,有关彩票的报告应提交政府,并给议会备案);还可运用自我管制策略,部分事项交由彩票公司内部自我管制,而管制者为保障这一管制策略的实现,在外部为彩票公司设定罚则,或者构建诱因/激励机制,等等。②

3. 各种位阶管制规范的完善

前已论及,各种位阶彩票管制规范的完善既是发行彩票正当性的依归,更可为彩票业的管制提供丰富的"弹药库"。此处我们强调的是各种位阶管制规范的充实,包括法律、行政法规、部门规章以及其他规范性文件。

就目前而言,最为迫切和最为重要的当推最高位阶的管制规范——彩票法的制定(或者国务院先行出台《彩票管理条例》)。对此,社会各界的呼请已不在少数。之所以迟迟未能出台,最为根本的困难在于:上述管制体制和发行体制的变革动辄牵涉各方利益,尤其是部门之间以及中央与地方之间的利益分割殊难协调。事实上,国务院在发布各项彩票管制政策的同时业已深觉上位规范缺位的难言之隐,这种"心情"可以在《国务院关于进一步规范彩票管理的通知》中窥见。在该《通知》中,国务院一方面对彩票公益金分配比例、彩票发行收入构成等作出了调整性规范,另一方面又深知以国务院通知的形式确立如此重大的规范存在"民主赤字"问题,于是又在《通知》的最后要求财政部会同有关部门尽快起草《彩票管理条例》,报国务院审批后公布执行。在技术层面,财政部起草条例自然没有难度,困难的正是背后的利益协调。就目前的状况而言,恐怕需要在最高仲裁者的协调下,小心翼翼地进行各方力量的平衡,因为立法过程本身就是一个妥协和角力的过程。

高位管制规范到位的关键正在于上述政治运作面和利益冲突面的努力。如果纯就技术面而言,我国彩票立法似应从以下方面规范彩票业:彩票立法的目的、宗旨和基本原则;彩票主管部门及其职权;彩票经营机构的设立与经营;经营彩票的许可证制度;彩票的面额、种类、具体游戏规则和监制

---

① 英国公法学者 Ogus 将规制分为信息规制、标准、事先许可、经济手段、私的规制、国有化和民营化、价格控制、公共特许的配置八种形式。见 Anthony Ogus. Regulation: Legal Form and Economic Theory. Clarendon Press(1994).

② 可进一步参见张占斌:《博彩业与政府选择》,中国商业出版社 2001 年版,第 212 页以下。

等;彩票收入的分配与使用;彩票公益金管理制度;彩票纠纷解决机制;法律责任,等等。

4. 彩民参与程序的引入

完善的政府决策制度有助于保障决策的科学性与合理性。当前,各种专家论证、专家咨询已经成为很多政府部门进行决策之前的一种通行做法。问题在于,或许"仅有专家参与是不够的,对于事关公众利益的行政决策,以专家意见来强迫群众接受也是不可取的"①。对此,美国学者 Keith Werhan 指出,传统上,行政机关依赖于其专家来决定管制的最佳进路,然后将该拟议规则提供给公众以评论,最后颁布有拘束力的规则,告诉被管制方要做什么。而近年来的政府再造运动则主张对这种模式进行改革,即主张在规则制定过程中的更早的更互动式的公众参与。② 政治社会学学者卡博雷尔·阿尔蒙德曾把政治文化分为三大类型:乡土文化、奴役文化和参与文化。其中,参与文化适合民主的政治结构,其社会成员认为他们可以通过选举、示威游行、请愿、压力集团组织等不同手段决定制度的演变。③ 随着改革开放的深入,树立法治、民主形象已成为各级政府的共同追求,在决策过程中引入公众参与机制也逐渐为政府部门所认可。④ 就我国彩票业中彩民的参与权而言,主要可以表现为以下几个方面:管制规则制定过程中的参与,对是否发行彩票、发行何种彩票、发行方式的审批过程的参与,对具体的发行销售、彩金承兑以及公益金使用情况的监督管理过程的参与。不过,就实践论,彩民的上述参与权似乎仍处于停滞的状态。

五、余论:公共论题的多学科融合

类似于彩票管制这样的公共话题,从贩夫走卒到学者官员,各界人士都

---

① 张步洪:《公民社会经济权利的保护》,载孙琬钟、江必新主编:《行政管理相对人的权益保护》,人民法院出版社 2003 年版,第 43 页。

② Keith Werhan. Delegalizing Administrative Law. U. Ill. L. Rev 423 (1996).

③ 参见[法]莫里斯·迪韦尔热著,杨祖功、王大东译:《政治社会学——政治学要素》,华夏出版社 1987 年版,第 78-79 页。

④ 在论及公众的参与权问题时,有学者指出:"根据宪法规定,公民有参政权。政府不能无视宪法赋予公民的参政权而以任何权威的名义取代群众。因此,符合宪政精神的行政决策程序至少应当符合民主的要求,保障行政决策过程中的公民参与。"见张步洪:《公民社会经济权利的保护》,载孙琬钟、江必新主编:《行政管理相对人的权益保护》,人民法院出版社 2003 年版,第 43 页。

在探讨。单就学界而论,经济学、法学、政治学、公共行政学、社会学甚至心理学、历史学的学人们都在研究,而且也不乏优秀成果。但不少作品"各说各的",甚至于"文人相轻",导致制度建设的知识累积往往因为融合性不够而略嫌粗糙。以彩票管制为例,如果研习法律的人不去了解彩票市场及其产业组织的特征,就无法有针对性地建构规则;如果公共行政学人不了解法律,就常常容易忽视既有的规范框架。

英国著名行政法学者卡罗尔·哈洛以及理查德·罗林斯曾经批判性地阐述法律学人停留于规范演绎,而将法律抽离于政治、公共行政乃至社会背景的学术倾向;继而,他们身体力行地将管制理论、政治理论以及社会学研究成果与传统的行政法学研究进行有机地结合。[①] 这些大师的造化之功果然让人耳目一新:"原来外面的世界如此精彩。"美国的法律现实主义代表人物卡多佐大法官更是将法学、社会学、哲学、历史学等知识、方法融为一炉来研究司法问题的典型代表。[②] 而美国最高法院的大法官如布雷耶等等,在其精深的法律学修养背后,还是某个领域的管制理论专家。

这样的例子不胜枚举。或许有人会以"现代社会专业分工越来越细","上知天文、下知地理只是远古时代的神话"之类的理论来作出反驳。但这不应当成为我们秉承门户之见,固守"一亩三分地"的理由。无论之于学问、抑或之于制度建设,这种多学科之间的融合都将为之锦上添花。

---

① 参见[英]卡罗尔·哈洛、理查德·罗林斯著,杨伟东等译:《法律与行政》,商务印书馆2004年版。

② 参见[美]本杰明·卡多佐著,苏力译:《司法过程的性质》,商务印书馆1998年版。

第二章

博彩管制研究[*]

在过往的 25 年里,合法化的博彩活动在美国得以迅速发展。在过去,试图去赌场参与博彩活动的人们必须穿越广袤的内华达州沙漠(到拉斯维加斯城),这曾是一种略带异国情调的不平常体验。而如今大部分的美国人欣然地接受了各种形式的博彩活动,博彩已经成为他们日常生活的一部分。随着博彩业的不断发展,它已经不再是过去的一项简单的娱乐活动:在许多社区中,博彩业已经作为一项支柱产业崭露头角,并且在地区经济乃至国家经济中发挥着越来越显著的作用。虽然博彩业在一些社区可能受到了有效的缩减和制约,但本报告对合法博彩活动的讨论仍为必要,这几乎是毋庸置疑的。①

尽管人们越来越熟悉博彩活动,但没有一个地方仅仅把博彩视为一种免费向公众提供赌博工具的产业,相反它所存在的每一个管制领域,都是政府特殊监管的目标,包括像内华达州如此和谐的州。政府的基本假设是(无论是否以经验主义为基础)如果不对博彩业加以管制而任由市场规律来支配,那么博彩业将会对社会造成大量的负面影响,因此政府管制会是最合适的补救方法。所以,合法化博彩活动的核准过程往往伴随着一种协调一致的管制制度和组织的建立。

---

  * 这是美国国家博彩影响研究委员会最终报告(National Gambling Impact Study Commission Final Report)的第三章。作为公共文件,其原始网址为 http://govinfo. library. unt. edu/ngisc/reports/3. pdf。本文由浙江大学法学院宪法学与行政法学专业硕士研究生陈伟、罗利丹、万成兆合译。

① 管制赌场赌博:该观点来自于国家管制委员会(State Regulators),现由前伊利诺伊州委员会行政长官 Michael A. Belletire 领导。这个报告是按照委员会下属的管制、执行和网络等小组委员会的建议,特为国家博彩影响研究委员会(NGISC)而作。为报告中所讨论的论题和内容作出直接贡献的有下列人员:Steve DuCharm 和 Dennis Neilander(内华达州),Frank Catania(新泽西州),Chuck Patton(密西西比州),George Turner(科罗拉多州),Mel Fischer(密苏里州),Jack Thar(印第安纳州),Jack Ketterer(艾奥瓦州),Hillary Crain(路易斯安那州),以及 Mac Ryder(伊利诺伊州)。本文得益于一些直接提交委员会的政府报告。例如,新泽西州赌场控制委员会的 Casino Gambling in New Jersey: A Report to the National Gambling Impact Study Commission(1998 年 1 月)和密西西比州赌博委员会的 Regulating Gaming in Mississippi: Policing an Unprecedented Phenomenon: A Report to the National Gambling Impact Study Commission(1998)。

一、政府制定规则

有关博彩的大量规则集中在各社区间几乎没有差异的管制职能上。其中最迫切的是保证所提供的赌博活动的正当性(integrity)。而现在赌博活动是否正当大多由博彩业的经营者自己来评价。在公众的印象中,老千们永远徘徊在博彩的背光处;而事实上,如果没有严格的独立管制机构的存在,他们也就不需要费力地变戏法,将"机会游戏"和公开的骗局合二为一。所以,从这个意义上说,政府承担着一种全面的责任来保护他们的居民免受欺诈。为确保这样的合法博彩活动及其存在的公平且诚信,管制是最有效的方法。

政府所关心的第二个方面是犯罪问题,特别是有组织犯罪。且不论公正与否,内华达州的赌场曾一度关闭,因为公众认为它们与有组织犯罪有关系,各州对赌场所有者和经营者的一次次的调查报告和控告也提供了形成这种偏见的材料。因为在赌场的博彩活动中牵涉大宗的现金交易,所以,为了减少任何导致洗黑钱犯罪的可能性,赌场必须遵守有关这些交易的规定。所有提交给委员会的证据表明,结合公共自治团体接管大量的行业,有效的国家管制已经排除了赌场的直接所有者和经营者涉嫌有组织犯罪的可能。

二、博彩和公共利益

除了这些相对界定明确的管制职责,一种更为广泛和重要的政府管制职责是规定博彩活动在社会上存在的范围和表现形式,从而判定它对一般公众的影响。从这个意义上说,广义的管制包括政治手段在内。通过这一手段得出有关合法化博彩业的主要决策,明确博彩业经营条件的有关法律法规和指导管制机构的方针。通过某些手段,诸如明确规定博彩机构的数量、场所和规模,可提供的赌博种类,机构可以核准许可经营的条件等等,政府对合法化博彩所带来的收益和成本拥有大量的控制权。这些措施的目的可以认为是简单和直接的,比如试图阻止未成年人参与博彩活动,也可以认为是雄心勃勃和富有争议的,比如促进传统的社会价值观。

如果政府充分地承担了以上的基本责任,那么有关对合法化博彩的引导和管制的政府决策能够最大限度地根据界定明确的公共政策来制定,这种公共政策往往在思想中已有具体的目标和范围。即使政府已经建立了各种各样的管制组织,这也不能完全明确地表示这些管制组织已经由一种协调一致的博彩政策加以指导,或者表明那些作出决策的管制组织已经对他们所希望推进的更为广泛的公共目的有了明确的认识。通常,在博彩管制领域中所缺失的是一个考虑成熟的规划,即如何最大限度地利用博彩业来推进管制所要达到的更重大的公共目的和其协调作用。而相反的,大多现存的规划更多的是一系列不断增加却毫无联系的决策产物,往往采取反击来压制当前的问题,而不是基于对长期需求、目标和风险的合理评估。

无论是否已经考虑到,大量的因素导致了措施实际实施的效果与指导性的公众目的之间的脱节。其中一个因素是多重决策者的存在:联邦政府,州政府,部落和地方政府的官员在博彩业政策上都有发言权,而他们之间更多的是在规则的例外问题上达成了共识,而不是规则本身。另外,博彩业并没有形成一个整体,每个部门(彩票,美洲土著的赌场,便捷博彩等等)都产生了一系列自身的特殊问题、忧虑和利益群体,这就会导致这样一个结果,即各部门间各自的管制组织和目标相当不同。进一步讲,推动博彩业成为一个整体,需要各管制职能的持续配合:科技除了促进博彩业的迅速发展外,还继续产生了不同形式的新博彩,往往直接针对政府控制和管制的薄弱环节。

然而,比这些因素更令人忧虑的是,大多数的政府决策者却一度追赶而非带领博彩业的增长和革新,往往关注非中心的问题,从而忽略了更重大的公共利益。在这个问题上,有个对政府决策者的谴责性批评意见,认为政府一度太过于关注对短期收益的追求,而忽视了他们的决策对公共福利的长期影响。

意料中的是,有关博彩合法化的决策往往产生甚至令负责制定这些决策的政府官员惊骇的结果,而且并不是所有的结果都是积极的。如果没有不断地去适应这个变化无常的行业,时间一长,在政府所宣布的有关博彩的目标和从其决策中所产生的实际效果之间将会不一致。通过对他们针对博彩的公共政策的彻底审查,各个政府(勿论他们的各社区)能够有效实现其管制职能。这种审查应当关注确定有关合法化博彩的具体公共目的和对现存管制组织在特定情形下的一项整体评估,包括法律,法规,机构等等。这种审查的目的在于去识别已发生改变的事项,以及明确是否另有所需以达到利益最大化和成本最小化的目标。

虽然大规模合法化博彩的出现是一个新近现象,但是所涉及的管制领域数量巨大,并在众多不同的条件下实施,这就产生了一系列为其他社区所利用的实用经验。政府通过对各式各样积极和消极的经验的收集,可以从成就和他人的失误中得出适当的教训,从而减少在他们自己社区进行试验的需要。

三、管 制 博 彩

(一)联邦的职能

直到最近,联邦政府才广泛地遵从州政府对有关博彩方面事务的处理。联邦政府的注意力主要集中在涉嫌犯罪的事务上,包括有组织的犯罪、诈骗等诸如此类的犯罪活动,特别当这些事务具有州际因素时。[①]

20 世纪 50 年代早期,议会对博彩中的有组织犯罪活动的调查导致联邦职能的加强,包括联邦调查局新设特别诈骗调查小组(the Special Rackets Squad of the FBI)和 1951 年赌博设备法(the Gaming Devices Act)的实施(通常称其为《约翰逊法案》)。[②]

20 世纪 60 年代,联邦政府通过诸如实施 1961 年的《联邦通讯线路法》等举措,扩大了它在博彩活动的管制职能,《线路法》禁止参与赌博的个人或组织利用通讯线路(电话,电报等)投注或传递有助于投注的相关信息,而涉及"体育赛事或竞技"[③]的投注须特别注明。同样地,旅游法(Travel Act)禁止"为任何涉及博彩的商业活动"[④]而州际性或国际性地传送或使用邮件。另外,其他联邦法律又增加了一些举措,例如禁止赌博用具的州际运输。[⑤]

其中最有名的举措是《诈骗腐败组织集团犯罪法》的制定(Racketeering Influenced and Corrupt Organizations statutes, RICO)。[⑥] RICO 于 1971 年根据犯罪控制法制定实施,旨在"防止有组织犯罪的渗透和对操控州际商业活动的合法组织的敲诈勒索",包括博彩。[⑦]

1985 年,《银行保密法》得以修改,其适用范围扩大至赌场、二手汽车贸易商、财产转让机构和金融制度所列的大量其他"现金密集型"业务,建议赌场遵守特殊的规定来防止洗钱犯罪。在其他事务上,《银行保密法》建议赌场报告每一笔存款、取款、货币交易、赌博使用的代币和筹码或者其他支付

---

① James H. Frey. Introduction, Federal Gambling Law. Anthony N. Cabot (ed) 2 (1999). 引用了 Cabot 一篇尚未发表的文章。

② 《约翰逊法案》在其规定中,禁止赌博设备在州际间的运输。修改后的法案排除了对游轮的适用,但是没有排除对以美国为起点或终点的航班的适用。

③ 18 U. S. C. § 1084.

④ 18 U. S. C. § 1952.

⑤ 18 U. S. C. § 1953.

⑥ 18 U. S. C. § 1961 et seq.

⑦ 国会报告 No. 91－617, 91st Congress, 1 st Session 80 (1969).

手段;借助或者直接在赌场进行的数量超过 1 万美元的交易。[1] 1986 年的《控制洗钱犯罪法》,正如其名称所指,旨在加强联邦在这一领域的管制。紧跟着在 1990 年创设了财政部下属的金融犯罪执行网,"建立、监督、实施政策来防止和发现洗钱犯罪"[2]。

20 世纪 80 年代晚期,联邦政府直接参与到美洲土著居民的博彩活动领域。这里所谓的联邦参与是联邦政府根据法律授权为美洲土著居民的保留地负责的产物,那种直接参与一直持续到现在。

(二)各州的职能

在当代,彩票已经是州政府管制的唯一领域。至今,每个已授权彩票机构的州都授予其垄断权,无一看来有可能允许有竞争者。在某种程度上,这种排外性背后的推动力是为了保证各州独占利益。但是还有另外一个重要的动因,特别是在 20 世纪六七十年代现代彩票的萌芽时期,有种假说认为,只有政府对博彩直接所有和控制才能保证排除犯罪因素。随着商业博彩的发展,这个问题随时间逐渐淡化,但是在各州第一次接手彩票业时这个问题又再次出现了。

运营彩票的各州一度建立了极为相似的管制组织,只有少许的不同。其中一些被组织成州的一个特定机构的职能部门,其他则以具有不同程度独立性的单独组织而存在。[3] 但是不论他们的行政组织形式,全州的彩票业都要服从被选举的州官员的管理,决定管制的组织形式、目标等职责,彩票业的经营都牢牢地掌握在后者的手中。但是这种设置已经造成了其自身无法克服的大量问题。

例如,彩票业的负责人处于来自州政权持续不断的压力之下,要求他们至少维持税收的水平,而且还要尽可能增加。一些观察员已经断言,最终,对公共福利的考虑只好退居第二位。这一度往往表现为一种内在的利益冲突:一个州政府如何能确保它对税收的追求不会与它保护公众的职责之间产生冲突?在某种程度上,州政府已经超出他们利用彩票所要实现的规定目标来适度地加强公共服务,已经不再不负责任地使博彩大规模地侵入到社会生活,通过诸如没完没了的广告和在附近商店中到处安置抽奖机(lot-

---

[1]　31 U.S.C. § 103. 也称为外汇和对外贸易报告法案。

[2]　U.S. Treasury Order No. 105-08. http://www. ustreas. gov/fincen/faqs. html(最后访问日期 1999 年 5 月 8 日)。

[3]　Clotfelter and Cook,第 12 页。

tery machines)等措施。由此看来,为了博彩业的发展,各州已经成为积极有效的机构,在其所有的组织部门中为商业博彩的引入铺平道路。但问题产生了:这是政府的一个正当职能吗?

在一定程度上是为了增加税收。据称彩票业已经把弱势群体定为发展目标,例如经济贫困群体和病理性的赌徒。资料显示彩票在经济贫困人群和一些像美洲土著这样的人群中最为盛行,但是这不能说明彩票业相关官员已经把这些人群作为管制目标。

随着彩票成为一种如此广泛又容易实施的博彩形式,有个问题就令人担忧,那就是未成年人参与彩票的问题。虽然向未成年人出售彩票在每一个州都是非法的,然而仍以令人不安的频率发生。例如,一项调查显示在明尼苏达州,15 到 18 岁的未成年人中有 27% 曾购买过彩票。① 而在路易斯安那州、得克萨斯州和康涅狄格州曾分别保持在 32%、34% 和 35% 等更高的水平。② 在马萨诸塞州、康涅狄格州和其他州,一般的公众通过自助贩卖机就可以买到彩票,往往没有监督谁购买了彩票。因此,由马萨诸塞的州检察长进行的一项调查,显示 9 岁大的未成年人也能购买彩票,80% 的未成年人出于他们自己的意图,66% 的未成年人能在叠纸牌赌博中下注。在马萨诸塞州 75% 的中学高年级学生声称曾玩过彩票。③

更为严厉的一个批评是,为了税收,一些彩票抽奖活动过度地使用攻击性——甚至欺骗性——的广告和其他市场手段。彩票广告在最近几年已经从简单的公共服务宣传类型发展成为完善的市场工具。批评家指出他们是在故意误导,特别涉及诸如赢得各种各样的头奖这样极小可能性的事件(作为政府的一个机构,彩票机构并不遵守联邦的"广告中的真相"这一标准)。有人认为彩票广告往往引发一些与促进公共福利的国家责任相冲突论题,例如强调努力工作而来的机遇,谨慎投资而来的报酬,花费存款而来的消遣。

① Robyn Gearey. The Numbers Game. The New Republic, May 19, 1997, p. 19.

② Joe Gyan. Jr. More Louisiana Youths Try Gambling than Drugs. [Baton Rouge, La] Advocate, August 8, 1997. Lynn S. Wallisch. Gambling in Texas: 1995 surveys of Adult and Adolescent Gambling Behavior. Texas Commission on Alcohol and Drug Abuse, August 1996, p. 78. Lyn Bixby. Lotterry Pitch See as Luring Kids. Hartford Courant, October 23, 1997, p. A4.

③ Scott Harshbarger(曼彻斯特自治区首席检察长):关于曼彻斯特面向未成年人的彩票规模的报告.1994 年 7 月,第 3-4 页。

(三) 赌 场①

当商业赌场式博彩从它在内华达州的原始基地扩展到新泽西州、南达科他州,各种不同的管制组织也随之出现。至于彩票机构的行政职能,更多的是形式上的差异而非实质性的差异,像保证经营的正当性和对有组织犯罪的监督,州与州之间的差别很小。而据称指导这一领域的政府决策的公共目的上的差异是更为重要的,对每一个州的经济和社会都会产生相应的影响。

在赌场管制上,简而言之,可以识别为两个相反的模式。第一,此处简称为"内华达州"模式,该模式以有利于把博彩视为一种产业为特征,即使每一产业都需要它自己的预防措施。在这个模式下,将博彩合法化的公共目的是为了保证全州及其居民的可能经济利益最大的安全,包括投资、工作和税收。保留政府的监督职能——确保赌博的正当性,防止有组织的犯罪,等等。这种模式强调授予博彩活动一个相对自由的手段来满足有关博彩机构的数量、场所等要素的市场需求。这种广受欢迎的模式(很类似于其他州的热门行业所适用的模式)已经成为内华达州在长期作为美国赌场式博彩中心的重要性上的一个关键因素。

而另一种相反的模式——"新泽西州"模式,关注博彩潜在的消极影响并强调它与其他产业的不同。结果是政府在作出关键决策时发挥更广泛和更深入的作用。由此看来,赌场式博彩被视为一种具有潜在危害的现象,但是无论如何,在适当条件控制下,赌场式博彩又是能产生重大利益的产业。以新泽西州为例,1976 年赌场式博彩的合法化是一个备受争议的问题,但是最终以有助于实现复苏亚特兰大城的旅游胜地衰败状况这一狭隘目的而被接受。随着一个严格和全面的管制体系的建立,政府的监督和核准几乎没有了空白地带。意味深长的是,即使在 20 年以后,赌场式博彩已经不被允许扩展至超出它的发源地亚特兰大城的规模。结果,它不再实现它的经济潜力,也不整合入州的社会结构中。

这两种模式在其他州也能见到。大部分拥有内河船上赌场的州采用"新泽西州"模式,为了有限数量的特定社区或者有限数量的沿特定水路的社区的经济发展而利用博彩。根据这一模式,赌场式博彩的场所类似于试图给有限数量的特定地区提供经济利益的企业区——以赌场为例,这些利益是指工

---

① 在美国,赌场可以分为两个主要的种类:美洲土著部落赌场和非印第安的"商业"赌场。本章讨论的是后者。

作岗位的创设,资本投资,公共部门的税收和观光业的增长。这些州已经将它们的博彩产业置于相对严格的控制之下;事实是将博彩限制在内河船的范围之内,不仅是象征性地而且是实质性地与周围社区分离。强调了这样一个愿望,即在缓和所察觉的潜在消极影响的同时,利用博彩实现相对狭隘的目的。在这些州,许可证的有限数量已经意味着博彩仍然被限制在少数城市中。

相反的,密西西比州更多采取的是"内华达州"模式,虽然事实上这种模式有点像是内华达州和新泽西州模式的混合物。该模式在可能设置赌场的场所(密西西比河沿岸和墨西哥沿岸的县市)上有一些限制,但是在被核准赌场的数量上,在个别县市或全州范围却没有限制。这种管制环境已经证明其受支持:密西西比的赌场业现在在财政、税收、就业率方面位居州的主要产业之列。

（四）行政机构

在一些管制区域,博彩理事会或委员会行使最终行政权(final administrative authority)。在其他管制领域,最特别的是内华达州,已经采取了一个两层体系,在这一体系中有个实体(内华达州赌博管理委员会)行使行政权,服从一个独立的组织(内华达州赌博委员会),它是一个以正当程序原则进行监督的机构。[①]

对赌场的管制大多集中在赌场的日常管理方面。每个赌场必须典型地采用和遵守一套根据州指定程序制定的综合标准,通常名为"最低内部控制标准"(MICS)。这些最低内部控制标准规范有关博彩活动的范围,包括赌博行为、活动,对现金及现金等价物的处理,所有交易信息的记账和记录。政府管制机构一般信任赌场会保留文件中的不正常情况和违反"自我报告"义务的相关记录。

除了内部的控制和管制,赌场管制机构还指导和审查赌场日常经营的会计账簿。在某些州,管制机构聘请私营审计事务所(一般由赌场负担费用)进行合规性审计。审计机构以同最低内部控制标准一致的要求来衡量赌场经营者。这些审计包括由赌场经营者选择并经管制机构核准的授权公共审计事务所进行的年度财政审计。

此外,大部分的政府管制机构作出了明确的法律规定,限制21岁以下的群体参与赌博。一旦违反这一行为规范,政府将实施罚款或其他处罚措

---

① Belletire document.

施。赌场行业自身对有关未成年人参与赌博的问题进行自我管制,试图保证其赞助人和业主明白只有那些 21 岁及 21 岁以上的群体才被允许参与赌博。那些不想成为罚款或其他制裁承受者的赌场更为积极地履行了这一职责。此外,许多州制定了赌博方面的法律,建议赌场设法解决病理性的赌博活动。

对于在赌场工作的个人和团体须经许可的范围上,各州有显著的差异,这值得关注。一些管制领域只许可从事博彩相关工作的个人。而在其他的州,所有的业主,无论其工作职责还是工作场所(例如酒店的房间)都要经过许可。在大部分的管制领域,许可一位普通博彩人员需要经过标准化的犯罪背景调查。从事被许可业务的赌场上层管理人员和其他主要人员需要接受更广泛的背景调查。大多数的管制领域有成文化的规定,为那些试图在赌场工作的人明确其不合格的条件。典型地,任何重罪判决都会取消个人的资格。在一些事例中,一个轻罪判决,或者在其他博彩管制领域里被吊销或撤销许可证,都会被作为否定许可资格的因素。

各州在管制调查的深度和对许可证发放者的监督方面也有所不同。博彩行业的许可证发放者的注意力主要集中在那些提供赌博设备和工具的商业实体上。大多数的管制机构也授权许可那些给赌场提供与博彩无关的货物或者服务的企业,但是这种许可权力不会经常行使。目前只有新泽西州建议某些非博彩赌场的庄家持有许可证。

应委员会的建议,伊利诺伊州赌博委员会的前行政长官 Michael Belletire,阐述了一种模范管制的指导方针(参见本章末的附件 A)。[①]

四、同注分彩博彩

包括猎犬赛和回力球在内的同注分彩产业,在美国有着悠久的历史,但是赛马至今仍是最大而且收益最可观的部门。

(一)行政机构

虽然具体的管制形式在不断变化,但是所有合法经营同注分彩的州都通过一个赛马委员会或者其他的政府博彩管制机构来规范同注分彩活动。管制的目的包括保持赛马或者其他赛事的正当性,保证政府对财税的征收,

---

① 这种管制模式很大程度上依赖于一篇由 Michael A. Belletire 提交的题为《赌场立法和管制:一个来自国家管制委员会的观点》的文章。

监督对赛场和经营者的许可,和防止犯罪因素的渗透。①

　　为了获取经营执照,赛场所有人、赛马所有人、训练人员、骑师、赶马人员、马场经营者、干事、裁判员和非终点直道(backstretch)的相关人员需接受国家赛马委员会所作的背景调查。一旦申请许可被批准,赛马委员会主管人就保留暂扣或者吊销许可证的权力。拒绝、暂扣或者吊销许可证的理由包括犯罪的介入、虚假代理、不履行披露马或猎犬所有权状况的义务、不适当的训练,或者有关个人诚信的记载。②

　　未成年人参与赌博也是一个值得忧虑的问题。在大多数州,年龄在18岁以下的未成年人要进入同注分彩机构必须有一个成年人陪伴。进行投注的最低年龄建议介于17到21岁之间。大部分州已经设置的最低年龄为18岁。③

　　对于政府在同注分彩业方面的管制制度的理解,肯塔基州赛马委员会提供了一个突出的例子。实施权属于委员会享有的法律几乎涉及了赛马的每个方面,包括像计时员、终点裁判员、发令员和场地裁判员(patrol judges)等在内的具体赛马人员的派遣和安置等问题。法律对所有人、训练人员、骑师、马匹和售票员都加以了规制。个人必须符合委员会为每个职位所设置的标准,而且经许可才有资格参与同注分彩的博彩赛事。任何人涉嫌违反一项行政管制的规定,委员会就有权取消、暂扣、吊销其许可证或者宣告其许可证无效。而且委员会有权核准三类干事员,这些干事员有权对赛马会议上所提出的所有问题、争议、赞成、不满,或者反对作出决议。他们被授予广泛的惩戒性权力,例如,干事员可以宣告一匹马不具有比赛资格或者一场比赛无效。

　　在同注分彩博彩中,其中一个主要的争议是针对引进电子赌博设备(EGD'S)这一提议的,比如像跑马场上的自动投币售货机。一些赛场所有人坚持认为来自国营彩票、邻近赌场,以及其他形式的博彩业日益激烈的竞争已经损害了他们的生意,认为为了生意的续存,引进EGD'S是需要的。业内和业外的反对人士判定通过引进这样的赌博形式,跑马场实际上成为了小型赌场。现有四个州——特拉华州,南卡罗来纳州,罗得岛州和西弗吉尼亚州已经将跑马场的EGD'S经营合法化了。当前其他若干个州也在考

---

　　① R. Anthony Chamblin. 为国家博彩影响研究委员会提供的证据. Del Mar,加利福尼亚(1998年7月29日)(on file with the Commission)。

　　② 同上。

　　③ 同上。

虑类似的建议。

在同注分彩博彩的管制上，联邦政府的干涉集中在州际和涉外商业的问题上。联邦政府专门通过两部联邦制定法来实施管制，这两部法律或规范或排除了包括同注分彩在内的州际赌博。根据 1978 年的《州际赌马法》①和 1961 年的《线路法》②，跑马场可以向其他经许可的机构播放赛事，可以提供关于赛马的混合赌博活动。跑马场通过卫星技术向其他跑马场和场外赌马厅（off track betting parlor）（OTBs）播放这些赛事，然后赌马者就可以在一场特定的赛马上下注。这个赛事可能是由一个位于国外的由多方参与的跑马场主办。这种体制使赛马行业有机会成为更大的赌博工具，从而累积更多的财富。在这两部制定法规定的范围内，由联邦政府授予权力，若干个州已经允许同注分彩博彩在国内播放赛事，同时提供投注账户。关于投注账户和接受设备（at-home devices）的问题在"美国的博彩"一章中有进一步的探讨。

许多行业组织制定了行业标准和行为规范。早在 1934 年，来自于众多州县的赛马委员会委员组成了国家赛马委员会（the National Association of State Racing Commissioners）（NASRC），该协会为管制活动提供了一个更为协调的模式。在这个组织之外还有国际赛马委员会（RCI）。如今，RCI 的成员包括了来自 24 个州和 5 个相邻地区和国家的委员。③ 其他行业组织包括国家纯种马赛马协会、北美纯种马赛马协会、美洲季度赛马协会和美洲赛马委员会。这些组织规范了一系列的问题，包括赛马的正当性、未成年人参与的问题、有关容易产生麻烦或病理性的博彩活动的问题。

（二）体育博彩④

在体育博彩活动中，职业和业余体育保护法（The Professional and Amateur Sports Protection Act）（Pub. L. 102 - 559）是最主要的管制法律文件。而该部法律通过最主要的目的是确保体育赛事的正当性。法案通过之时，Sen Bill Bradley 说道："根据我所了解的有关体育博彩的危害，我不

---

① 15 U. S. C. § 3001 - 3007.

② 18 U. S. C. § 1084.

③ R. Anthony Chamblin. 为全国博彩影响研究委员会提供的证据. Del Mar，加利福尼亚（1998 年 7 月 29 日）(on file with the Commission)。

④ 体育博彩是指对一场比赛的结果下赌注。人们对许多竞赛的结果下注，无论是奥斯卡金像奖、个人的体育竞技赛还是锦标赛。鉴于本节讨论体育博彩管制的目的，体育博彩一词不包含在众多州县均为合法的同注分彩博彩。

愿意向体育给年轻人逐渐灌输的观念挑战,就权当是为国库增加一些收入……国营体育博彩传递了这样一个信息,体育更关乎金钱而不是个人成就和运动员精神。在丑闻和幻灭感充斥的当今,避免我们的年轻一代接受到这个信息是非常重要的……体育博彩威胁到职业和业余体育团体的正当性和公众的信任感。把体育从一项有益身心的体育娱乐活动转变为赌博的工具……体育博彩使得人们怀疑比赛出现缩小比分和受人操控的情况……所有这些都往运动员、教练和其他工作人员身上施加了过度的压力。"①

总统于 1992 年 10 月 28 日签署了《职业和业余体育保护法》。该法的 3702 节规定,任何一个政府组织或者个人经营或授权任何基于"业余或者专业运动员参与的竞争性比赛"的博彩方案为违法。②

联邦立法也规范了为体育博彩而利用通讯线路的行为。1961 年的《线路法》禁止博彩机构利用通讯线路来投注或者提供有助于跨州或者跨境投注的信息。通过对有关"体育赛事或竞赛"博彩的具体规定,该制定法明确了为州际或国际体育博彩的目的而利用通讯线路的行为具有非法性。而违反该法的处罚包括罚金和不超过两年的监禁或者两者兼用。

虽然这些联邦法律意味着联邦在体育博彩事项上的管制权,但是直到 1992 年各州仍保留有决定合法化体育博彩范围的权力。当前,体育博彩在四个州是合法的,但是只有内华达州和俄勒冈州才提供体育博彩。内华达州由赌场提供体育博彩,而俄勒冈州经营一种基于由国家足球联合会举行的比赛而发行的国营体育彩票。当内华达州队参与竞赛时,内华达州会禁止在来自本州的团队上下注,试图避免任何不适当的暗示,从而保护有这样团队参与的竞赛的正当性。制定法允许特拉华州和蒙大拿州开设体育博彩,但是目前两州都没有提供合法化的体育博彩。因为这四个州曾有先前存在的制定法来规范体育博彩,因此,尽管 1992 年制定的《职业和业余体育保护法》禁止在其他州进行体育博彩活动,但是以上四个州却不受影响。③

---

①　于 1998 年 11 月 10 日与 The testimony of Nancy Price to the NGISC in Las Vegas, NV 一同提交。

②　Pub. L. 102-559, Sec. 3702.

③　《职业和业余体育保护法》(Pub. L. 102-559),总统于 1992 年 10 月 28 日签署。该法的 3702 节作了以下规定:"下列情形为不合法:1)一个政府赞助、经营、宣传、促销、许可或者根据法律或合同授权,或者 2)个人赞助、经营、宣传、促销,依据法律或政府的委托,直接或间接地(通过地域上的联系)参加彩票、赌博、打赌、赌马等由职业或业余的选手参加的比赛,或者意图参加其中的一个或多个项目。"见 Linda S. Calvert Hansen. Sports, Athletics, and Law: A Selected Topical Bibliography of Legal Resources Published During the 1990s. Seton Hall Law and Sports Journal 763 (1994).

(三)尽管广泛蔓延,大多体育博彩仍为非法

在大多数州县,体育博彩的大众化,包括合法的和非法的,都成为了管制上的一项挑战。合法的体育博彩——特别是拉斯维加斯媒体的出版物和境外发生的让分(point spreads:因两队对赛实力有差距,在投注上将弱队得分加大)都刺激了更大数量的非法体育博彩的产生。[1] 办公室博彩(office betting)虽然在48个州都为违法,但是仍然兴旺。这种非正式或者小规模的赌博类型,从一部法律的立法角度出发,办公室博彩往往被认为是无害的,不值得被追究的,于是常常被忽略而大量地游离在管制之外。

除了由于体育博彩本身存在的非正式性、广泛性以及非法性等特性外,其难以管制的原因还在于任何人在任何一个州都能通过电话或者网络等方式进行合法的体育博彩。正是由于体育博彩在绝大多数州都是非法的,所以关于体育博彩比较明确的数据很难统计。

委员会根据相关证据,了解到体育博彩行为已是一个严重社会问题,并已开始影响人们的家庭和工作。[2] 很多美国人并不知道大部分在美国的体育博彩行为是违法的。除此之外,很多人不知道体育博彩带来的风险、影响以及可能产生的法律后果,即使当人们了解到体育博彩的违法性,但这仍然很容易去参与,因为有广大的博彩组织者,确实非常流行,并且目前看来被起诉的可能性不大。

美国人没有明确意识到体育博彩行为为违法的一个原因是拉斯维加斯的赔率和让分在48个禁止体育博彩的州里公开发布[3]。一些人认为让分只不过是一种吸引那些设置或者寻求赌局的人的手段。批评者称让分并没有帮助体育业更好发展,反而是助长了体育博彩活动的流行。

由于体育博彩行为在很多州是违法的,所以其并不像其他形式的博彩行为一样带来积极影响,特别是体育博彩对于当地经济发展以及就业问题的解决上没有任何帮助,并不像俱乐部形式博彩或其他方式的博彩活动可以创造相应的经济增长点。

不管怎样,我们可知体育博彩确实对社会造成了相应的损害,体育博彩甚至威胁到了体育活动的公平公正,让那些学生运动员受到了诱惑,让青少

---

① James H. Frey. Gambling on Sports: Policy Issues. Lournal of Gambling Studies, Winter 1992, p. 355. 如 the testimony of Nancy Price before the NGISC in Las Vegas, NV, November 10 所引。

② 参见 Testimony of Mitzi Schlichter before the NGISC, Las Vegas, NV, November 10, 1998.

③ 此处定义让分和拉斯维加斯赔率。

年参赌者有了一种"入门式"的赌博方式。体育博彩对于那些个体或专业体育人员也都产生了非常不良的影响。

对于体育博彩行业加强管制是非常必要的,违法的体育博彩行为必须纳入到相应的管制范畴中。这是为了让其余的 48 个州能够使已存的非法体育博彩活动得以正常有序地进行。政府和法律执行机构更应花大力气解决非法赌博这一领域的问题。

对体育博彩加强管制的另一重要理由是很多运动员自身就参与了其参赛项目的赌博活动,这严重破坏了体育活动的公平与公正。根据密西根大学对于大学生体育赌博活动的调查数据显示,有超过 45％的大学男性足球和篮球运动员参与体育赛事的赌博活动,尽管 NCAA(美国全国大学生体育协会)是严格禁止此种行为的。另外,以赌博为目的而提供内部信息,这样的男性学生运动员超过了 5％,他们对自己参与的比赛进行赌博,或者接受金钱在比赛当中不尽力从而影响赛事结果。[1]

有相当多的证据表明体育博彩在美国各大学当中已相当普及。NCAA(美国全国大学生体育协会)的行政长官 Cedric Dempsey 就肯定地指出:"每个大学都有学生赌马者,我们也可看到有组织性的体育赌博的犯罪活动在不断增加。"[2]

当前有参与体育赛事赌博活动的学生容易在将来参与其他方式的赌博活动,我们甚至可以说体育赌博行为对其他赌博行为来讲,扮演着一种入门方式的角色。因此,了解该问题现存的状态与教育学生知晓体育赌博行为的危害性是非常重要的。委员会需要了解的是未成年人参与体育赌博活动到底有多么普及,体育赌博与其他赌博形式之间的关系以及如何控制体育赌博活动的不断扩展。而那些试图促使未成年人参与体育赌博活动的人,执法部门应给予更大的关注和打击。

(四)我们正在做的和能够做的事

对于管制合法的体育博彩行为和抑制非法体育赌博活动的重要性,各专业性或非专业性的体育组织均已认可,并制定了严格的措施来引导体育博彩活动。例如,美国足球协会、棒球协会和篮球协会均发布了相关规定,

---

[1]　见 Michael E. Cross and Ann G. The Extent and Nature of Gambling Among College StudentAthletes. Vollano,密西根大学体育系。

[2]　引自 Gary Lundy. NCAA Says Lady Vols Not Safe from Gamblers. Knoxville News-Sentinel,August 6, 1998, p. C1

明确只要运动员和裁判员就自己所参与的比赛进行赌博行为,均将被开除或免职。同时,这些组织也为问题的解决、病理性博彩活动和上瘾的人提供相应的帮助。[①]

美国全国大学生体育协会(NCAA)已采用立法方式禁止大学体育系人员、各运动协会的办公人员以及学生运动员进行任何与大学校际间的体育比赛或者其他专业性体育比赛相关的赌博行为。违反美国全国大学生体育协会关于赌博相关规定的将受到严厉的处罚。同时美国全国大学生体育协会也创设了全职的工作岗位来进行博彩的代理与发行工作。[②]

当前美国全国大学生体育协会已意识到,加大对体育博彩问题及病理性赌博问题的关注是相当重要的。电视媒体已成为教育公众真正理解体育博彩问题的一个重要手段。美国全国大学生体育协会已同 CBS 和 ESPN 等电视传媒,在一些热门的体育赛事中开创公共服务宣传节目(public service announcements—PSA'S),如在全美男子第一篮球联赛(the Division I men's basketball tournament)[③]当中就有播出。而早在 1998 年 CBS 就已连同美国全国大学生体育协会的全美男子第一篮球联赛(the Division I men's basketball tournament)在半决赛当中播出了关于体育博彩的系列节目。而这些宣传仅是美国全国大学生体育协会庞大的体育博彩教育宣传计划中的一小部分。[④]

(五)便捷性博彩[⑤]和独立电子赌博设备

独立电子赌博设备(Stand-alone EGD'S)在内华达州之外,基本没有什么州管理得比较好,主要是因为这个系统可以在很多地方设立并运行,监管难度很大。对于便捷性博彩行为,国家对于其设立的地域、经营年限、经营方式以及税收等方面均进行了管制,它们必须有相应的许可才能进行。政

---

① 见 Jeff Pash,Executive Vice president of the NFL. Testimony before the Senate Subcommittee on Technology. Terrorism and Governmental Information,Washington,DC,July 28, 1997.

② 见 letter from Cedric Dempsey. Executive Director of the NCAA to Commissioner McCarthy. NGISC,October 16,1997 on file with the NGISC.

③ 见 letter from Cedric Dempsey. Executive Director of the NCAA, to Kay James, NGISC, April 28,1999, on file with the NGISC.

④ 同上注。

⑤ 通常来说,"便捷性博彩"(convenience gambling)主要被界定为那些包含并利用电子方式进行赌博的赌博行为,诸如宾果游戏、基诺、扑克牌游戏,彩票,电子影像扑克以及其他利用电子、机械化设备进行随机操作的赌博方式,参赌者最终可获得游戏积分或者再次参赌的机会。这种博彩方式在内华达、南卡罗来纳、蒙大拿、路易斯安那、俄勒冈、南达科他等地都是合法的。

府对于便捷性博彩的运营方式、销售布局、机器分布等方面的管制上存在多种方式。国家博彩委员会负责许可证的审核与颁布,但例外的是在南卡罗来纳州,由税收财政部门管理这一博彩方式。申请者的品格、有无犯罪记录、商业信誉以及经营经历都是许可证颁发审理过程中被考量的方面。另外,经营的内容与机器的数量都是被明确管制的,因而很多州在一个地方往往只允许少量的赌博机器存在。如在内华达州,那些没有赌场的地方,最多允许 15 套机器设备的存在。而在南卡罗来纳州则更少,"每个地方或者说每一许可"最多允许的数量是 5 套。

国家对于便捷性博彩的机器设备的资质和规格上也有相应的规定,这方面也必须获得许可。很多州还限定了游戏和最终奖金的金额。在蒙大拿州,每一次玩电子影像扑克和基诺的最高奖金不能超过 800 美元。而在俄勒冈州,为了保证对电视彩票参与人员的年龄控制,活动的区域都设立在未成年人不得进入的地方。

便捷性博彩经营者需要对政府缴纳的费用内容及多少,在每一个州都是不一样的。如在俄勒冈州,政府对于那些经营电视彩票的零售商收取执照税(excise taxes)。从 1992 年至 1999 年,该州已从此处获得税收金额达850 万美元[①]。而在路易斯安那,在 1998 年 7 月到 1999 年 3 月期间,联邦和州政府所收取的经营许可费就达到了 148,848,000 美元[②]。

南卡罗来纳州在合法便捷性博彩行业的管制方面已取得了非常不错的成绩。为了控制赌博行为的增长,政府禁止任何经营者拥有的电子赌博设备(EGD'S)超过五套,并且规定每天的奖金支出不得超过 125 美元。尽管如此,经营者们通过将他们的经营场合分离在不同的地方,每个地方有五套设备和一个服务人员这样的方式,轻松地规避了相应的规定。[③] 电视扑克游戏的经营商经常打广告并且提供的奖金常超过法律规定的 125 美元。除了难以管制外,便捷性博彩的财政收入在分配上面也不容易做到平等。在南卡罗来纳州,1/4 的机器设备是被三大经营者所掌控的,他们是:Collins,McDonald's Amusements of Little River 和 Tim's Amusement of Greenville。[④]

---

①　引自:Response from Governor Kitzhaber on April 26,1999.

②　引自:Response from Governor foster on April 28,1999.

③　参见 Industry Stirs Money. Controversy:South Carolina Illustrates How Video Gambling Can Impact a State. Sarasota Herald-Trib.,February 22,1999,p. 1A.

④　参见 Video Poker generates millions for some South Carolinaentrepreneurs. The State,March 21,1999.

非法的和准合法的电子赌博设备(或者更准确地说是灰色的电子赌博设备)一直被认为是一个很有挑战性的潜在法律执行问题。某些州报道过有警察或其他执法管理人员进行贿赂的现象。对于赌博设备的没收是一种强制管理手段,但因为这些被没收走的设备是很容易重新再购买的,所以没收并不是一种有效的方式。另外,政府部门处以的罚金常低于那些非法经营者的收入或"薪金"。

在伊利诺伊州,估计有 65,000 台非法或准合法电子赌博设备①和电子影像博彩机器,被认定为纯靠运气的赌博机并被禁止在该州继续使用。尽管如此,很多电子影像扑克游戏的支持者认为,该游戏并不是纯靠运气的赌博,其仍是依赖于一定的技巧技术,所以这些机器并不违反现存的法律。而那些靠经营电子影像扑克机获得巨大的免税收入的经营者,也还是有明显的不同意见。而主张竞争性机构的人员认为非法赌博设备的存在,让这些商业组织有了不平等的竞争优势,因为非法设备获得额外利润使得购买食物、饮料以及汽油的支出得以增加②。

一些州已经考虑用其他商业销售者提供的并经政府检验过的机器来替代现存的电子赌博设备,这将帮助对此行业进行有效管制和获得更多税收。在南达科他州,政府通过这些机器获得了49.5%的收益,而当地的游戏经营者和机器生产者则分享了剩余的 50.5% 的收益。③ 在俄勒冈州,1992 年推出的相关规定,让政府获得了 67% 的收益,而当地的机器所有者得到了33% 的收益。④ 一些人建议:对于非法便捷性博彩行为管制的改进,必须包括加强对地方许可行为以及博彩机器数量和质量的管理。同样,除了制造商和销售商以外,那些违法的组织和博彩游戏经营者也在不断促进着对便捷性博彩管制的改进。

五、广　告

虽然目前对于博彩活动广告的范围是有相应限制的,但并不是完全禁止。例如,一些赌场被允许可以就其餐饮娱乐等方面进行广告,而赌博的营

---

① 见 Cam Simpson. Gambling raid in west suburbs. Chicago Sun-Times, November 17, 1997.

② 见 Bars warily. Consider return of video poker: Court has struckdown ban on the machines. St. Louis Post-Dispatch, February 10, 1999.

③ 见 Video Poker: Why reward vendors. The Charleston Gazette, March 5, 1999, P. 4A.

④ 同上注。

业内容却不被允许。但美国土著部落、教堂宾果游戏之夜(church bingo nights)以及国营彩票是被允许对博彩活动进行广告宣传的。

(一)支持对广告进行限制

对于博彩广告进行不平均限制的原因在于对《第一保护修正案》以及对于法令所规定的例外的不同理解。现有的限制存在的原因是复杂的,但是主要基于两项假定:第一,联邦对于商业赌博的禁令认为纸牌赌博与社会疾病[①]存在因果关系;第二,广告会增加赌博行为,一方面是因为广告引诱人们参加赌博,另一方面是因为要雇佣更多的人从事赌博业,如果没有广告,这些行为都少得多。

(二)禁令的基础:《联邦通信法》

1934年的《联邦通信法》第一次试图从法律角度为限制赌博广告提供依据。虽然这个法律被大幅修改并且增加了很多例外,仍然保留了许多对于博彩广告的限制。《联邦通信法》禁止彩票广告,对使用美国邮政服务进行广播也进行了初步限制。因此,《美国法典》(United State Code)第18部分第1304节规定:任何人通过电台或电视台对于那些根据任何美国法律需要许可证的行为进行广播,或者任何经营此类电台、电视台的人,明知广告内容涉及博彩、中奖或通过抽签、碰运气等得到奖品等类似内容,而允许播放此类广告的,将根据本条款被处以罚款或监禁一年,或两者并罚。

联邦通信委员会(The Federal Communications Commission,FCC)是经授权执行第18部分的机构。因此,FCC贯彻执行47 C. F. R. 第73.121节的规定,禁止任何涉及彩票、中奖或类似活动的广播广告。[②] 第18部分有这样的内容:

(a)不允许任何AM、FM广播或电视台播放涉及博彩、中奖或通过抽签、碰运气等得到奖品等类似内容的广告。

一些例外缩小了该法案最初的扫荡范围。这些例外包括国家彩票[③]、钓鱼比赛[④]、印第安部落根据《印第安赌博法》所进行的博彩活动[⑤]、由非赢

---

①　988 F. Supp 497 (D. N. J. 1997).

②　Anthony N. Cabot, et al. 第51-80页。

③　FCC rule 73.1211. See 47 C. F. R. § 76.213.

④　18 U. S. C. 1307 (a); 102 Stat. 3205.

⑤　18 U. S. C. 1395.

利机构或政府机构组织的彩票、中奖或类似活动①以及商业机构所进行的促销类活动。②

另加的例外包括赛马和场外赌马(off-track betting)。③ 联邦上诉法院对于该法律的合宪性存在分歧意见。因此,目前这个禁令只在美国的部分地区生效。一些法域已经完全抛弃该禁令。例如,Valley 广播公司诉美国政府案中(Valley Broadcasting Co. v. United States)④,美国第九巡回上诉法庭于 1998 年抛弃该禁令,允许其在西部九个州施行。这九个州包括:阿拉斯加、亚利桑那州、加利福尼亚、夏威夷、爱达荷、蒙大拿、内华达、俄勒冈和华盛顿州。

根据 Valley 一案的结果,FCC 声称它将不在内华达州施行该禁令。⑤ 在国际玩家公司诉美国政府案中(Players International Inc. v. United States)⑥,美国新泽西州地区法院裁决该项联邦禁令违反了娱乐场所和广播者的《第一修正案权利》(the First Amendment rights)。根据此案的结果,FCC 宣布在此案有法律效力的新泽西州,将不施行该广告禁令。⑦ 另外一些法域则支持该项禁令。⑧

在 Posadas de Puerto Rico Associates 诉 Tourism Co 一案中⑨,美国最高法院在 1986 年支持针对波多黎各居民,禁止娱乐场所赌博广告的波多黎各法律符合宪法,但允许针对游客的此类广告。在 United States v. Edge Broadcasting Co 一案中⑩,美国最高法院同样支持了一项联邦法令,该法令禁止那些在禁止博彩的州取得执照的广播者播放博彩广告,但是如果该广播者是从允许博彩的州获得执照的,则可以播放此类广告。

(三)这项禁令是一项间接博彩规范吗

基于这些假设,此项关于博彩广告的禁令可以被认为是规范人们赌博行为的一次间接尝试,同时也缩小赌博的社会成本。

---

① 25 U.S.C. 2701 et seq.

② 18 U.S.C. 1307 (a);102 Stat. 3205.

③ 同上注.

④ 41 F.C.C 2d 172 (1973) and 47 U.S.C. §307.

⑤ 41 F.C.C 2d 172 (1973) and 47 U.S.C. §307.

⑥ 见 Nora FitzGerald. Gambling Fever. Adweek (Eastern Edition),January 26,1998.

⑦ 988 f. supp 497 (D. N. J. 1997).

⑧ Fitz Gerald.

⑨ 478 U.S. 328 (1986).

⑩ 409 U.S. 418 (1993).

此项禁令被看作间接的博彩规范,因此引发了各种支持和反对该项禁令的不同意见,所有这些都在挑战或支持上文所说的两条基本假设。在U-nited States v. Players International 一案中,原告认为博彩广告禁令通过管制关于赌博的商业言论来规范、控制人们的赌博行为。此案中,原告观点的关键是围绕着这样一个论点,即存在一种方法,该方法不是通过言论限制来规制赌博业。他们认为,因为人们的赌博行为可以通过非言论(non-speech)手段来管制,就应当考虑采用非言论管制政策。简单来说,该案鼓励对于人们的行为要进行直接的管制,而不要去通过一项禁令,禁止关于该行为的言论,特别是当发表该言论是一项合法的行为时。

这个案子同时也对最初的假设提出了疑问,即联邦政府可以证明"在赌博娱乐业和政府所要防止的社会疾病之间存在任何因果关系"。[1] 支持该项禁令的观点也是基于类似的假定,但有一个较大的不同。该项禁令的支持者认为博彩广告确实会影响(或者说引诱)赌博行为,并且在赌博行为与社会疾病之间存在因果关系。

因此,各州——作为他们公民的保护者,需要"立法弹性"以保护他们的公民不受私人赌博业的不良影响。私人赌博产业通过广告的形式吸引新的玩家进行赌博,从而造成了社会疾病。

六、新奥尔良案

最近,在备受关注和讨论的 Greater New Orleans Broadcasting v. U-nited States 一案中[2],美国第五巡回上诉法庭支持了该项禁令。[3] 在此案中,大新奥尔良广播公司协会(the Greater New Orleans Broadcasters Association),对于禁止跨越州界播放赌博广告的联邦禁令提出了挑战,同时也对 FCC 指定的、规定了另外制裁措施的禁令提出了质疑。在初审判决中,联邦地区法院认为政府利益足以超越对于言论自由的担忧。上诉法院在 1995 年支持了初审法院的该项观点。[4] 在 1996 年的一项裁决中,最高法院将此案发回了下级法院。然而,尽管案子被发回,第五巡回法庭还是支

---

[1]　409 U. S. 418 (1993).

[2]　149 F. 3d 334 (5th Cir. 1998).

[3]　见 Richard Carelli. Law Banning Casino Ads Reviewed. AP Online, January 15, 1999.

[4]　见 Greater New Orleans Broadcasting Association v. United States, 69 F. 3d 1296 (5th Cir. 1995).

持了该项广告禁令,这样就直接面对即将到来的最高法院的复审。^① 因为这些例外和相互矛盾的决定,"那个禁令剩下的只是一个依靠晦涩不清的、通常没有出版或没有最终定论的裁决所支撑的、模糊的规范安排。"^②最高法院最近审理了 the Greater New Orleans Broadcasting 一案,有望短期内做出裁决。^③

(一)新奥尔良案的解释

在新奥尔良一案中,关于对赌博广告施行禁令,至少有两种观点。美国广告业协会认为赌博广告属于商业言论,受宪法第一修正案的保护,不应当被禁止或限制。在 44 Liquormart 诉 Rhode Island 一案^④的判决中,最高法院认为某州发布的一项关于酒精饮料广告的禁令不合法,根据这个判决结果,美国广告业协会认为法院应当发现对于赌博广告的禁令与前述案例类似,因此是不合宪法的。克林顿政府仍然支持该项禁令,辩称在禁止赌博广告方面存在强制性的国家利益。在 Players 一案的上诉中,政府的律师认为,娱乐业赌博广告的播放,"直接深入现有的和潜在的赌博者的家庭,将直接导致强迫性赌博的增加"^⑤。

(二)彩票广告

虽然赌博广告是一个很有争议的话题,但是更有争议的是,政府本身积极通过广告来促进博彩业。经营彩票业成为各州的一个新的商业形式。许多州"已经采用商业的市场推广工具,包括产品设计、促销和广告"来促进他们的彩票发行。^⑥ 在 1997 年,州彩票业花费了总计 400 万美元来做广告,占全部销售额的百分之一。^⑦ 与其他一些直接的、低技术含量的、严肃的政

① 见 Alicia Mundy. Court Rules on Vice Ads; Supreme Court May Rule on Casino Advertising. Adweek, August 10, 1998.

② 见 Argument of New Orleans Broadcasters, cited in Scott Ritter. Supreme Court Refuses to Review Ban on Casino Gaming Ads. Dow Jones Newswires, January 11, 1999.

③ 见 Greater New Orleans Broadcasting v. United States, Supreme Court of the United States, 第 98-387 页, writ of certiorari granted, January 15, 1999. See Associated Press. Supreme Court to Consider Advertising Ban on Casinos. wire copy, January 18, 1999.

④ 517 U.S. 484 (1996).

⑤ Richard Carelli. Gambling Ad Ban Full of Exceptions. AP Online, December 28, 1998.

⑥ Clotfelter and Cook, supra note xx at 9.

⑦ Patricia A. McQueen. Investing in Tomorrow. International Gaming and Wagering Business at 48 (January 1998), cited in Clotfelter and Cook, supra note xx at 11.

府营销不同,彩票广告十分个性化,它们可以循循善诱,可以炫目耀眼,也可以非常幽默。这种广告试图让赌博更具吸引力,而这些广告却由州批准,由州推行,并且由州政府付款(见表 2-1)。

表 2-1　1998 年彩票机构市场计划中的广告主题

主　　题	使用的次数
奖金或者累计资金的规模	56
参加赌博所带来的愉悦感	56
赢家认知	46
彩票给政府带来的收益	28
体育类	28
产品认知	24
如何开展	20
博彩的风险	16
赢的几率	16
将节日与展览相联系	12
多参加博彩	12
赢钱时的情绪	12
梦想所在	12
赢的好处	8
即时满意度	8
社会与博彩业的互动	4
低廉的价格	4

彩票广告最显著与棘手的问题在于它是令人产生误解的还具有欺骗性质的。彩票行业的广告是不需要服从联邦贸易委员会关于广告真实性的标准,因为它本身就是一个国有的实体,它的广告方式是其他商业广告所行不通的。[1] 联邦贸易委员不会问它要一个关于赢彩票的几率的报告(证实其广告内容的真实性)。但是彩票广告很少表明赢钱的低几率,很多广告甚至还暗示赢钱的几率比想像的还要高。比如一个录像声称只要运气好,你一下子就可以赚到一万美元。在得克萨斯州的一个广告还拿赌博获利的几率和生活中其他一些事情的几率相比较,暗示彩票赢钱的可能性还是很大的。[2]

彩票广告不仅会让人误解,与此同时很多彩票广告都与政府是公共商品保护者的身份相冲突。比如,很多彩票广告将运气凌驾于努力工作之上,

---

① 参见 Ellen Perlman. Lotto's Little Luxuries. Governing, December 1996, p. 18.

② Testimony of Philip Cook, before the NGISC, March 18, 1999, Washington, DC.

寻求刺激凌驾于谨慎调查之上,娱乐凌驾于储蓄上。纽约有一个"你所需要的只是美元与梦想"广告活动就是暗示博彩能提供通往发财之路的典型的标记。博彩广告表达了一个概念:彩票是针对那些在未来会遇到财务困难的人,能帮助他们渡过难关的捷径。

彩票广告宣扬人们买彩票能为社会的公共事业做出一点贡献,这也是个骗局。事实上彩票的收入专用于一些特殊用途,比如教育。彩票广告想建立玩博彩就会很舒畅的理念,也就是说,买了彩票就为国家的建设出了一份力,而成为千万富翁只是额外的好处。一段提交给委员会的录像剪辑着重指出彩票收入资助教育和工作培训,倡导一种通过买彩票,一个彩民可以帮助其他人提高他们的生活水平的观念。[1]

另一个问题是彩票广告特别瞄准弱势群体,尤其是年轻人和穷人。一些提交给委员会的彩票广告展示了年轻人购买彩票的情形。[2] 对这种广告的起诉,以及在大部分州未成年人购买彩票的违法性,引起了人们对州政府在这种赌博促销中扮演一个推动者和参与者角色的担忧。

对彩票的市场主题和信息的担忧促使好几个州在彩票机构可以做什么类型的广告上加以管制。尤其在弗吉尼亚州、明尼苏达州和威斯康星州都禁止旨在引诱人们购买彩票的广告。其他一些州建议公布中奖率或者建议广告精确无误。[3]

(三)广告"暂停"的时刻到了

在商业言论和合法言论两者关系的问题上,赞成或者反对禁止博彩广告的法律争论是比较重要的问题。在许多州已经将博彩活动合法化的同时,有些州继续赞同禁止有关赌博的广告。此外,有些州在积极促销它们彩票的同时继续赞同禁止为商业赌场做的博彩广告。如此冲突的管制手段虽然在表面看似矛盾,一般是不断增长的决策的结果,而不是迟疑不决的结果。各州在保护公共利益的同时保证它们的博彩监管和管制符合其目标,这是非常重要的。

委员会意识到法律界(legal landscape)可能会谴责最高法院在 Great New Orleans 一案中的判决。委员会正为最高法院可能解除广告禁令做准

---

① Testimony of Philip Cook, before the NGISC, March 18, 1999, Washington, DC.

② Testimony of Philip Cook, before the NGISC, March 18, 1999, Washington, DC.

③ 世纪之交的国营彩票:给国家博彩影响研究委员会的报告。Charles T Clotfelter, Philip J. Cook, Julie A. Edell and Marion Moore, 1999 年 4 月 1 日。

备。如果禁令被解除,博彩广告可能扩散到全美国。委员会有权在法院判决之前"暂停"少量的广告,这就有机会和责任规范博彩广告的问题。委员会建议在博彩广告问题上采取一个"最佳做法"的范例,尽量遵守由北美州省彩票协会(North American Association of state and Provincial Lotteries)和美国赌博协会(参见本章末的附件 A,B,C)共同制定的指导方针。

七、建 议

(1)委员会向州政府和联邦政府建议,对各州境内博彩活动的管制活动,各州自己最能胜任,但是有两个例外——部落博彩和网络博彩。

(2)委员会建议,应当限制 21 岁及 21 岁以上的人群参与合法的博彩活动,禁止 21 岁以下的人群在进行博彩活动的地区内闲荡。

(3)委员会建议,博彩"无目的航行"(游船上设有赌场)应当被禁止,除非该航行首发地所在的州以特别立法的形式规定这样一种符合现行法规定的航行为合法。

(4)委员会建议,所有的博彩机构应当在显眼的位置公布有关博彩具有危害和风险的警示以及所实行的投注赔率。

(5)委员会意识到,应进行总体上的财政改革运动。尽管如此,委员会仍坚信有合理理由建议各州采取严格的全国性和地方性的博彩管制。

(6)委员会收到的有关证据表明,诸如邻近商店里的电子赌博设备这样的便捷式博彩,为了使博彩更加实用和方便,花费了更多的社会成本,但产生的经济利益更少。因此,委员会建议各州应当禁止核准任何更为便捷的博彩设备,应当取缔和减少现存的设备。

(7)委员会建议,应当禁止对大学生运动会的博彩活动,对当前合法的业余体育赛事的博彩活动也应当一同禁止。

(8)委员会建议,在对按照约定协助经营和供应彩票的组织缺乏管制监督的各州,各州应当建议所有涉及经营和供应彩票的个人、法人和其他组织接受严格的背景调查和许可程序。

(9)委员会建议,发行彩票的各州应当公开地以"最佳做法"的形式开展和审查对其彩票的管制。

(10)委员会认为发行彩票的各州应禁止即时赌博——现场扑克(live card)和其他赌场式赌博的模拟。总体上,一场即时赌博的结果是由发行彩票机构的终端出售点决定的。

(11)委员会建议,所有相关的政府博彩管制机构应当禁止攻击性的广告策略,尤其是那些针对赤贫区人们和年轻人的广告。

(12)委员会建议,各州应当禁止将赌场式博彩引入同注分彩业,其引入的目的主要是为挽救市场已经决定不再为社区提供的同注分彩业,或者是为了同其他形式的博彩竞争。

(13)委员会向州及部落政府、全国大学生体育协会(NCAA)和其他青年组织、学校和大学生体育组织建议,因为体育博彩在青少年中广为流行,可能成为走向其他博彩形式的门路,以上组织和政府应当建立教育和预防机制帮助公众认识到几乎所有的体育博彩是非法的而且可能导致严重的后果。委员会建议,这种机制应当包括公共服务宣传节目,尤其是在联赛和季后赛的相关报道中。委员会建议全国大学生体育协会和其他业余体育管理机构采取有关体育博彩教育和预防的强制行为规范。委员会还呼吁全国大学生体育协会组织、美国的研究性大学利用它们的资源在青少年赌博、体育博彩和相关问题上开展科学研究。

(14)委员会建议,每个博彩机构、国营彩票机构、部落政府和博彩组织协会主动采用和遵守可实施的广告指导方针。这些指导方针应当避免对包括年轻人和低收入人群在内的弱势群体产生明确或者模糊的吸引力。实施措施中应当包括一种机制,能意识到或者知晓市民可能因有关广告所引发的不满。此外,委员会建议国会修改联邦"广告中的真相"的法律规定的适用范围,使之包括美国土著博彩业和州主办的彩票业。

(15)委员会建议,国会应将关注美国的彩票运作的年度数据收集工作委派给合适的联邦办事机构。这些工作包括:彩票的购买量,彩票活动的参与者和方式的人口学统计,参照有关问题以及博彩者的病理因素,广告上花费的精力、内容、精确度以及模式,在管制上的投入,以及其他相关因素。

(16)委员会建议,州及部落政府应对在自身权限内被许可的各种博彩形式进行周期性再评估,目的在于衡定通过对这些形式中的一种或几种进行限制、削减或扩大后,是否优化了对公共利益的服务。

(17)委员会建议,联邦、州以及部落的博彩管制机构应服从一段低调时期的规定,在这段为期一年的时期内禁止他们对任何遵守规制的博彩机构进行监管。联邦、州或部落的博彩机构业主应服从一段低调时期的规定,在这段为期一年的时期内禁止为任何彩票机构工作。

(18)委员会建议,关注新的赌博形式的引进以及现存赌博运作的关键性扩大的权限文件应对其产生的影响进行完整阐述。这种分析应由水平较高的独立研究小组进行,应尽可能包括预期行为的经济的、社会的以及宗教的影响。

(19)委员会建议,运营博彩业的州需在低收入地区以及博彩者众多的地区减轻对博彩营销的依赖性。可通过各种办法进行,包括在低收入地区限制广告规模以及小册子的出售数量。

(20)委员会建议,运营彩票业的州需制作一个市民私人疏漏警示牌。牌子上要包括在诸种博彩形式上可供选择的有具体数据依照的政策,以及可遵循的市场战略,等等。

(21)委员会意识到彩票和便捷的赌博也许会在年轻赌博者的成长中产生重要作用。于是委员会作出了进一步的决定,在尊重各种合法的与非法的博彩形式的前提下,建议所有有关的政府博彩管制机构要对接纳未成年人赌博者强制执行重罪的处罚。

(22)部落对博彩的高度容许和博彩业在当地的大量涌现,可能会对美国消极博彩的文化产生不适宜的影响。因此委员会建议各州减缓新兴博彩业的发展,缩减博彩广告,限制博彩机器的数量。

附件 A 一个赌场的"最佳作法"

在委员会的请求下,前伊利诺伊州赌业管理部主席 Michael Belletire 建构了一条通向管制范例的做法。他的主要观点包括:

目的的法制透明性

在制定博彩条例时,公共目的与立法意图的一个透明的清晰度是必需的。要为阐明权威而进行关于管制意图的陈述,依据该权威,对博彩的官方管制的长期可接受度才可被测量。这种陈述也可有助于调和潜在的宪法审查来临时所产生的司法侵入。更重要的是,对意图的陈述也可提供一个基础,依据这个基础,在进行初始的决断制定、评论以及申诉时,我们可以检验管制与行政决定。公共意图的完整阐述,应当是针对一个具有完整性的原则的详细陈述。

合宪性考量

在制定博彩管制条例前,每个州的民选政府必须仔细考量宪政历史、语言以及当下的公众情绪。

管制机构

公正原则建议政府的决策制定须掌握在一个指定的机构而非服从政府势力的个人手中。决策制定机构应当行使操控权与行政权,进一步必须紧密跟从其作出的决策的诉求或疏漏。

博彩业的授权范围

依据 Belletire 所言："在衡量管制力度上,也许唯一最有意义的因素就是博彩业的授权范围。"然而,通过严格限制市场并制定掌控于管理者及其他人手中的决策,一套意在"限制"博彩业"扩张范围"的法令将会提高对许可奖励产生不良影响的潜在可能性。因此,法令的安全性应当包含以下要考虑的几点:

- 在颁发许可证决策上的独立性。
- 在申请许可证时,课以经济负担,以证明许可证的适宜性。
- 对于限制有效性的许可证来说,对自身出于竞争需要而采取的措施,要建议其进行全面陈述。
- 在对相互竞争的许可证申请的决定上,要仔细阐明政策建议。
- 全面揭示财政方面与政治方面的关联。
- 对于申请者与许可证管理者间所牵涉的契约关系,拥有检查、调查和批准通过的完整权力。
- 要保证公共会议适宜的权衡建议所得出的对于敏感的个人与财政信息的处理办法的机密性。
- 调查的人员与行动都要深入且独立。

适宜性与调查

现存的博彩管制制度的基础是假定博彩业的业主被发给许可证和进入博彩业是被视为"合适的"。指定的委员会成员应当被授予广泛的权力,以进入博彩机构的背景中,接触其中的业主及其他所有被视作"关键人物"者。[①] 管制委员会的主席应当被给予确认那些个人或实体应视作关键人物的权力。为了使之有效,管制者必须有权进行深入的背景调查。法律应建议申请者提供"充分的公司状况",而不能提供信息的则为判定其不合适的重要要素。建议犯有重罪者要在法律上禁止其成为关键人物。同样建议博彩管制法赋予博彩管制者强迫"解散"参与建立"不合适"的博彩机构的群体的完全权力,拒绝颁发许可证的权力除外。被分派进行调查任务的个人应当是州的执法机构公务员,因为他们拥有获取犯罪与背景信息的广泛途径。

---

① 关键人物可能是一个个人或一个集体。他通过其自身的地位、职务、从属或关系,可以对该持许可证的法人的广泛政策、管理或运作进行控制或施加重要影响。

执　行

定点管理提高了管制机构处理无规律性的管制事务的能力。最有威力的博彩监督工具之一是镜头监视系统。监视的特色是它是由规章与管制制度而非法律制度所规定。

保持与反赌博法律的一致性

每个州都会有法律上的干涉，它们将一些不同的博彩活动形式定为犯罪。为了使合法的博彩业继续运转，应在制定合适的免税政策以维持禁赌法令上保持适当的关注。确保合法博彩业的诚实运作，需要预防在形式合法的博彩中混以欺骗的能力。必须注意确保合适的、明确可执行的刑法条例的存在，以预防博彩骗子出现。

不与博彩机构发生关系

为了运转，博彩业和其他大公司一样，要建立不同的外部关系网。因此，通过法律或条例或二者的综合，博彩权限对所有业主决策的获取程度和疏漏的努力衡量就尤为重要。这种疏漏可能要使之承担禁止博彩组织或其他管制措施的施加。博彩使得法制明确建议通过管制机构对博彩控制的财政支持，正如"适宜的且来源于合适渠道"一样为主流倾向。

问题以及未成年赌博

各州授权合法博彩业时，应当认识到法律及管制政策所承认的问题博彩，并寻找消除其影响之道。引起对问题博彩重视的措施当由管制机构发起。

处理合法博彩的年龄限制问题的法律应沿两个方向进行。首先，持照经营博彩业者应当严格遵守管理规定，未能持续而勤勉地拒绝并察觉未成年人进入或参与博彩者，当负责任。第二，法律机制要让故意违背法律参与博彩的年轻人负相应责任。州应明确地颁布小型的或轻罪立法的涉入，这可适用于参与博彩或以故意或欺骗手段唆使参与者。

附件 B　NASPL 广告标准

北美州省彩票协会（NASPL）通过一份文件，这是为自己成员制定的广告标准,它于 1999 年 3 月 19 日公布。① 这些标准公布了彩票广告的内容与风格,包括广告中对未成年人的适用、彩票抽奖活动信息的说明以及中奖收益人的明晰列表。根据 NASPL 的说明,NASPL 的签字会员"将在他们的广告与市场活动中和这些标准的建议保持一致"②。这些标准大致如下:

内　容

广告不应包含也不应暗示猥亵下流的语言、图像或行为。

广告不应描绘对产品的滥用,有过于夸张的表演,也不应抢先表现赌博。

广告不应暗示或描绘任何非法活动。

广告不应侮辱任何人种,任何少数的、任何宗教信仰的或任何受保护的阶层的人的形象或身体。

彩票广告者应根据受众与媒体的情况作出相应的变化,以保持与这些标准的一致。

广告不应鼓励人们进行夸张的行动,也不应超出人们的理解力。

如果适宜,广告与市场资讯应包含负责任的活动讯息。

负责的公共活动服务或对媒体讯息的买断是适宜的,尤其在大量积累赌注的时期。

对强制博彩程序的支持,包括出版物、提名者与对雇主的培训,都是彩票广告必需的附属。

广告不能将任何彩票活动表现为——无论直接还是间接表现——使某人摆脱财政上或个人的困难的一种潜在途径。

广告不应将博彩说成是一种从过去的赌博或财政损失中恢复过来的方法。

广告不应故意参与或接近其他将产品的用途进行不适当的戏剧性夸张或妖魔化的媒体。

风　格

彩票不能进行片面的宣传,也不能宣传成工作的替代品、财政投资或财产保值的一种方式。

---

① 除了由 NASPL 颁布的国家性标准外,许多州级彩票营销机构也制定了自己的广告规则。这份适用于 24 个流通彩票的州的文件于 1999 年 4 月 20 日在 NGISC 发表。

② 参阅 NASPL 广告标准,由 George Anderson 1999 年 4 月发表于 NGISC。

彩票广告不能策划成对紧急性事务的暗示,也不能做虚假承诺以及将赢钱表现成极有可能的收获。

广告不应对没买彩票者进行毁誉,也不应过度表扬买彩票者。

广告应强调博彩活动有趣的、娱乐的一面,不应暗示对赢钱的承诺。

广告不应直接或间接通过对一个人赢钱机会的虚假渲染来促使公众进行赌注。

广告不应暗示博彩是一种技术型游戏。

有关未成年人

在彩票广告中被刻画的个人不应处于或接近法定购买年龄以下。

年龄限制至少要在彩票出售点予以明示。

广告不应出现在主要是直接向法定年龄以下的群体播放的节目中。

在观众从情理上说主要应是法定购买年龄以下者的会场,不准出现彩票广告。

广告不应含有主要用于吸引未成年人或法定购买年龄以下者的符号或语言。

动画的使用必须被检查,以确保这些形象与儿童节目中的动画形象没有关联。

主要用于吸引法定购买年龄以下者的名人或证明书不应被使用。

游戏信息

赢的机会必须为公众所获知,且必须清楚的说明。

如情形合理且合适,广告应说明可选择的情况以及年金的价值。

受益人

抽奖给彩法应说明彩票收益的用途的信息。

广告应清楚地说明彩票收益都流向哪里,避免令人迷惑或产生错误理解的陈述。

附件C 广告与市场运作"最佳实践"的范例

在1999年1月,美国博彩业联合会的委员会主任们通过了博彩业市场与广告的自愿指导方针。这些自愿方针适用于博彩业的广告与市场运作。因为它们是为博彩业专门制定的,所以这些方针可以作为所有形式的博彩广告的范例。

这些自愿指导方针的目的具有二重性：

（1）确保博彩广告与市场对于成年人的负责性与合理性，保证它们反映基本可为公众接受的当下标准。

（2）避免专门为了吸引儿童与未成年人的博彩广告与市场资讯[①]出现。

基本方针

所有广告与市场营销都要有一句负责任的博彩口号，以及为那些需要帮助者准备的免费电话的号码。

博彩广告与市场资讯是为达到参与博彩的法定年龄的成年人准备的。

博彩广告与市场资讯应反映公众可接受的、良好品味的现行标准。

博彩广告和市场资讯不应暗示或支持任何种类的任何不法活动。

博彩广告和市场资讯应严格遵守所有州立和联邦的标准，不应进行虚假或误导性的宣传，或对博彩活动进行夸张的表现。

博彩广告和市场资讯不应含有对个人的、社会的、财政的或私人的成功进行保证的宣传或陈述。

博彩广告和市场资讯不应对近期的大学生运动员进行特写。

关于未成年人的方针

直接以或怀有吸引法定年龄以下者的博彩广告和市场资讯皆属禁止。

博彩广告和市场资讯不应含有专门以吸引儿童和未成年人为目的而设计的卡通形象、符号、公众认可的名人或娱乐明星以及（或者）语言。

博彩业不能由任何处于或看似处于法定年龄以下的人的参加博彩活动来进行广告或宣传。模特或演员看上去应处于 25 岁或以上。

博彩活动不能在专为儿童和（或）未成年人制作的节目中进行广告或宣传。

在多数观众从情理上讲将为法定参与博彩活动年龄以下的群体的媒体上，博彩广告和市场资讯不能出现。

在合理的可能性下，博彩广告和市场资讯不应出现在邻接或极其接近动画片或其他少儿节目之处出现。

博彩活动不应在任何多数情况下观众通常都是法定年龄以下者的美国会场中进行广告或宣传。

---

① 对于 AGA 的指导方针来说，词语"广告"与"市场"意指包括——但不限于——广播、电视中无前提的节目、印刷品、通信、广告牌以及网络促销。

除非出于对慈善性请求的回应，否则主要是吸引儿童或未达到法定博彩年龄的未成年人的衣服、玩具、游戏及其他器物上不准进行博彩宣传。

参与博彩的宣传不应出现在学院或大学中，以及学院或大学的出版物上。这个自愿指导方针不欲代替由研究机构或其代理人、合法的雇用广告或招聘会、学院的奖学金提供者或其他合法的商业活动、奖学金或雇佣关系所寻找的赞助者的任务。

博彩的广告或宣传不应出现在临近学校或其他以少儿活动场所为主的广告栏或其他室外展示空间里。

第三章

中国彩票业政府管制研究[*]

一、引　言

彩票业是一个特殊的行业,具有赌博性与公益性双重属性,这一点与烟草业存在着某种程度上的类似。这种对魔鬼与天使的既爱且恨总是在考验着公共政策的选择偏好。彩票业在世界各国几乎都经历了一个禁止—放开—严格管制的过程。这个过程实际上是在经济、技术、社会文化等多种因素综合作用下政府通过政策选择不断抑制其赌博性、发挥其公益性的过程。

彩票在我国也曾因被视为赌博而遭长期禁止。20 世纪 80 年代中期,随着改革开放的逐步深入,彩票业在将社会闲散资金引向公益事业方面的作用日益得到关注,政府开始逐步放开彩票业,尝试利用彩票为社会公益活动筹集资金。然而,自 1987 年我国第一张福利彩票问世以来,18 年的管制实践走到今天,对制假、黑幕和改革三个词汇与彩票业的亲密关系,我们竟然开始变得似乎习以为常! 这到底是一个怎样的行业? 似乎大家都意识到现行的彩票管制体制是不合理的,但是为什么不合理的制度还能继续存在下去? 人们为什么选择或者说是不得不选择不利于自己的制度设计? 本文的思路就是这样展开的:彩票业的管制结构究竟是怎样形成的→形成的管制结构究竟存在什么样的问题→这些问题是不是已经引起了改革者和决策层的注意,有没有解决的方案→改革的方案为什么难产→制度设计的方向是什么。

首先让我们从政府对彩票业管制的"历史"开始。

二、中国彩票业政府管制历史简考

从 1985 年第一个有关彩票业管理的规范性文件——《国务院关于制止

---

　　* 本章由骆梅英、朱新力合作完成。骆梅英,浙江大学法学院博士研究生;朱新力,浙江大学法学院教授、博士生导师。

滥发各种奖券的通知》①发布以来，中国政府对彩票业的管制先后经历了初期的无序管理以及从部门的彩票逐步向国家的彩票转变阶段，迄今已形成了覆盖全国的福利彩票和体育彩票两大彩票系统。

（一）无序管理阶段（20 世纪 80 年代中期—90 年代初）

1984 年 10 月，中国田径协会与中国体育服务公司为举办"北京国际马拉松比赛"发行了"发展体育奖，一九八四年北京国际马拉松赛"字样的奖券②，此举开创了发行体育彩票的先河。此后，地方政府通过发行彩票性质的专项奖券为举办大型体育赛事和建设体育设施筹集资金成为惯常做法，这也为以后国务院批准原国家体委作为除民政部之外的第二个彩票发行主体埋下了伏笔。1986 年 6 月，民政部向国务院正式报送了《关于开展社会福利有奖募捐活动的请示》③，提出组建"中国社会福利有奖募捐委员会"，在全国发行"社会福利奖券"，所筹资金专项用于民政福利事业的实施方案，得到了批准。1987 年 7 月，第一个全国性的专业彩票发行机构"中国社会福利奖券发行中心"成立，此后，逐渐形成了一个以各级民政部门为核心，按政府行政级次设置的福利彩票发行销售组织体系。

这一时期，政府出台了两个规范性文件约束彩票市场，一是 1985 年《国务院关于制止滥发各种奖券的通知》，其政策取向主要是禁止彩票业的发展，内容主要是禁止工商企业举办有奖销售活动，原则上禁止文艺、体育界为举办文体活动搞有奖售票，只允许为兴办社会福利事业举办有奖集资的试点，批准机关为当地人民政府。二是 1991 年《国务院关于加强彩票市场管理的通知》④，该通知第一次形成了明确的彩票管理政策。内容主要是：一是针对彩票发行主体的混乱⑤，首次明确发行彩票的批准权集中到国务院，基本程序是由省级政府和国务院有关部门提前半年向中国人民银行报送发行计划及办法，经中国人民银行审查后报国务院批准；二是在额度上实行数量限制，不得突破，实行一事一报批，发行完批准的额度后即告结束。

这一时期，我国没有形成系统的彩票管理制度，大多数发行活动是临时性或间断性的，没有一个政府职能部门统一管理彩票市场；彩票发行主体与

---

① 《国务院关于制止滥发各种奖券的通知》（国发〔1985〕31 号）。

② 斯方吾：《新中国最早的体育彩票》，《新民晚报》2004 年 5 月 11 日。

③ 《关于开展社会福利有奖募捐活动的通知》（民捐字〔1987〕17 号）。

④ 《国务院关于加强彩票市场管理的通知》（国发〔1991〕68 号）。

⑤ 从当时的情况看，发行主体既有某些公益活动的临时性组织，也有地方政府，还有民政部门的全国性专业化彩票发行组织系统。

公益金使用主体重合,政府对彩票公益金的筹集、分配、使用基本上没有干预;全国也没有形成统一的彩票市场,被各种形式和名目的奖券所充斥,整个彩票业处于基本无序管理的阶段。

(二)部门彩票阶段(20世纪90年代中期—90年代末期)

由于没有形成系统的彩票管理制度和专门的管制机构,20世纪90年代初,彩票市场出现了严重的混乱局面。尽管1991年国务院已经发文明确彩票发行的批准权集中到中央,但是由于巨大的经济利益驱动,各地违规发行彩票的现象愈演愈烈。针对此状,1993年《国务院关于进一步加强彩票市场管理的通知》①发布,重申彩票发行的批准权集中到国务院,任何地方、部门、组织、个人均不得擅自发行彩票。紧接着,1994年中共中央办公厅、国务院办公厅颁布了《关于严格彩票市场管理,禁止擅自批准发行彩票的通知》②,开始对全国彩票市场进行清理整顿,再一次重申彩票批准权集中到中央,禁止"六合彩"等主动型彩票,禁止外资进入彩票市场,并正式确立中国人民银行是国务院主管彩票的机关,统一管理全国彩票市场。

1994年,鉴于我国在举办大型体育运动赛事上曾多次发行彩票③并取得了良好的社会效果,国务院批准原国家体委在全国范围内发行体育彩票④,同时组建体育彩票管理中心,负责体育彩票的发行和管理。同年,民政部将"中国社会福利奖券发行中心"更名为"中国福利彩票发行中心",奖券更名为中国福利彩票⑤。至此,由中国人民银行实施统一管制职能,民政部和原国家体委在全国范围内分别发行中国福利彩票和中国体育彩票,所筹资金分别用于民政和体育部门职责范围内的公益事业的彩票管理体系得以形成。此后中国人民银行会同民政部和原国家体委制定了一系列规范性

---

① 《国务院关于进一步加强彩票市场管理的通知》(国发〔1993〕34号)。

② 《关于严格彩票市场管理,禁止擅自批准发行彩票的通知》(中办发电〔1994〕21号)。

③ 例如,1989年第一次在全国范围内发行体育彩票——"第十一届亚运会基金奖券"为第十一届亚运会筹集资金,之后,"第一届东亚运动会体育基金彩票""第七届全国运动会体育基金奖券"等发行,为全国体育彩票系统的形成奠定了基础。

④ 见《国务院办公厅关于体育彩票等问题的复函》(国办函〔1994〕30号)。

⑤ 《关于加强社会福利有奖募捐工作领导的通知》(民办函〔1994〕283号)。

文件①,初步构筑起了包括发行销售、机构财务及公益金管理的彩票管理制度体系。

这一时期,我国对彩票业的管制还处于幼年,这体现在认识上把彩票看成是股票性质的金融工具,将彩票行业归类于金融业,由此确定了中国人民银行为管制机关,并主要采用严格的数量限制的管制方法,为以后彩票业的市场化发展埋下了隐患;其次全国彩票市场被福利和体育两大彩票机构分割垄断,各自实行不同的发行销售和财务制度,发行彩票的公益金分别归两个发行部门所有,福利彩票和体育彩票实际上成为两个部门筹集资金的工具。这种部门彩票管理系统形成了彩票业改革中不可忽视的两个既得利益团体,也成为以后彩票国家化改革的最大制约因素。

(三)不完全国家彩票阶段(20世纪90年代末至今)

随着彩票业发展规模的迅速扩大和管理实践经验的积累,彩票业的金融性被淡化,财政性功能突显。中国人民银行逐渐认识到彩票是政府调节社会收入分配结构的一种政策工具,本身并不创造财富,而是一种财富分配的手段,不应被纳入央行的管理范围,并且认为部门性的彩票管理体制不能再适应彩票业发展的要求。鉴于此,1999年5月,中国人民银行向国务院报送了《关于改革彩票管理体制的请示》,请求将彩票主管职能移交财政部并进行彩票管理体制的改革。国务院作出了将彩票主管职能移交财政部,并由财政部继续对彩票管理体制进行改革的决定。② 在对有关部门提交的改革方案经过近一年的讨论和协调后,2001年10月30日,《国务院关于进一步规范彩票管理的通知》③出台,确定了由财政部门主管彩票法规、政策与制度,管理彩票市场和彩票资金,民政和体育部门分别负责组织福利彩票、体育彩票的发行和销售;调整了彩票资金结构与公益金分配制度,核定民政和体育部门公益金基数,超基数部分按一定比例留归民政和体育部门使用外,其余由财政部主要用于补充社会保障基金。

---

① 这些文件主要有:《关于加强彩票市场管理的紧急通知》(银发〔1995〕330号)确定了人民银行、福利和体育彩票机构的职责分工,建立了现行彩票管理体制的基础框架。此后会同两个部门分别制定了《中国福利彩票发行与销售管理暂行办法》(民办发〔1998〕12号)、《体育彩票发行与销售管理暂行办法》(银函〔1998〕406号),会同财政部制定了《社会福利基金使用管理暂行办法》(财社字〔1998〕124号)、《体育彩票公益金管理暂行办法》(体经字〔1998〕365号),两部门各自发行了《福利彩票机构财务管理暂行办法》(民计发〔1995〕16号)、《体育彩票机构财务管理暂行办法》(体经字〔1999〕444号)等,构成了现行彩票管理体系的基本制度框架。

② 《关于移交彩票监管工作的通知》,(银发字〔1999〕429号)。

③ 《国务院关于进一步规范彩票管理的通知》,(国发〔2001〕35号)。

财政部接管彩票市场管制职责后,采取了一系列措施加强管理,并颁布了全国统一的《彩票发行与销售管理暂行规定》和《彩票发行与销售机构财务管理办法》,从制度上统一了全国彩票市场。

这一时期,我国对彩票业性质的认识逐渐深化,财政部接管彩票市场后,彩票成为国家财政对国民收入进行再分配的一个重要工具。原先由民政和体育两大部门独占全部彩票公益金的做法得到部分改变,公益金的部分社会化,使福利和体育彩票从部门彩票开始向国家彩票转化。但此并不是完全意义上的国家彩票,因此笔者将这一时期称为不完全国家彩票阶段。

三、现行中国彩票业政府管制的结构

《彩票发行与销售管理暂行规定》(以下简称《暂行规定》)、《国务院关于进一步规范彩票管理的通知》(以下简称 2001 年《通知》)以及其他彩票管理规范共同确立了现行由国务院负责发行审批,财政部、民政部、国家体育总局三个部门共同监管彩票市场的管制框架。

根据《暂行规定》第四条及 2001 年《通知》第一条、第三条,国务院的主要职责是批准彩票的种类、发行主体以及批准彩票发行的额度。

根据 2001 年《通知》第二条,财政部作为国务院彩票管制机构,其主要职责是负责起草、制定国家有关彩票管理的法规、政策;管理彩票市场,监督彩票的发行和销售活动;会同民政部和国家体育总局研究制定彩票资金使用的政策,监督彩票资金的解缴、分配和使用。但是,从我国的彩票管制立法的构架来看,并不是彩票发行审批权之外的管制权都下放给了财政部,彩票管制的具体制度、具体事务仍由民政部与国家体育总局具体制定和实施。①

以上表明我国彩票管制的立法构架是四元管制,即国务院、财政部、民政部和国家体育总局的管制。概言之,国务院行使的主要是发行审批权,财政部主要是根据国务院的授权把握彩票发行的政策方针,而民政部和国家体育总局主要是制定并落实彩票发行的规则。

民政部和国家体育总局下设的福利彩票发行中心和体育彩票管理中心

---

① 2001 年《通知》第二条规定,民政部、国家体育总局"根据国家有关法规、政策和制度分别研究制定福利彩票和体育彩票的发行、销售、管理的具体办法并组织实施;负责研究制定本系统彩票发行规划;研究提出发行额度并经审核批准后组织实施;确保及时足额向财政专户解缴彩票公益金;加强对彩票发行与销售机构的管理,努力降低成本,扩大发行规模"。

是我国两大彩票发行主体,分别是隶属于两大部门的事业单位,按照行政级次下设省、市、县三级地方发行机构,实行分级负责、风险共担、利益共享的管理体制。根据《暂行规定》第八条"彩票机构可以对外委托电脑系统开发、彩票印制和运输、彩票零售、广告宣传策划等业务",因此还存在受委托经营彩票营销、印制业务的彩票公司参与彩票销售环节,这也是此后我们要分析彩票业新管制框架形成障碍的重要因素。

具体我们可以看以下的我国彩票管理结构分级图(见图3-1所示)。

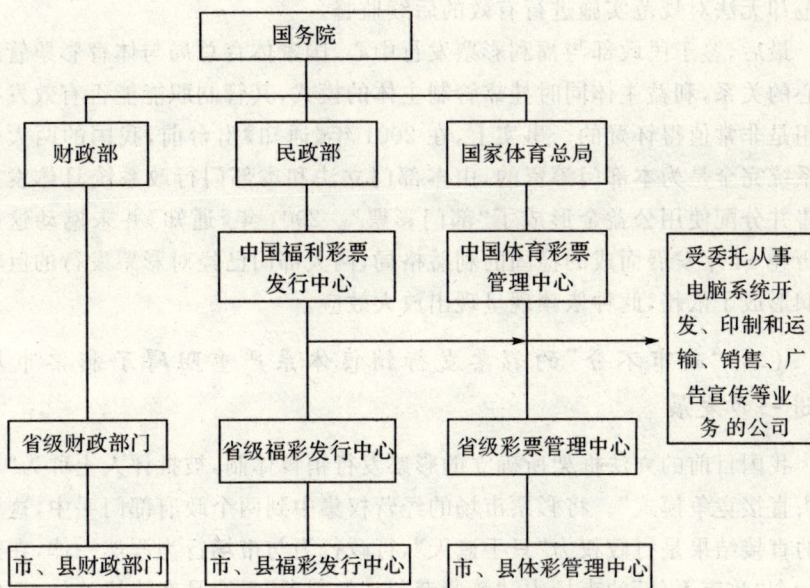

图 3-1 我国彩票管理结构分级图

现行法律规范所确立的彩票业管制结构主要存在以下问题。

(一)实际上,我国真正意义上独立的彩票管制体系并没有完全建立起来,现行体系存在严重的管制不力

首先,国务院对彩票种类和发行主体的审批本身就是确定的,即福利彩票和体育彩票两种,集中审批权除了"宣告国家对彩票经营的垄断之外,没有现实意义"[①]。另外,数量控制的管制方法,是在早期政府将彩票业视为金融业,以稳定为主要价值取向,对彩票业的发展持审慎态度的背景下出台的,带有计划经济的色彩,近年来已因为与政府放开彩票业的初衷相违背而

---

① 许力攀、刘文涛:《彩票监管机制研究》,《中国行政管理》2004年第12期。

饱受诟病。

其次,对彩票市场的管制权并未完全集中到财政部。在彩票资金的分配政策等问题上仍然需要会同民政部和国家体育总局共同商定。而两大彩票系统发行、销售具体规则的制定权和实施权仍然掌握在民政部和国家体育总局手中。实践中,由于其与民政部、国家体育总局之间平行的组织体系,其推动彩票体制变革、改变现行利益框架的力量十分薄弱;又由于其自身内部缺乏一个庞大的监督机构①,所谓的管制权实际上是空洞的,其制定规范却无法对规范实施进行有效的后续监督。

最后,鉴于民政部与福利彩票发行中心、国家体育总局与体育彩票管理中心的关系,利益主体同时挂靠管制主体的模式,其管制职能能否有效发挥作用是非常值得怀疑的。事实上,在 2001 年《通知》出台前,我国的两大彩票系统完全是为本部门筹资的,由本部门立法和本部门行政系统具体发行销售并分配使用公益金形成了"部门彩票"。2001 年《通知》并未撼动这座已历经 14 年发展而成的稳固的利益格局,两大部门已经对彩票发行的巨额利润形成了依赖,此种依赖现呈现出放大效应。

(二)"政市不分"的彩票发行销售体系严重阻碍了彩票市场的进一步发展

我国目前的立法框架所确立的彩票发行销售体制,被批评人士称为"双寡头直接竞争模式"。将彩票市场的经营权集中到两个政府部门手中,这样做的直接结果是行政权力"只手遮天",行政行为与市场行为浑然一体,在这样一个"政市不分"的市场中,"消费者"与"经营者"无论是在法律地位、规则参与还是信息获取上都是不对称的。这样的市场还因为缺乏一个独立的第三方仲裁者而使市场中发生的争议得不到制度化的解决。更为严重的是,"政市不分"严重制约了市场规则的建立和健全,成为制约彩票业立法的掣肘。道理非常简单,市场的经营者如果本身就是建立市场规则的主导力量,我们怎能期待它做违背自身志愿的举措?

其次,这种"政市不分"也直接导致了发行费的居高不下。2005 年的"审计风暴"所揭露的这块巨额利润分配背后的黑幕,对彩票发行费用这一

---

① 目前并没有成立专门的彩票管制机构来专司彩票市场的管理,而由财政部综合司负责制定彩票管理法规、政策,监管彩票市场。

管制真空敲响了警钟。① 彩票所获得资金主要有三块,根据现行的分配构架,50％用于返奖,35％提取公益金,15％为发行费用。② 对于返奖和提取公益金的管制,国务院、中国人民银行、财政部陆续出台了一些文件予以规范③,但是对于发行费用一块,则基本上由民政和体育两大部门自行制定规则。一组足以令人担心的数据是,英美等彩票业管制体制相对完善的国家,发行费只占到销售额的 5％～6％,而我国 2002 年前为 20％,2002 年调整为 15％。自 2000 年至 2004 年两大彩票发行机构的发行经费分别为 36.2 亿元、57.77 亿元、57.85 亿元、60.21 亿元和 57.1 亿元④,近年基本上维持在近 60 亿元左右。一方面,如此巨额的发行费用在彩票发行机构直接投资的公司中几经辗转,不仅用于个人奖励,甚至还能用于购置物业用于出租,最终转化成了系统内利益均沾的部门私利。⑤ 另一方面,按照行政级次分级设立的各级彩票机构⑥将发行经费层层削减之后,基层彩票发行机构却

---

① 在 2005 年的"审计风暴"中,国家审计署在报告中指出:2003 年至 2004 年,国家体育总局决定,由体育彩票管理中心向所办的两家公司(全资子公司)支付体育彩票发行费,用于彩票印制、发行,但支付的发行费超过实际需要,在扣除全部成本费用后,两公司获利高达 5.58 亿元。经体育总局批准,两公司已支出 1.3 亿元购买综合楼,拟部分用于出租,按投资额 125％的比例向体育彩票管理中心、各省(区、市)体育局等投资单位分配 2003 年现金股利 3750 万元;另提取个人奖酬金1.31 亿元。在彩票印制过程中,体育彩票管理中心负责人还弄虚作假,指定所办公司将代理进口电脑彩票专用热敏纸业务,委托给不具有进出口经营权的私营企业,人为增加环节,转手高价采购,致使彩票发行费在 2003 年 2 月至 2005 年 1 月流失 2341 万元。参见 2005 年 6 月 28 日,国家审计署审计长李金华向十届全国人大常委会第十六次会议所作的关于《2004 年度中央预算执行和其他财政收支的审计工作报告》。

② 2001 年《通知》颁布之前,发行费用为 20％,提取公益金为 30％,返奖为 50％。

③ 通过《关于进一步加强彩票市场管理的通知》(银发〔1996〕122 号)、《关于加强彩票市场管理的通知》(银发〔1999〕36 号)、《关于接受彩票监管职能有关事项的通知》(财综字〔2000〕3 号)、《关于认真做好彩票发行和管理工作的通知》(财综字〔2000〕17 号)、《彩票发行销售与机构财务管理办法》、《财政部关于加强和完善彩票机构财务及彩票资金管理的通知》(财综字〔2001〕84 号)等文件的颁布,其政策取向是逐步用现金兑奖代替实物兑奖,对即开型彩票和大奖组销售模式进行严格的控制,对彩票公益金和发行经费实行收支两条线,纳入财政专户,核定民政和体育部门公益金基数、制定基数,专项和超基数比例分成的公益金分配程序及具体分配政策;确定公益金的使用方向、分配原则及各公益金使用部门的相关管理政策和信息披露制度,建立全国彩票销售月报制度。

④ 根据官方公布的统计数据,2000 年至 2004 年我国福利彩票和体育彩票销售收入分别为:2000 年 181 亿元,2001 年 288.87 亿元,2002 年 385.72 亿元,2003 年 401.4 亿元,2004 年 380.57 亿元,按照 2002 年前 20％,2002 年后 15％推算得出。

⑤ 相关报道,参见叶逗逗:《彩票发行费畸高的背后》,《财经》2004 年第 7 期。

⑥ 值得一提的是,为了打破行政级次设置所带来的发行成本,一些地方也在积极探索改革。如广西壮族自治区,发行销售体制由过去地市县多级管理改由省级中心垂直管理到投注站,打破行政区域,设立了桂北、桂中、桂东、桂南四个管理处并实行分片管理,各管理处派出机构,将发行集中到省一级。

面临发行经费不足,不愿意承担彩票销售亏本风险的窘境,于是为了转嫁风险,违规发生的彩票承销、包销、转销的事件便屡见报端,并由于承销商身份的灰色和管制的空白,致使一些恶性彩票造假事件对彩票业的发展造成了沉重的打击。①

最后,行政性的政府组织已经不能最有效地利用其资源承担彩票发行和销售任务。事业单位毕竟不同于独立的市场主体,其行政性与彩票销售在营销、设奖、宣传等环节上强烈的市场属性形成了鲜明的对比。行政干预牵住了销售的牛鼻子,②按行政级次设置的彩票机构不能根据市场的变化,在全国范围内迅速有效地配置资源。

(三)彩票公益金使用和分配的社会性不能有效体现

福利和体育两大彩票系统的设立都是在启动彩票发行程序无法可依的情况下设立的,而二者的标准又是不一样的,福利彩票为综合救助彩票,体育彩票属于行业特批,"特事特办"。这种在没有规范的前提下"摸着石头过河"的做法必然会带来一系列的问题。首先是彩票发行权、公益金使用额度上部门间的争夺愈演愈烈。既然彩票是公益性的,就没有理由被两个部门所独占,事实上,教育、农业、环保、西部大开发等行业和领域发行彩票的呼声从来没有间断过。彩票的公益金应该被更多地用到其他公益性更强的领域中去,尽可能扩大受众的范围。其次,两大部门之间争夺彩票市场的竞争也是客观存在的,两强格局的局面虽然在一定程度上有助于竞争,但是由于市场经营者本身又是规则制定者,这种竞争不是在一套中立的竞争规则下展开的并且带上了部门利益的烙印,因而往往是非良性的。③ 第三,公益金在中央与地方之间的分配应当与中央与地方政府事权划分结构相对应,如果公益金的提取与销售脱节,那么势必会影响彩票销售的积极性。目前,我国公益金集中到中央的数量越来越多,并且主要用于中央级支出(用于补充社会保障基金),这不利于调动地方政府开拓彩票市场的积极性,并且也不利于地方社会公益事业的开展。

---

① 分析"彩世塔案"(深圳市彩世塔投资发展有限公司在承销彩票过程中作弊摸回 5806 万元奖金的案件)和"杨永明案"(西安宝马彩票案主犯),我们都能发现这一点。

② 相关论述参见张占斌:《博彩业与政府选择》,中国商业出版社 2001 年版,第 259 页。

③ 相关报道见贾存斗:《彩票部门利益恶争,激生财政部紧急通知》,《经济月刊》2002 年第 8 期。

四、彩票业政府管制的改革、困境与出路

彩票业在发展过程中出现的混乱以及"部门彩票"的历史肌瘤等制约彩票业进一步发展的瓶颈问题,引起了改革者和决策层的注意,1999 年财政部接手彩票管制工作后即着手实施"彩票新政"。改革的基本思想是将部门性质的彩票转变为国家性质的彩票,将彩票的发行权统一收回,或者集中到财政部,或者成立专门的彩票发行机构;在彩票发行和销售上实现政府有效管制下的市场化运作;扩大公益金使用范围,理顺公益金分配体制。在此指导思想下,财政部提出了彩票体制改革的具体方案:一是将福利和体育两个彩票机构从其所属的行政部门中分离,改制成企业性质的专业化彩票发行机构。二是改变公益金分配政策,在保证民政和体育部门既得利益的基础上,由国家财政在更广泛的社会公益领域中分配彩票公益金。改革方案未能通过。① 国务院指示转由国务院经济体制改革办公室(以下简称体改办)牵头继续研究改革方案。2000 年 11 月,体改办向国务院总理办公会议提出了与财政部基本思想一致的改革方案,方案仍然没有被采纳。最终经讨论决定的改革方案是:现行彩票发行和管理体制暂仍维持不变,调整彩票资金结构,下调发行经费比例,相应提高公益金比例。调整公益金分配政策,核定民政和体育公益金基数,超基数部分除按一定比例留归民政和体育部门使用外,其余归财政部,主要用于补充社会保障基金。总的来说就是维持现状,但两大发行单位拿出一定比例,贡献给其他领域。这个方案最终成为了 2001 年《通知》的内容。

现在看来,当初财政部提出改革的基本思路实际上已经切中了彩票业发展的要害,借鉴了国外彩票业发达国家的先进管理体制和经验,并结合我国的实际情况进行了适当的调整。但是由于众所皆知的原因,国务院最终选择了一个迄今看来最为保险但也是被业内人士称为最没有远见的政策。为什么一项几乎是得到公认的利国利民改革要停下脚步?为什么一项不利于大多数人的政策仍然被延续下来?从这些问题出发来检视我们的行政法体系,可以发现很多在类似领域的改革中同样也碰到的问题的症结所在。

---

① 可以想像这样的改革方案的磨合程度有多难。有媒体报道,对于该改革方案,民政系统一位人士说:"好不容易把小鸡养成母鸡,但现在却要被抱走了。"而体育部门的官员则将体育彩票比喻为是:"当一个好不容易长大成人的孩子可以为家庭作贡献的时候,马上就被国家领走了。"参见刘晖:《谁来切 846 亿元的彩票蛋糕》,《21 世纪经济报道》2001 年 1 月 15 日。

(一)强调部门间一致的行政立法程序与利益代表模式

有数据表明,中国的彩票市场开发的潜力还非常大。① 彩票业的进一步发展亟待建立一套全新的管制法律框架。尽管出台一部统一的《彩票法》规范整个彩票市场已经成为一个老生常谈的话题,但是十届人大的立法规划事实上已经宣布至少 5 年内我们都不会看到这部法律。2001 年《通知》第七条规定"财政部要会同有关部门尽快起草《彩票管理条例》",这个行政法规的出台"尽快"了 4 年至今还是"只听雷声响"。但是分析我国的行政立法程序,并审视现行彩票业的利益格局,我们的期待恐怕得不断放低才好。

从《行政法规制定程序条例》②不难发现,行政法规的制定从立项起草到审查发布全部过程基本上都是在国务院内部完成的。这个程序最大的特点是强调国务院各主管部门之间在法规制定中的协调性,某一项法规要在有关部门充分协商的基础上得到一致后方能最后通过(而法规的实施细则往往由主管部门独立完成)。③ 这种立法程序最大的疏漏在于将行政立法的实际控制权交给了一个或几个有关行政主管机构。根据 2001 年《通知》,《彩票管理条例》由财政部会同民政部、体育总局等部门起草,可以想见一场瓜分行政权力、控制法案内容的拉锯战就此展开。目前我国彩票业"政市不分"的格局造成了民政部、国家体育总局是彩票业发展至今最大的两个既得利益团体,是维持旧管制格局的中坚力量,也是这个《条例》最大的利害关系人。鉴于财政部与两个部门平行的组织地位,在缺乏一个独立的、高于被管制机构的、中立的法案制定者的前提下,我们很难想像这种利益格局下出台的《彩票管理条例》,其内容会有多少令人耳目一新的地方,公共政策所追求的公益最大化最后必然让位于部门间权力平衡与政治稳定的追求。即使是更高位阶的行政法律,根据全国人大《组织法》,具体承担法律议案审议及法律起草工作的是全国人大各专门委员会,而在实际操作中,通常是由各专门委员会将法律草案的起草权委托给国务院各有关主管部门。④ 至于法律草案的制定程序则与上述行政法规的制定程序基本相同,立法主体实质上依

---

① 我国只有 6％的人买过彩票,而美国这一比例是 85％,法国是 64％,日本是 70％。以发达国家人均购买彩票达 10 美元即 80 元人民币计算,我国的彩票市场至少会有 1000 亿元,而 2004 年我国的发行量为 380.57 亿元。市场潜力还远远没有发挥出来。

② 2001 年 11 月 16 日国务院令第 321 号公布,自 2002 年 1 月 1 日起施行。

③ 参见《行政法规制定程序条例》第十条、第十三条、第十五条、第十八条、第二十三条、第二十四条。

④ 这里又涉及专家行政与委任立法的问题,因篇幅所限,不再展开。

然是在国务院。这种行政立法机关的官僚主义作风,完全可能因内部各部门间的权力难以调和而延误立法的进程,从而使有关利益团体乃至整个社会的利益长期受到损害。

尽管《行政法规制定程序条例》也规定了一定的公民参与程序,①但是,我们发现一个同样严重的问题是谁是新管制体制的受益者?谁能代表他们?他们又有多大力量改变立法?广大的彩民阶层、扩大公益金使用范围后的受资助团体、有实力且有志于进军彩票市场的独立的市场主体②等等,他们可以在未来确立的新的管制体制中获益。但是他们或者过于分散、组织起来成本过高,比如彩民阶层;或者其自身的身份都还是假设的,只是新管制体制潜在的受益者,而且是不确定的,比如公益金受资助团体;或者欠缺官僚代言人,如有志于进军彩票市场的独立市场主体。这些团体的利益很难在行政立法程序中被代表。制度设计的一个方向是扩展公民在行政程序中的参与性权利,通过运用听证、拓展行政诉讼起诉资格、成立专家咨询委员会、扶持民间团体的壮大等形式,构建多元利益代表平台。

(二)不合理管制与"管制程序—管制目的相匹配"

现代政府管制理论主张管制方式与管制目标的匹配。在具体管制程序上,由于在彩票业发展之初,对彩票业的管制还缺乏经验,政府更多注重彩票的金融性,而忽视其财政性的一面;更多强调国家对彩票发行的垄断,而忽视其销售的市场化一面。在总体管制目标上政策的重点倾向于彩票业的稳定而对其发展持审慎的态度。与此相联系的是,我国对彩票业的管制程序采取的是严格的数量控制方法。此种管制方法带有浓厚的计划经济色彩,每一年度的彩票发行计划必须经过核准后方可在全国发行。受制于额度管理的行政压力,政府承担风险的能力很低。随着彩票业的发展,也日益显现出其与政府发展彩票业的初衷——扩大发行规模,增加财政收入相悖的一面。世界上绝大多数国家对彩票发行量不进行额度控制,完全由市场调节。在彩票业较为发达的国家和地区,政府对彩票业进行管理的最有效手段一为税收;二为成立国家垄断的发行机构和独立的管制机构;三是特许,通过公开招标和竞争,选取有实力的市场主体参与彩票的销售环节。

---

① 参见《行政法规制定程序条例》第十二条、第二十一条、第二十二条。

② 这里区别于现行已经参与到彩票业销售环节中来的彩票印制公司、销售公司。就目前的体制来看,这些公司都是紧紧依附于彩票主管机构的政府控股的市场主体,并非通过公平的竞争参与到彩票销售中来的,而是有关部门通过公司化运作瓜分彩票发行利润的工具。

目前,发展是制定我国彩票业政策的主要价值取向,应通过市场化的运作开拓彩票市场的巨大潜力。与放开市场准入门槛,实现经营的市场化,改革现有政府直营的管制目标相匹配的管制手段就是特许制度。制度设计的方向是实现两个彩票发行机构的企业化改造,建立一个独立于各自直属部门的彩票经营企业,和其他试图进入该行业的公司一起按照特许程序进行竞争,从而实现彩票市场的正当有序。

(三)部门主导式改革与行政改革推进体制的构建

从一个更为宏观的角度审视彩票业政府管制的发展与演变、改革与难产,也引起了我们对现行我国行政改革推进机制的思考。纵观我国彩票业的改革,主要实行的是由政府主管部门牵头进行改革的体制,期间,也尝试过由国务院经济体制改革办公室来拟定改革方案。但是事后证明,这两者在推动彩票业体制改革方面都是失败的。国务院经济体制改革办公室[①],其前身是在中国改革进程中扮演重要角色的国家经济体制改革委员会,1998 年职能调整后,其主要履行改革政策的调查研究、咨询建议、方案论证、跟踪反馈工作,并不具有实质上推动改革的力量。现行的部门推进机制则明显后劲不足。首先由于许多部门集改革职能和实际管理职能于一身,部门体制在许多情况下实际上是使被改革对象成为改革的推动者,难以保证改革方案的彻底性,增加了改革的难度。其次由于部门管理体制的各自为政,容易造成改革方案的部门倾向严重,甚至会出现各自为政、相互抵消的局面,降低改革的整体效应。最后,部门体制一旦被写入法律,有可能造成法律之间打架,进一步加大改革的难度。[②] 体现在彩票业管制体制改革的推进机制上,财政部、民政部、国家体育总局作为站在改革浪尖的三巨头,三者之间的互相平行、互相牵制的地位必然增加通过一致的改革方案的成本。更何况民政部和国家体育总局革的是自己儿女的利益。此种传统利益集团代言人与改革者集于一身的状况,势必大大降低改革的成效。制度设计的方向应当是设立一个中立的凌驾于三者之上的有强大政治后盾支持的综合改革组织,整合各个部门的力量,拟定全局性的改革方案并利用政治力量推行改革方案。

---

① 根据《国务院关于机构设置的通知》(国发〔1998〕5 号)以及《国务院关于议事协调机构和临时机构设置的通知》(国发〔1998〕7 号)的规定设立,主要职能是根据党中央关于建立社会主义市场经济体制的战略部署,充分体现综合性、全局性、超前性的特点,加强对改革开放的调查研究、咨询建议、方案论证、跟踪反馈。2003 年国务院机构改革中该机构被撤销。

② 参见周汉华:《行政改革推进机制创新》,《经济观察报》2005 年 8 月 21 日。

五、结　语

政府本应是中立的管制者,为实现公益最大化而努力。但是现行彩票业管制体制却形成了政府或者更确切地说是政府某些部门成为最大的既得利益团体的现状,而这个利益团体却又在整个构架新管制体制的行政立法程序中扮演关键角色,并且是推动这种管制体制改革的动力主体。另外,新管制体制未来的受益者,比如广大的彩民阶层、有实力入主彩票业的独立市场主体,尤其是受彩票公益金资助的各种弱势群体,他们人数众多却十分分散,有的甚至是潜在的,他们的利益非常重要,却因为没有政治代言人而不能被代表。政府本来应当持公正的立场,支持新的制度安排的建立。但不幸的是,我们的政府本身就是彩票市场的直接经营者,从而使制度产出在一开始就偏离了原本的轨道。分析我国彩票业政府管制的案例,我们发现这里的利益格局并不复杂,解决的方案也不难找到,但因为部门利益而使改革措施不能出台,规则不能建立,实质上是国家利益、社会利益向部门利益的一种代价高昂的让步。

不仅仅是彩票业,二十多年的改革开放,我国的改革进程已经进入到了结构调整与体制重构阶段。从彩票业政府管制的案例研究,反思我国行政法体系的利益代表模式的单一和行政改革推进机制的动力不足,以及由前两个问题决定的具体管制程序设计上的科学化,是行政法学面向真实世界并从中获得有利于其自身发展的基本命题的一种研究进路。

第四章

论福利彩票的政府管制*

福利彩票,作为一种带有"公益"色彩的彩票形式,1987 年至 2000 年期间,实际筹集社会福利资金 143.45 亿元。考察有关实践可发现,福利彩票筹措到的资金主要用于星光计划、城市居民最低生活保障以及各地儿童福利院、残疾人福利设施等方面,基本上同《中国福利彩票管理办法》①中规定的资金用途相一致,福利彩票发行起到了一定的作用。但是,关联到政府财政、税收等各方面政策因素,福利彩票发行中仍存有一些亟待解决和关注的问题。

一、福利彩票中政府管制的必要性

从 1987 年 7 月 28 日,第一批福利彩票在河北石家庄市销售以来,福利彩票已向全国社会福利事业投入了近百亿元,共资助各类项目 84 万个。在福利彩票不断发展的 10 多年来,"福利彩票"作为一种具有中国特色的募集资金制度,从其产生、发展来看,都与政府推进密切相关。在这种发展体制之下,政府对福利彩票的发行机制、管理机制、资金使用等都发挥着一定的管制功能,并对福利彩票的政策形成过程起着关键性的作用。

福利彩票在发行之初,基本上由政府宣传、部署,以行政力量予以推动。从福利彩票的发行目的来看,根据《中国福利彩票管理办法》的规定,发行彩票的目的只能用于筹集社会福利资金,发展以"安老,扶幼,助残,济困"为主要内容的社会福利事业。因此,可能出于其发行目的,彩票自在中国诞生之日起,即被称为"福利彩票"。而福利彩票的发行根据国务院文件的精神,由民政部门主办,财政部门监管,发行的手段和发行的额度要经国务院批准。在这样的发展过程中,福利彩票更多地依赖于政府制定的政策法规,以及政

---

* 本章作者为胡敏洁、宋华琳。胡敏洁,南京大学法学院讲师,法学博士;宋华琳,南开大学法学院讲师,法学博士。

① 《中国福利彩票管理办法》,民政部办公厅民办发〔1994〕34 号文件发布,1994 年 12 月 2日。

府的直接参与和干预。由于福利彩票对行政一定的依赖以及政府在其中发挥的重要作用,这使得在福利彩票的发行、资金利用等各个环节,政府都需要发挥一定的管制机能。

而在目前的发行体制中,福利彩票与体育彩票两大发行机构的恶性竞争与不规范操作行为时有发生,南方沿海地区"私彩"问题严峻。而关于彩票的不良事件也不断发生,如 2004 年 2 月 5 日福利彩票双色球 2004009 期摇奖录像出现"双色球摇奖画面造假"事件,2005 年的新疆福彩大奖号码争议案等。这些案件暴露了目前彩票管制体制中存在的漏洞和缺憾。出于保障彩民权益的需要以及形成良好的彩票市场秩序,需要加强政府管制力度。

此外,政府对福利彩票业的管制应与西方国家的博彩业有所区别。这是因为,尽管福利彩票在发行销售中借鉴了博彩业的做法,但是从福利彩票的性质来看,其是通过政府下属的专门发行机构来运作的,所筹福利资金也并不纳入国民收入,而是作为一种重要的资金筹集渠道,直接用于发展社会福利和社会救助事业。福利彩票是市场经济条件下的一种特殊的社会募捐形式。①

二、福利彩票的政府管制体制

福利彩票的政府管制体制经历了不断的革新,其管制体制演变,也是同体育彩票管制体制的革新相伴而生的。由于福利彩票在中国的产生较之体育彩票而言,时间上更早,因此,某种程度上,福利彩票管制体制的改革带动着整个彩票业管制机制的变革。

(一)福利彩票管制体制的历史沿革

早在 1987 年 5 月 15 日,中国社会福利有奖募捐委员会尚未正式成立之前,中募委筹备组即向民政部报送了《关于奖券发行需要明确注册登记经济实体的请示》,提出为了进行合法的经营活动,需要明确一个发行机构,要求设立"中国社会福利有奖募捐券发行中心",与办事机构"实行一个机构、两块牌子"。同年 5 月 18 日,民政部在《关于成立中国社会福利有奖募捐券发行中心的批复》中明确:"该中心为事业单位,实行企业化管理。"两年后,民政部决定将中募委办公厅与发行中心分开,并在《部长办公会议纪要》中明确:"中国社会福利有奖募捐券发行中心更名为中国社会福利奖券发行中

---

①　时正新:《福利彩票——中国特色的社会募捐形式》,《中国民政》2001 年第 1 期。

心,是独立核算,自负盈亏的企业。"1993 年年初,根据民政部决定,原中募委办公厅和发行中心合二为一,恢复"一个机构、两块牌子"。按照国家工商总局关于企业重新注册的有关要求,发行中心向民政部报送了《中国社会福利奖券发行中心章程》,同年 3 月 29 日,民政部复函批准该章程。章程规定:"中国社会福利奖券发行中心是中募委所属全民所有制企业……各省、自治区、直辖市、计划单列市的社会福利有奖募捐委员会所属发行机构,是本中心的二级发行单位,实行独立核算,自负盈亏,自主经营。"1994 年 9 月16 日,部长办公会议研究了中募委领导体制问题,同意将中国社会福利奖券发行中心更名为中国福利彩票发行中心,面市的奖券也更名为中国福利彩票。1994 年 12 月,民政部在《关于加强社会福利有奖募捐工作领导的通知》中指出:中国福利彩票发行中心为自收自支、实行企业化管理的事业单位。鉴于福利彩票经营管理的特殊要求,并适应政府机构改革的要求,各省、自治区、直辖市和计划单列市的募委办公室,凡有条件的,均应改建成当地福利彩票发行中心。

2000 年 4 月 7 日,民政部民发〔2000〕88 号文件就中国福利彩票发行中心性质批复:"中国福利彩票发行中心为民政部直属的自收自支事业单位,实行企业化管理。"2001 年 7 月 15 日,中央机构编制委员会办公室批复中国社会福利有奖募捐委员会更名为中国福利彩票发行管理中心。直到2001 年 4 月 25 日,民政部根据国务院第 84 次总理办公会议明确指出,民政部是国务院批准在全国发行中国福利彩票的唯一政府职能部门,中国福利彩票发行中心是民政部直属事业单位,经民政部授权,对全国福利彩票发行和销售业务负全责,实施业务领导。各省级福利彩票发行管理机构,由中国福利彩票发行中心实施业务领导,负责在全行政区域内组织发行福利彩票。中国福利彩票发行中心对省级发行管理机构在销售业绩、运行安全、操作规范、资金结算四个方面实行考核,强化中国福利彩票发行中心对全国福利彩票发行销售工作的全面监控。2001 年 11 月 2 日,国务院发出《关于进一步规范彩票管理的通知》,明确了民政部对福利彩票的管理范围。《通知》规定:民政部根据国家有关法规、政策和制度,研究制定福利彩票的发行、销售和资金管理的具体办法并组织实施;负责研究制定本系统彩票发展规划;研究提出发行额度并经审核批准后组织实施;确保及时足额向财政专户解缴彩票公益金;加强对彩票发行与销售机构的管理,努力降低成本,扩大发行规模。

（二）目前的福利彩票管制体制及存在的问题

经过这样的体制变迁，目前已明确国务院领导，财政部为彩票管制部门，民政部主办社会福利彩票，国家体育总局主办体育彩票，发行销售的具体运作则分别由中国社会福利彩票发行中心和中国体育彩票发行中心负责。这种管理方式被一些学者称为"二元彩票发行主体、多元彩票管理模式"。但无论是哪一个部门，都无法对彩票业形成统一的管理体系，这成为独一无二的"中国特色"。中国福利彩票发行中心作为民政部直属单位，由民政部直接领导和管理，各地也照此办理。而发行初期由中募委总揽彩票事务的模式，由于体育彩票的发行和人民银行主管权的行使，已被打破和否定。

从目前的发行体制来看，与彩民权益密切关联的行政机构包括，财政部、民政部与中国福利彩票发行中心。因此，三者之间的关系以及权责分配对于彩票业的健康发展具有关键性意义。

首先，从彩票管制机构的行政依附性来看，这种管制体制目前并不能反映彩票市场的需求。彩票作为一种带有一定博彩性质的物品，其管制体制需要遵循一定的行业特点以及市场需求。而目前，中国福利彩票发行中心具有高度的行政依附性，发行彩票具有一定的行政垄断特点。这不仅使得我国彩票市场发展不断受到部门利益的干扰，而且为两大彩票发行机构的非良性竞争提供了进一步的激励。

其次，从管制形式来看，管制可以包括多种方式，有命令控制型、经济诱因型和辅助措施三类。命令控制型包括许可、禁止、数量管制等管制方式；经济诱因型包括采取价格原则的费、税、补助金、押金返还制度、损害赔偿等管制方式；辅助措施如采取数量原则的许可市场。管制也可分为事前管制（ex ante regulation）和事后管制（ex post regulation），事后管制也可以分为受害人发动的管制和国家发动的管制。管制职责当初由中国人民银行行使，而目前由财政部负责。对于各地的福利彩票发行中心来说，其管制更多的来自行业内部的管制，即福利彩票归属民政部管制，而体育彩票归属体育总局管制。如此，中国彩票发行机构隶属于政府管理部门的体制已经成为彩票市场发展和管制矛盾的焦点，必须加以改革。

而从其他国家彩票业的发展来看，对于彩票业的管制力度不能放松，而且需要加强。这种状况是由彩票这种商品的特殊性决定的，也符合世界彩票业总的发展趋势。[①] 多数国家对于彩票的审批权都集中在中央政府,而美国、澳大利亚等联邦国家则集中在州政府。多数国家的发行体制,彩票都由政府授权的彩票公司来发行,政府可以采取多种形式加以控制或参与管理。如法国的游戏集团正是政府财政部直接领导的彩票经营机构,国家通过控股的形式控制彩票发行市场。

因此,具体到我国福利彩票的管制体制,也应该坚持由专设机构进行,除被授权的机构之外,任何个人、组织都不能发行福利彩票。而我国也并不实行联邦制,为了避免彩票发行体制的进一步混乱以及地方政府管制的难度,禁止地方发行"私彩"具有一定的合理性。

(三)福利彩票发行中心的性质与改革

目前,我国的福利彩票发行工作由中国福利彩票发行中心进行,而各省建立中心机房、销售网点、资金回转、开奖兑奖系统。目前,福利彩票发行中心大体上存在三种不同的模式:

一种是以广西为代表的管理模式。2000年初,广西福利彩票发行中心率先进行了发行体制、劳动人事和分配制度的改革,实行企业化管理。第二种是以山东为代表的管理模式。山东福利彩票发行中心根据山东实际,遵循符合民政工作特点的原则,依托原有各级民政局(募办),确立了省、市、县分级负责、风险共担、利益共享的管理体制。市、县中心对所辖区域进行投资、管理和分成。第三种是以福建为代表的管理模式。它介于广西和山东两种管理模式之间,实行一个系统、两级机构、三个层次管理的管理模式。凡福利彩票发行系统的工作人员,由省中心统一考核聘用,工资和福利按省中心统一标准发放。省中心的各项规定及重大决策都由省中心制定执行。所有票种的发行均由省中心统一发行管理,并设立相应票种发行的专业部门。[②]

目前存在的这三种方式,各自具有各自的特点。但是,从国家福利彩票发行的政策考量,以及各国福利彩票发行机构的公司化来看,未来福利彩票发行中心的改革目标应当是独立的企业实体,而不直接隶属于政府管理部门,即民政部。

实际上,根据2001年民政部印发的通知,要求"要在福利彩票的销售环

---

① 张占斌:《博彩业与政府选择》,中国商业出版社2001年版,第226页。

② 《老的小的一个都不能少》,http://www.swlc.sh.cn/newpage/lot_tiandi/Purlook.asp?guo=U0401.txt(2006年12月5日16时22分最后访问)。

节引入市场机制。即开型彩票在规范操作、确保安全的前提下,允许有关公司参与协助销售"。公司参与福利彩票发行已变得公开化和普遍化。但到2001年,彩世塔案发生。在全国即开型彩票市场低迷的背景下,深圳市首届福利彩票文化周活动创造了"售彩神话",计划发行的1亿元彩票供不应求,追加后实际发行1.9亿元,打破了即开型福利彩票销售1.5亿元的全国纪录。然而时隔不到一年,此"神话"即告破灭:扬州警方查明,深圳福利彩票文化周正是彩世塔作弊的开端。因此,2001年底财政部再度发文规定"不得采用承包、转包和买断等形式对外委托彩票发行和销售业务"。这一规定或许是鉴于彩世塔案的教训。

这都表明,在中国福利彩票发展的过程中,福利彩票中心作为发行的"代理商",其地位和身份一直较为尴尬,一直为自己的身份挣扎着。彩票业的专家指出,代理商的身份越是灰色,暗箱操作可能越厉害,也越难管制。彩世塔和杨永明案即是明证。如果发行者是企业,管制上也就顺多了。[①]因此,今后福利彩票发行中心应实现企业实体化,将彩票发行交由市场主体来进行。但是,政府需要在其中发挥一定的管制职能,如对于彩票市场秩序的维护,一些基本规则的制定以及彩票公益金的筹集等。此外,在涉及到重大的社会公共利益时,政府管制机构仍需要介入。

三、福利彩票政府管制的要素

在福利发行、资金运用等各个环节中,都存在着政府管制的必要性和可行性。这是因为,福利发行从其发行目的、发行过程、资金管理和资金分配来看,都与公共政策的设计密切相关。而这些政策性的要素往往可以成为政府管制的切入点,也进一步印证着管制的必要性。

(一)福利彩票发行目的考量

各国福利彩票的发行目的并不一定一致,其他国家或地区也较少存在"福利彩票"的语词,与福利彩票较为类似的是"公益彩券"。如我国台湾地区的公益彩券发行,其主要目的在于作为全民健保基金、辅助国民年金、社会福利和公益事业使用。而美国各州发行的彩票,有很多都通过立法,明确规定需要投入教育事业。以加州彩票为例,截至2001年,加州彩票共为加

---

① 《彩世塔假彩票案:非法获益4448万,案情涉及17个城市》,http://sports.sina.com.cn/z/p/2004—06—08/0959924994.shtml(2006年11月8日17时53分最后访问)。

州公立教育系统贡献 130 亿美元的经费,平均每年为 8.12 亿美元。①

而我国在《中国福利彩票管理办法》中明确规定:"本办法所称福利彩票,是指以筹集社会福利资金为目的而发行的……"而在第十八条也明确规定:"福利彩票销售总额为彩票资金。彩票资金分解为奖金、管理资金和社会福利资金。其中:奖金不得低于彩票资金的 50%,管理资金不得高于彩票资金的 20%,社会福利资金不得低于彩票资金的 30%。"从彩票的发行目的上来看,似乎很明确,即以筹集社会福利资金为目的,即其主要目的在于促进我国社会福利事业的发展,保障弱势群体的生存。

福利彩票的发行作为一种向社会筹集资金的手段和方式,其自发行以来,也的确为社会福利事业提供了大量的资金。据报道,深圳市政截至2004 年上半年,深圳福利彩票发行以来共筹集的公益金达 10 亿元。这些年来,公益金资助投放深圳市的社会福利、保障事业项目 3.9 亿元,残疾人事业项目 0.6 亿元;其他公益事业项目 0.6 亿元,投放资金总额达 5.1 亿元,资助了 300 多个(次)社会福利事业和公益事业项目。同时,还上缴中央公益金 3.8 亿元。② 其他类似的报道,也似乎像我们展示了基于这种发行目的,福利彩票实际上发挥着重要作用。

但让我们进一步做仔细的考量,便会发现其中所隐含的深层矛盾,而这种矛盾的存在被遮掩于筹集资金的目的之下,往往不被关注和重视。

让我们先来看一项调查,月收入在 1000~2500 元的彩民占比例最大,1000 元以下的次之。这显示了彩民的月收入普遍在中等水平。③ 中奖者也多以农民工和下岗工人为主,这恰恰表明了实际上购买彩票的群体主要为"弱势群体"。而据国家统计局中国经济景气监测中心等调查机构对广州、北京、上海三城市的居民调查结果显示,在购买彩票前,有 36.8% 的居民经常会做大奖梦,53.7% 的居民偶尔会。如何才能发财致富?九成以上的受访者回答曾想过通过中奖一夜暴富。从实际购买过彩票的居民比例上,可以看出大家普遍具有的一种急切求富心理。正如波斯纳所言:"富人所关心的不可能是穷人的主观效用而只能是穷人的消费方式。即使穷人自己会偏好类似于优美的服饰、豪华的汽车和购买彩票这样的事,富人也可能会要求

---

① 参见《美国加州彩票支持教育的机制和做法》,《中国教育报》2002 年 6 月 8 日。

② 《深圳市福利彩票公益金使用办法出台》,http://www.southcn.com/news/dishi/shenzhen/ttxw/200412130047.htm(2006 年 11 月 25 日 8 时 30 分最后访问)。

③ 《谁是买彩的主力军》,http://city.sz.net.cn/CITY/2004-12/30/content_49413.htm(2006 年 12 月 5 日 12 时 30 分访问)。

穷人享有像样的住房、足够的营养和充分的受教育机会。"①正是在这种心理支配下，导致为了保障"弱势群体"，筹集福利资金的福利彩票发行，在实际上购买者多数本身即为"弱势群体"。

这其中，政府管制目标的设定就与实际的状况存在着一定的冲突。这是因为，福利彩票尽管是一种筹集资金的形式，但其毕竟带有一定的侥幸性质，带有一定的赌博抑或游戏要素，因此，政府在管制目标设定时，一方面，为筹集资金的发行目标，也应当考量社会实际筹集资金的渠道和路径，而另一方面也需要考量到福利彩票作为彩票之一，毕竟带有一定的赌博抑或游戏要素，因此，在考量目标设定时，也应满足这部分彩民的心态，这就需要将福利彩票游戏的有关规则进一步合理和公开化。

(二)福利彩票发行政策的成本收益分析

在管制改革的过程中，往往伴随着一定的潜在的实体收益。正因为如此，美国国会开始对管制经济效益评估产生浓厚的兴趣。1996 年，阿拉斯加州参议员 Ted Stevens 为公共汽车统一拨款法案增加了一条修正案(Stevens 修正案)，要求美国管理和预算办公室(以下简称 OMB)的长官们将每年所有的联邦管制项目以及各个单独管制项目的总成本和总收益评估提供给国会。这个修正案第一次对管制成本收益提出审核要求。1997 年 9 月，OMB 提出了第一份关于管制成本收益评估的报告。1998 年秋，他们又完成了第二份报告。这些报告表明，在管制决策的过程中，包括成本收益分析在内的经济分析方法越来越多地被运用。②

而从经济学的角度分析，彩票的发行本质上可以被视作一次财富的转移分配过程。在这次转移分配过程中，财富从一部分收入边际效用较低的人群(如暴发富翁)手中转移到了另外一部分收入边际效用较高的人群(如残疾人)手中。从全社会角度看，虽然财富的总量没有发生变化，但是社会的总效用却获得了增加。福利经济学代表人物庇古就曾认为，社会的"经济福利"可以用全部个体的效用之和来表示，社会总效用的增加就意味着社会"经济福利"的提高。因此，根据庇古的经济学原理，彩票的发行过程实质上就是整个社会"经济福利"的增进过程。然而，真正实现社会经济福利的增进，还需要一些假定，或需要借助某些条件。只有当财富的转出方与财富的

---

① ［美]理查德·A.波斯纳著，蒋兆康译：《法律的经济分析》(下)，法律出版社 1997 年版。

② 参见[美]罗伯特·W.哈恩著，骆梅英译：《政府监管的成本收益分析》，载吴敬琏、江平主编：《洪范评论》第 2 卷第 3 辑，中国政法大学出版社 2005 年版，第 116-129 页。

转入方之间存在着可以比较的效用差异时,财富的转移才有可能"创造"出社会福利。①

这些原因都要求福利彩票发行中要引入一定的成本收益分析,选择最恰当的政府管制方式和手段。

从表面上看,福利彩票尽管可能带来很大的受益,使政府因此财政收入大大增加,福利资金也随之水涨船高,进而,福利院的资金、个人获得的福利保障等都获得一定程度上的提高,似乎福利彩票的发行应该是令人雀跃的。但实际上,同任何一种政府管制活动一样,发行福利彩票同样需要考量其发行成本和收益之间的关系。作为一种筹集资金的方式,福利彩票最终涉及福利资金的运用和分配问题,本质上是一种社会财富再分配的形式。因此,福利彩票的发行措施、游戏规则等,其改革和设计的精良同样可能会为某些利益团体带来实际利益,而剥夺了另外一些利益群体的利益享有。

在一些直接将福利彩票发行中心企业化或市场化的国家,似乎进行成本受益分析更显得理所当然。例如,美国弗吉尼亚州彩票公司采取一系列手段减少开支:如对于公司的各项经营活动,公司都通过竞标的方式寻求外部资源。公司在网站上发布公开招标的项目,有关项目涉及各个部门,包括计算机中心、仓库、销售、零售商支持、电话销售等。② 在这种福利彩票公司化的国家里,市场规律的遵循必然需求成本和收益之间的衡量。

那么,在不改变我国目前彩票管制体制的状况下,成本收益分析需要考量哪些要素呢?

从彩票的发行成本来看,根据目前《中国福利彩票管理办法》的规定,"福利彩票销售总额为彩票资金。彩票资金分解为奖金、管理资金和社会福利资金。其中:奖金不得低于彩票资金的 50%,管理资金不得高于彩票资金的 20%,社会福利资金不得低于彩票资金的 30%。"其中,实际上管理资金被用于彩票的设计制作、仓储运输、发行销售、开奖公证、风险担保、广告宣传以及相关设施设备的购置、租赁和维修等。而《中国福利彩票发行与销售管理暂行办法》第 21 条则明确规定:"福利彩票的销售总额为福利彩票资金,由奖金、发行成本费和社会福利资金三部分组成,其中:奖金的比例不得低于 50%,发行成本费用的比例不得高于 20%,社会福利资金的比例不得

---

① 郭昕炜:《福利彩票是否"福利"》,《经济学家》2001 年第 1 期。

② 《弗州彩票去年赚了 4 个亿》,http://www.jslottery.com/showcontent.asp? id=1179 (2006 年 11 月 25 日 17 时 41 分最后访问)。

低于30％."①这实际上构成了福利彩票的发行成本,这种成本是可见成本。但是,福利彩票的发行还隐含了很多外部性成本和收益,有些很难作量化或进行价格化的评估。例如,彩民对于福利彩票的过度关注是否会引发社会新的危机,如失业率升高等问题? 再如,是否会影响股市的稳定? 是否真正照顾到弱势群体? 这些成本都很难作量化的评估。这些成本都需要在福利彩票管制的过程中加以考量。

而从彩票的收益来看,彩票发行者往往也具有自身的利益。彩票发行者更倾向于向中低收入群体推销彩票。比如,现在越来越多的福利彩票发行点正从大城市的中心广场地带向城郊结合部或小城镇转移。彩票发行者发现,在这些地方卖彩票虽然发行成本会有所上升,但销售量和销售速度都大大增加了。彩票发行商将彩票的发售对象纳入主要目标函数,而将发行成本置于次要位置的行为表明,彩票发行主体不但不可能有促进社会福利增加的主观愿望,反而在客观上有增加社会成本的倾向和行为。② 因此,从成本收益分析来看,同样需要考量此种成本和收益之间的关系。

此外,福利彩票的收益是否真正运用于福利彩票发行的政策目标,这是成本收益中,必须要考量的因素。如果因此获得的收益不能用于实际的福利事业,那么,发行的目标实际上也不能得到实现。而收益如果取代了原有的预算,这对弱势群体来说,亦无实质性帮助。因此,应把各种可行方案列出来,分析比较过后,评估哪一种是相对最好方案或政策,在各种政策法案中,寻求最优方案。

而在我国目前的福利发展事业中,由于各项福利事业均未充分发展,社会福利事业作为一种关系到民生的事业,福利彩票公益金的使用必须注意到一点,即在资源有限的基础上,选择最需要投入的领域作为资金使用重点。例如,把重点投向儿童福利领域,发展保障残疾孤儿、艾滋孤儿和流浪儿童的合法权益。③ 而随着老龄化社会的到来,老年人的福利保障无疑也应当成为资金投入的重点领域。

（三）福利彩票发行过程中的规则设定

根据《中国福利彩票管理办法》第九条的规定:"中募委所属中国福利彩

---

① 《中国福利彩票发行与销售管理暂行办法》(民办发〔1998〕12号)。
② 郭昕炜:《福利彩票是否"福利"》,《经济学家》2001年第1期。
③ 《老的小的一个都不能少》,http://www.swlc.sh.cn/newpage/lot_tiandi/Purlook.asp?guo=U0401.txt(2006年12月5日16时22分最后访问)。

票发行中心,负责全国福利彩票的发行、销售和资金结算,其职责是:(一)根据国家有关规定,制定福利彩票的发行、销售、开奖规则……"根据《中国福利彩票发行与销售管理暂行办法》的规定:"福利彩票必须按照中国福利彩票发行中心制定的规则及福利彩票销售合同确定的技术参数销售,任何单位和个人不得擅自改变规则和技术参数销售。"可见,目前我国福利彩票规则的制定主要由福利彩票发行中心进行,而彩票规则设定依据以及如何设定、设定程序等等,与彩民权益保障息息相关。

尽管,彩票不同于赌博,但即使是赌博,也需要一定的规则设定,需要讲求公平。这个公平的主要体现形式之一,就在于游戏规则设定的"胜率"。就是在那些允许赌场合法存在的国家,法律也得作明文规定,在各种博彩游戏的规则中,参与者的平均胜率不能低于 50％,否则就是欺诈。[①] 目前,我国的彩票中奖率是很低的,尤其是中"大奖"的概率只有几百万分之一。而具体的彩票销售办法等,也需要科学合理地设定。

如"新疆福彩大奖号码争议案"中,由于彩票法的缺失,法院在审理案件时,只能依据福彩中心制订、自治区财政厅批准的 13 选 7 的游戏规则进行审理判决。而"13 选 7"的规则设定本身就存在一定的问题。例如,既然是"25 选 7"的促销活动,"13 选 7"就应在难度上小于前者,否则如何称得上是促销呢? 有彩民对"13 选 7"的规则产生质疑,既然规则中要求中奖号码必须出现 6 连号,那就属于排列,不是组合,而复式投注彩票却是组合,销售方式和游戏规则本身就出现了抵触。与此同时,一些彩民对"娱乐奖"奖金累积至 200 万元后不再累计产生质疑,"13 选 7"的彩票一直在销售,而且设立娱乐奖的目的也是为了回报彩民,那就应该在彩票销售收入增加的同时增加奖金数额,现在"13 选 7"没有人中,又不增加奖金数额,彩民们认为这个奖项不够透明。[②] 自治区财政厅和福彩中心的解释是,"13 选 7"是"25 选7"的促销活动,所有销售收入也都记入"25 选 7"的大盘之中,动用的 200 万元奖金是调节基金,不存在资金流向不明的问题。

因此,在规则设定上,目前面临着法律的缺失,但即使如此,规则设定本身也需要一定的公开和公正。这就要求,彩票规则制定的过程应向彩民公布,而这种福利彩票规则一旦设定以后,就要向彩民公开,并确保规则被公正地执行。

---

① 陈宪:《彩票的经济学透视(上)》,《探索与争鸣》2004 年第 10 期。
② 李润文、刘冰:《新疆福彩大奖号码争议案凸显现有法律尴尬》,《中国青年报》2005 年 2 月 21 日。

（四）彩票资金的分配和利用

从福利彩票发行情况来看，自 1987 年 7 月中国开始发行福利彩票以来，通过发行福利彩票来筹集福利资金成为发展福利事业的重要财政基础。如表 4-1 所示，15 年间共计发行彩票 719 亿元，从而实际上构成了中国福利事业发展的主要经费来源渠道之一（见表 4-1 所示）。

表 4-1　1987—2001 年福利彩票发行情况[①]　　　单位：亿元

年份	1987	1988	1989	1990	1991	1992	1993	1994
销售量	0.174	3.76	3.83	6.47	7.74	13.76	18.47	18.10
年份	1995	1996	1997	1998	1999	2000	2001	合计
销售量	57.30	64.75	56.83	111.00	104.40	113.40	140.00	719.00

资料来源：1987—1998 来源于《中国民政》，2001(1)，49 页；1999—2001 来源于《民政部事业发展统计公报》。参见民政部网站：http://www.mca.gov.cn。

从表中所显示的数据来看，福利彩票发行以来，的确筹集到了大量的资金，那么，这些资金的分配是如何使用的呢？又是否使用到了真正的福利事业中呢？

以 1998 年为例，福利资金的分配状况如表 4-2 所示。

表 4-2　1988 年福利资金分配状况　　　单位：亿元

城市福利事业项目	乡镇	城市社区服务	福利企业项目	其他公益项目
31.5	8.9	14.8	4.5	10.9

参见：http://www.zhcw.com/guanlijigou/gongyijin/gongyijin.htm。

从表中所显示的资金使用状况来看，福利资金多数被用于城市社区服务和福利企业项目，而乡镇福利事业项目投入较少，城市和乡镇之间在资金投入上存在着明显的不均衡和资源配置上的不公平。这种资源配置状况往往容易加大城乡之间公民福利权益实际享有的差异，对本来就已经较大的城乡收入差距造成新的影响。

以上是对我国目前的福利资金使用情况的简要分析。由于福利彩票涉及财富的再分配过程，而根据经济学中的寻租理论，财富的再分配必将引起"寻租"和"耗租"过程，这又会导致社会福利的损失。如果福利彩票的发行资金不能使福利事业获得发展，其管制目标也不能得以实现。

---

① 参见郑功成主编：《中国社会保障制度变迁与评估》，中国人民大学出版社 2002 年版，第 352 页。

　　而从现有的福利资金分配来看,政府管制的重点应在于彩票公益金的使用。根据 2001 年 10 月 30 日发布的《国务院关于加强进一步规范彩票管理的通知》确定我国现行的彩票公益金管理制度:公益金提取比例从不低于30％相应提高到不得低于 35％;同时规定了公益金分配政策:每年按 80 亿元发行额度核定为民政和体育部门公益金基数,基数内公益金由民政和体育部门按规定使用,超出基数公益金,扣除有关专项公益金后,20％仍留在民政和体育部门使用,80％由财政部统筹用于补充社会保障基金。彩票公益金纳入财政专户,实行收支两条线管理。

　　根据相关报道显示:2004 年福利彩票筹集公益金 79.23 亿元,按照规定上交国家财政 42.95 亿元已全部到位,占 2004 年公益金筹集量的54％。[①] 从这样的数据中,我们可以看出,福利彩票的多数资金上缴至财政部。这就要求财政部在使用和分配这些资金时候,根据社会需要及时调整资金流向,同时确保这些资金向社会福利事业投入。

　　在资金分配的问题上,需增强社会透明度,接受社会的监督。把投放领域的选择、项目的审批、质量的监督、效益的评估和作用的发挥向社会公开,置于社会各界和广大人民群众的监督之下。各级民政部门每年都要在指定的新闻媒体定期公布所募得福利金的使用情况,接受监督部门、审计部门的审查。通过这种公开,使福利彩票在公众中的信誉得以确立,进一步促使老彩民或新彩民做出进行下一次购买彩票的决定,从而使彩民队伍逐步扩大。如深圳市召开了 2004 年度福利彩票公益金使用评审会议,审议并通过了《深圳市福利彩票公益金使用管理暂行办法》以及《2003 年至 2004 年度福利彩票公益金使用方案》。这使得对福利彩票公益金的使用更富公开性和更具透明度。[②]

　　而政府为实现对福利彩票资金的合理运用,在福利彩票销售之前,发行机构就应向社会明确宣布,发行福利彩票的目的是为了扶老、助残、救孤、济困,动员社会成员为扶助老年人、残疾人、孤儿等弱势群体和困难群体奉献爱心。如此,在购买福利彩票时,甚至在购买之前,购买者就明确无误地知道福利彩票的用途,这实际上就与发行机构在所募集到的资金使用上达成了约定,因此购买者决定购买福利彩票就是同意所筹资金的用途,反之,也可以说,如果福利彩票所筹资金不是用于扶老、助残、救孤、济困,违反了奉

　　① 《2004 年福利彩票公益金半数以上上交财政》,http://economy. scol. com. cn/cjxw/20050227/2005227143730.htm(2006 年 12 月 5 日 12 时 23 分最后访问)。

　　② 《深圳市福利彩票公益金使用办法出台》,《南方日报》2004 年 12 月 13 日。

献爱心的意愿,社会成员就不一定来购买,就不会形成一个为社会作奉献的社会群体。

此外,从福利彩票政策的执行目标来看,其资助对象为老年人、残疾人和孤儿、革命伤残军人,这些人群通常被认为是弱势群体。对于弱势群体的保障,各国实践作法不一。其中,主要的制度包括社会救助、社会保险等。但随着福利国家的推进,为政府财政带来了巨大的财政赤字和负担。因此,各国越来越强调削减福利费用,注重培养福利领受者的"自立"。如,传统单一的福利方式开始向"工作福利制"转变,或福利享受者开始被要求工作一定的年限,或在其一定年度内仍未能找到工作,便不能继续享有福利获得资格。因此,从政府财政筹集方式来看,享受福利彩票发行作为政府筹措资金的一种手段,并不是唯一的一种可以保障弱势群体的方式。政府更需辅助弱势群体获得一技之长,以实现其自立,进而亦可缓解政府财政压力。

四、福利彩票政府管制的法制化

目前,福利彩票政策制定主体主要为国务院、民政部以及地方民政主体。彩票发行领域较为集中的管制措施是各地行政机关发布的规章抑或规范性文件,此类行政规定具有较大随意性。据统计数据显示,彩票业已成为世界第六大产业。有着13亿人口的中国,彩票年销售量还不到全球总量的1‰,潜力完全没有被发掘出来。据有关资料显示,今后10年,我国彩票市场规模将达到846亿元人民币。[①] 面对一个如此巨大的市场,一部全面化、系统化、规范化的彩票法显然必不可少。而由于没有一部统一《彩票法》,各级主体在政策管制过程中,存在着管制力度不足以及制裁力度不够等诸多问题。

通过对域外彩票管制的探究,我们可以发现《彩票法》的制定实属必要。而其中,管制重点应为财政、彩票发行公司财务以及监察审计制度。让我们对域外的彩票立法情况作一大致了解和把握。

以彩票在英国的发展为例。公共彩票开始于1569年。早期在英国人的术语中,"彩票"是"机会"的同义词。彩票被认为是一种偶然的财富分配,是一种同偶然性相关的行为或交易,而并非需要借助某种固定的形式,如彩票。直到17世纪,彩票这一术语才在英国开始流行。此时,即出现了专门

---

① 国务院发展研究中心课题组测算。转引自李刚:《论入世对我国彩票业的影响与对策》,《金融与投资》2002年第4期。

针对赌博的立法,以区别于特定的游戏和运动。首先的立法针对描述为"彩票"的赌博行为。其间,类似的赌博形式开始出现。1698 年,彩票法案才重新定义了"彩票",但"彩票"的定义仍是"机会"的同义词,私人彩票出售被禁止。英国 1698 的彩票法案为后来的美国殖民地立法奠定了基础。

英国和美国习惯是,由政府控制不同的彩票,为实现公共目的以聚集资金。实际上,早在古罗马共和国时期就确定了私人彩票的存在。16 世纪意大利共和国,公共彩票的使用被用来促进公共物品的分配。如佛罗伦萨彩票相当著名。1993 年英国颁布了《全英国家彩票发行条例》,其中规定了国家彩票委员会的责任。其主要职责是:确保彩票经营正当合法;确保彩票游戏参与者的利益得到保护。在满足上两项原则的前提下,确保特别公益项目筹集更多的资金。但法律规定,彩票委员会不负责处理任何有关彩票资金的使用和资金分配事宜,也不直接经营彩票经销业务。①

在美国,1776 年,国会开始发售公共彩票。革命之后,大多数州开始发售公共彩票用于公共目的,例如修建道路和学校。来自公共彩票的资金显著地增强了联邦和各州预算。公共彩票行为合法化开始于 20 世纪。美国彩票法由各州制定,但其规范的事项大致相同,主要包括:监督机构的组成方式与权责,发行机构的组织、权责及人事任命,彩票销售的规则,经销商的任免及其权利与义务,开兑奖的规则,营收的稽核与盈余运用的方式等。②如《美国路易斯安那州彩票法》明文规定:"立法机构的意向是,路易斯安那州彩票公司将通过一系列账目稽查、报告书、司法监察和本副标题所要求的完全的财政曝光制度,来对州长、立法机构和全州公众负责。"

1970 年,加拿大也通过彩票立法,并首先在安大略省发行彩票。现加拿大有大西洋(Atlantic Lottery)、魁北克(Loto-Québec)、安大略(Ontario-Lottery)、西加拿大(W. Canada-Lottery)和不列颠哥伦比亚(B. C. Lottery)5 家彩票发行机构,发行 13 个种类彩票。③

而作为亚洲最早发行彩票的国家之一泰国,19 世纪在拉玛五世朱拉隆功统治时期,英国教师阿拉巴斯特把彩票传入泰国皇室。当时,泰国皇室欲在皇宫为外国商人举办展览,为筹集资金,国王采纳了发行彩票的建议,在

---

① 朱彤:《彩票市场的竞争性质与我国彩票监管体制的重构》,http://www. cpipp. org/cpip-phtml/zhutong_caipiao/2006-4/25/200604251052. htm(2006 年 12 月 5 日 17 时 25 分最后访问)。

② 汪琳:《坚守与超越:构建中国彩票业法律规范简论》,http://www. jcrb. com/zyw/n9/ca132189. htm(2006 年 12 月 5 日 16 时 48 分最后访问)。

③ 《美洲彩票简介》,http://economy. enorth. com. cn/system/2003/06/10/000576459. shtml(2006 年 12 月 5 日 17 时 50 分最后访问)。

1874 年国王生日那天举行了首次抽奖。直到 1874 年，泰国国会才通过《政府彩票办公室法》。① 我国澳门地区在 2001 年颁布了《娱乐场幸运博彩经营法律制度》，其中较详细地规定了幸运博彩方式、经营地方、审批制度、竞投公司的资格、博彩中介人、审计制度、相关税收制度等。

　　通过对彩票立法的大致了解，我们可以发现彩票立法对于规范彩票市场具有重要的意义。此外，还可以有效地规范政府管制体制以及彩票资金的分配和使用。

　　福利彩票和体育彩票作为两个部门发行的彩票，在彩票立法出台之前，最重要的就是首先改革此种发行体制，将彩票行业统一化，设定统一的管制机构。全国人大主导的彩票立法更应超越部门利益之争，并应及时将彩民代表和第三方代表吸纳到立法程序中来。彩票立法的重点在于彩民合法利益的保障。首先，要确保彩票开奖的随机性；其次，要确保彩票信息的真实与准确。此外，确保彩票发行的公平、公正。即使彩票立法不能穷尽应对将来可能发生的彩票纠纷的具体措施，也应确立司法机关在纠纷解决时依"有利彩民"的原则作出公平的裁判。

---

　　① 《泰国：彩票每年销售 44 亿美元》，http://gxcaipiao.net/news/htmlnews/6005.htm（2006 年 12 月 5 日 16 时 30 分最后访问）。

第五章

管制与公共利益：商业性博彩和国家彩票[*]

一、导　论

1993 年的国家彩票法为从英国引入的一种类似于欧盟其他国家和北美地区的国家彩票制度。一份政府的愿景声明显示国家彩票应当位居世界一流之列，以一系列的娱乐和简单、高质量的游戏来抓住国民的想像力。彩票应当被视作是一种有趣和广为接受的赚钱手段，同时又为国家彩票分配基金（NLDF）带来利润。它应当是以一种无可指责的公正和值得信赖的方式进行运作。[①] 国家彩票由 Camelot 公司，一家根据该法第 5 条由国家彩票总监发给许可证的私营公司管理，它持有根据该法第 6 条发给的用于促销各种博彩的单项许可证。该公司每周销售的彩票额在第一年达到了平均大约 9000 万英镑（其中 6500 万英镑来自在线博彩，2500 万英镑来自即开型博彩），46.8 亿的销售额可以产生 5.61 亿英镑的彩票税（12%），2.34 亿英镑（5%）用于销售支出，2.80 亿英镑（6%）用于 Camelot 支出运营成本和收益，22.90 亿英镑（49%）用于分配奖金，13.10 亿英镑（28%）用于该法规定的 5 种事业（艺术、体育、慈善、国家遗产）。这些数据要远远大于政府最初所作的估计，是在 1995 年的国营博彩业 200 亿英镑的销售额基础上增加了大约 20%～25%。[②]

本文的主旨是以公益事业的名义扩张博彩机会的公共利益主张可能会威胁到对国家彩票管制框架内的妥协。这种框架被国家彩票管理办公室，一家根据该法第 3 条所设立的机关所忽视，同时也是长期以来就被使用来

---

　　* 作者 David Miers，系英国 Cardiff 大学法学院代理院长，教授。本文原文发表于《现代法律评论》(Modern Law Review)1996 年第 4 期。译者苏苗罕，现为中国社会科学院研究生院宪法学与行政法学专业博士研究生。

　　① OFLOT, Director General of the National Lottery, Annual Report 1993/94, HC 672 (1994) para 3.1.

　　② Peter Davis, Director General of the National Lottery, Evidence to the Committee of Public Accounts, Evaluating the Applications to Run the National Lottery, HC 96-I (1995-96), p. 267.

扩张其领地的手段。这一主题将分成四部分加以展开,依次是商业博彩的政府管制的公共利益理由,彩票收益的激励和分配,对商业博彩管制的基本模式的确认,以及对彩票运作方式的评估。

二、商业博彩管制中的公共利益

引入国家彩票的决定是对英国政府所一贯实施的商业博彩传统管制方式的一次巨大变革;以及,就存在未被激发的对特定博彩媒介的需求而言,政府的唯一功能就在于对其供应进行管制以满足需求。这一政策是从1960年开始引入的场外下注赌博市场和1968年引入的对商业博彩管制的管制框架的基础。在后一情形中,未受管制的市场失灵是1960年赌博和博彩法的意外产物,这推动了对博彩机构的数量和质量以及要求供应商遵守该法中所规定的绩效标准和信息披露规则等进行全面管制的高度复杂和精细的体制的产生。[1] 英国博彩委员会(1968年博彩法所设立的主管机构)最近发表的一些文件中也清楚地证明了这种体制产生的溢出效应已经构成了一种持续的威胁。

博彩是一项交易对象只涉及金钱的活动。所有商业博彩也因此就是现金的产生与流通,从而也容易导致犯罪因素的介入(例如洗钱),也容易使人上瘾。过度的赌博可以使个人或其家庭产生幻想。因此,博彩在所有发达国家都是受到管制的,尽管管制体系各国有所差异。委员会相信下列目标是他们所共同追求的:

(1)所允许的博彩方式运作是非犯罪的(包括经营者和玩家),以符合法律和诚信要求的方式进行;

(2)玩家们应该知晓什么是可以期待的,并对他们能得到的东西保有信心而不至于被剥夺;

(3)对儿童和脆弱的人群有保障机制。[2]

调整商业博彩的体制是对社会性管制的干预主义的范式。市场进入是由一家独立于企业的机构来监督的,它有权设定或修改进入或绩效标准,并在发生违法行为时,可以采取临时或永久性地将供应商驱逐出市场的手段。但是,就主要方面来看,对商业博彩的管制并不同于社会性管制的其他领域。总的来说,受管制活动的社会性价值已经被认为是边缘性的事项。国

---

① Miers, The Regulation of Commercial Gaming, (1984)11 JLS 33.

② Gaming Board for Great Britain, Annual Report 1994/95, HC 587, 1995, para. 2.2.

家提供各种机会来促进消费者将其随机的收入用于商业化组织的博彩活动中，至少在英国是如此，还从未因为其所支持对公共图书馆或广播事业等公共利益性的理由而得到正当化。① 直到 20 世纪 60 年代，刑罚化还是一种主导的方式。商业博彩之所以得到合法化，其原因主要在于公共部门管制被认为是可以消除非法赌博和博彩市场的外部性，而不是因为在管制竞争或有价值的休闲活动中存在公共利益。当然，管制已经产生了这样一个市场，其中诸如信息赤字、货币管制的价值和绩效标准等都是主要的事项。② 但是与其他受管制产业不同，在那里，可能的偏差，即使是不负责任的或有害的，也可以被认为是本来有用的社会活动的可以容忍的副作用。而违反博彩业管制的行为很少，即使有，则被认为是一项有价值的、活动的、可容忍的成本。偏差使管制者确信的是保持对企业家们的持续警惕，因为借以机会，他们就会造成最初导致现在体制建立的情况。

尽管历届政府都试图仅仅满足英国公众的未受刺激的对商业博彩活动的需求，但这并不是说他们也并不从对这些需求的满足中抽取利润。各种形式的商业博彩活动，都需要缴纳赌博或博彩税：1994—1995 年度，其总额达到 12.16 亿英镑。③ 此外，作为众所周知的税收的一部分，赛马赌博杠杆税也许是其中最有名的。但是，这些假定只是附随于税收的征收，除了为充实国库之外，并不代表任何由政府采取的利用博彩业的营业额来作为筹集收入的直接手段的主要努力。与寓禁于征的博彩（sumptuary gambling）征税不同，④国家彩票的确切目标是：不是政府需要严格管制的贱民娱乐，而是以公益事业的名义借助玩家的开支而得到积极支持的博彩机会。这种活动通常卷入的人达到成年人的 65%，有时甚至达到 90%。因会产生溢出效应，因此应该受到严格的监督和控制（考虑到其中所筹集的用于公益事业的

---

① See generally Ogus, Regulation, Oxford：Clarendon Press, 1994, ch. 3, and Derthick and Quirk, The Politics of Deregulation, Washington：The Brookings Institution, 1985, ch. 1.

② 将以前是非法的事务作为正常的受管制的商业活动加以管制，可能会带来这样一些后果，如在其中管制者和受管制者会对这套现在控制他们的体制的合法性和运作加以考虑。See Miers, The Gaming Board for Great Britain：Enforcement and Judicial Restraint in Baldwin and McCrudden eds, Regulation and Public Law, London：Weidenfeld & Nicolson, 1987.

③ Department of Customs & Excise, Annual Report 1994/95, 1995, Cm 2980, Table L. 2.

④ Clotfelter and cook, Selling Hope：State Lotteries in America, Harvard Harvard University Press, 1989.

资金，并不会成为扫兴之事①），而政府管制中对目标和手段的混淆已经不可避免地导致管制方式之间的紧张。

引入彩票的决定产生了一系列重要的问题，如为了实现确保其运作良好和实现盈利的公共利益而对其采取的管制方式等。首先，英国彩票促销的历史也表明，如果没有严密的管制，市场失灵的风险就会加大。② 彩票体现了博彩业委员会所描述的所有特征，尤其是易于产生欺诈，包括对玩家和销售者。而且，预计要引向 NLDF 的大量资金也是可以预料地将会成为向分配机关提出奖金申请的焦点。③

第二点担心是，博彩设施需要由公众而非私人供应商经营的程度。彩票管制中存在着两种主要模式（自我管制，尽管这是游戏的一部分，但并非一种可选项）。对于第一种，历史上是以美国的州彩票为典型，无论是其供应还是对允许的博彩媒介的管制都存在于公共部门。尽管主管机关几乎总是将其彩票销售中需要技术专业性的部分外包给私人部门，但是政策及促销决定仍然属于该机关。而在第二种，私人部门则被授予销售彩票的整个任务，并受到公共部门的管制。前一种模式的支持者认为，当彩票销售作为公共部门的责任时，在保持收入和保护公众免于过度盘剥的做法之间平衡时，公共利益更有可能得以实现。而批评者则认为，由公共部门控制将会导致对诸如广告和游戏多样化等事项的过于谨慎，以至于最终损害受益人的利益。与那些敦促实行公共服务和设施的民营化的人相同，他们主张无论是短期还是长期来看，私人销售彩票产品都会带来更好的政治和经济上的效果。④

与国家彩票不同，民营化的彩票在广告和其他销售活动方面将较少受约束，而且，受公益事业的利益与收入的最大化之间一致性的驱动，也会希望从彩票销售中获取利润而非选择撤出。民营化也容许国家通过经营许可的条款转移公共资金的初次投资风险，在不对纳税人造成明显费用负担的条件下即实现其收入的野心。这些经济上的理由已经反复地为政府所坚持

---

① 这也是国家遗产国务秘书在对国家彩票提出的反对动议的回应中的讲话主旨。HC Deb vol 264 col 1033 25 October 1995，and in evidence to the National Heritage Committee in February 1996；see National Heritage Committee，The National Lottery，HC 240－I 1995/96，p. 28. 委员会本身在其报告中也采取同样的态度，The National Report，HC 240－1，1995/96，paras 1-9.

② Royal Commission on Gambling，Report 1978，Cmnd 7200，ch13.

③ 已经发生过多起批发商和玩家在彩票上作弊的案件，同样也有向国家彩票慈善委员会（该机构负责分配彩票收益金）提出假冒的申请的事件。See The Times，28 and 29 September 1995.

④ McGowan，State Lotteries and Legalized Gambling，London：Quorum Press，1994.

以回应通常对其从彩票经营中所获得收入规模的批评。[①] 此外,还有政治上的收益。由于远离日常经营,国家可以坚持对其是鼓励公民参与博彩的立场:所有已经作出的选择是为了赋予个人以选择如何花费非经常性收入的权利,并且具有造福公益事业的好处。[②] 这种保持一定距离的关系也可以使政府免受反博彩游说。而当彩票是由国家销售时,不可避免地国家就需要向议会委员会们负责,而这些委员会通常比起私人组织更容易受反博彩情绪的影响。这并不是否认议会监督对彩票经营的潜在影响,而是指出这主要关系到应保证所选择的供应商是经营彩票的"适合且正确"的人选的各种步骤[③],以及收益金的分配。[④]

政府在主张创造机会使博彩收入能造福公益事业和脱离任何对消费者在彩票上花费过度负有责任的联想方面动作都是非常干脆利落的。打那后,这里还有一个非常重要的公益考量,即在现有的游戏魅力逐渐冲淡的情况下,Camelot 需要保持一个积极的销售策略,这一点是无可回避的。即开型彩票,如刮刮卡,销售量从 1995 年夏季的每周 4400 万英镑已直线下降到 1996 年 2 月的每周 1800~1900 万英镑。正如 Eadington 在对北美国家彩票的评论中所提到的:

获得更高收入的动力已经激励国家彩票去获得他们如成为私人商业性博彩一部分时可望获得的特征。如果过去的这种趋势得以延续,这些彩票很可能会继续开发出类似于现代卡西诺中可以发现的新产品,如视频或机械式的彩票设施。[⑤]

对博彩设施体现私人供应商特征的假定,再加上为创造利润而除去传统游戏中的特征,使得如果国家希望保护其公民免于盘剥和过度参与,就必须将重点置于对供应商的可见度和随机质量控制,以及对玩家们的参与式控制。政府以公益事业的名义扩大博彩业的困难在于,他们可能会被认为是与公民在博彩中的损失有过于密切的利益关联。通常的经验告诉我们,对限制玩家参与的控制措施往往被较少地关注,当利润创造相比限制更受

---

① See the Remarks of the Secretary of State for National Heritage, op. cit. n. 9.

② See the Remarks of the Minister of State for National Heritage, ibid col 1110.

③ National Audit Office, Evaluating the Application to Run the National Lottery, HC 569, 1994—95, and the enquiry by the Committee of Public Accounts, op. cit n2.

④ See the Opposition debate and the Secretary of State's evidence to the National Heritage Committee, and the Committee's Report, op. cit. n9, paras 65-110.

⑤ Eadington, Issues and Trends in World Gaming, in Campell and Lowman eds, Gambing in Canada, British Columbia: Simon Fraser University, 1989.

欢迎时，人们也许会主张，就彩票而言，政府选择私人而非公共部门来达到其利润上的目标，这些控制措施就应给予更大的关注。

第三个担心是集中在私人部门的经营商们将选择的方法。彩票产品的供应不是自然垄断，同样，也不存在只有单一经营商的先例。相反，"慈善性"或类似"公益事业"彩票的销售已经典型地主要是由若干需要向博彩委员会或地方当局注册的商业性组织（外部彩票经理）根据销售的商业性价值来进行。小规模彩票市场的商业开发因为 1975 年的彩票法制定而获得了发展的实质动力，该法允许地方当局销售彩票，但却没有加以充分的管制，导致出现了明显的管理不当。Rothschild 委员会将该市场失灵归结于外部彩票经理们的无能力或不乐意去区分私人收益和慈善性收益，而非管制的失灵，这一点很可能已经使得政府产生了这样的看法，即单一经营商更容易得到控制。① 1992 年度的白皮书暗示性地②——而政府为国家遗产委员会而准备的调查书的修订中也明示性地③——认为彩票需要由单一的私人部门管理者加以经营。

经营彩票的许可是通过一个竞争招标的程序取得的。④ 申请者被要求对 OFLOT 申请邀请书作出回复，需要承诺基于各种收入方案回报 NLDF。⑤ 与民营化相似，这种过程的目的在于强迫申请者们表现出其定价和产品提供中的效率，以及对质量的保证。与民营化不同，价格公式只是作为对收入是如何得到最大化而非受到限制的指示器，因为收入越多，能够提供给公益事业的回报也就越多。与管制者在民营化产业和设施中的角色相比，OFLOT 对于为公益事业提供实质和不断增加的资金⑥和 Camelot 希望产生利润之间的一致性是不寻常的，如果无可避免的话，彩票的交易额越大，为基金和 Camelot 的税前收入的贡献也就越大。事实上，正如部长在对国家遗产委员会常务委员会所作的证言中所重申的，政府希望最大化对公益事业的回报也同样地表明了其与 OFLOT 的关系。⑦ 正如我们后面将要看到的，管制者和受管制者之间在利益上的一致性构成了 OFLOT 介入市

---

① Royal Commission on Gambling, Report 1978, Cmnd 7200, paras 12. 120－12. 139.

② Home Office, A National Lottery Raising Money for Good Causes, 1992, Cm 1861.

③ National Heritage Committee, National Lottery etc Bill, HC 389, 1992－93, para5.

④ 对招标程序和管制者在 OFLOT 中的角色之描述，可参见 Director General of the National Lottery, Annual Report 1993/94, op cit n1, paras 1-10.

⑤ OFLOT, Invitation to Apply, December 1993.

⑥ OFLOT, Director General of the National Lottery, Annual Report 1994/95, HC 755, 1995, p. 5.

⑦ See the National Heritage Committee, Report, op. cit. n9, para. 35.

场以回应 Camelot 正在从彩票中汲取过多的收入的批评的实质性障碍。而且，招标程序不仅仅是一个参与市场的竞争，一旦特许权被确定，在市场中的竞争机制就不复存在。国家彩票的管制者没有义务去激励其他人与 Camelot 在彩票产品上进行竞争，其他供应商也不可能获得销售单独的某种博彩的许可证。之所以如此是因为，任何潜在的供应商都必须满足，OFLOT 必须是取得第 6 节规定的许可证的"合格且适当的"人选，和 Camelot 的彩票产品能够带来足够的收入以符合 Camelot 自己的预期。正如国家彩票的管制者遵守公共财务委员会，由任何新的供应商来克服进入壁垒是困难的，因为 Camelot 的规模经济和低边际成本已经使得其无可避免。①

最后，在政策方向上的转变对于其他商业性博彩的其他领域来说也具有显著的重要性。正如博彩委员会在其 1994 年度的报告中所指出的，博彩行业在近年来已经逐渐对所进行调整的严格的管制体制失去耐心，尽管通过严格的实施，它已经取得了他们的目标。受历届保守党政府提出的放松管制偏好的鼓励，这些部门现在的这种体制将会过时、具有侵犯性而不再必要。② 由于彩票行业所取得的成功及其优惠待遇的事实，放松这些先前就存在的约束，也显得更为迫切，尤其是在涉及广告问题：

博彩业的销售和激励是必要的，如果国家彩票要取得成功的话，考虑到与委员会运作所根据的政府的既定政策相协调是困难的，因为对博彩业的需求不应得到过度激励。③

尽管博彩委员会已经清楚表明，它不会支持或推进可能破坏 1998 年法案的核心或框架以及其至今依然依赖的政策的所有变化④，但是它会同情性地提出一些改变的建议。它已同意引入两种新的银行式博彩，并实质性地提高对宾果(bingo)奖金的资金限额。它也支持引入一种新的设置于赌场和娱乐场的提供 10 英镑奖金的博彩机器，并增加头奖博彩机器在赌场(casino)和宾果俱乐部中的数量。⑤ 更为重要的是，内务部，一贯以来对商业博彩负责的政府部门，已经表明了其软化先前对于商业博彩的管制进路。它正在或试图放松三十年来对于博彩机器、赌场、宾果和场外(off-track)赌

① Op. cit. n. 2, p. 149.
② Gaming Board for Great Britain, Annual Report 1993/94, HC 465, 1994, para8.
③ Ibid. See the National Heritage Committee, Report, op. cit. n9, paras 50-58.
④ Ibid para 12.
⑤ Gaming Board for Great Britain, Annual Report, op. cit. n. 9, para. 1. 11.

博设施的供应管理的体制。① 其中的一些建议，毫无疑问地已经得到政府的进一步放松管制计划的推动，但是这些也因为彩票的冲击而显得更加迫切。其中包括修改许可区域的规定（将赌场位置限定于英国的特定区域）以对人口迁移作出回应；废除 48 小时限制的规则；② 允许赌场内赊账；更为重要的，赋予发布广告的权利。更进一步的意义是，政府也正作为其促进消费的潜力意义上将至少某些博彩媒介视为休闲产品，与社会病理学意义上的潜力作了区别，那就是设立国家遗产部对国家彩票负责，该部门被其第一任部长称作"娱乐部"。作为一个小部，DNH 没有内务部所存在的历史包袱，如需要处理未受管制的商业博彩的外部性的问题。③

三、国家彩票：从理想到设计

（一）现有的各种彩票

1976 年《彩票与娱乐法》第 1 节规定，除非经本法认可，任何彩票均属非法。1976 年的法令（该法在 1993 年已经作了多处重要修改）对四种主要的彩票类型作了区分。其中两种受国家彩票的影响可能性并不大，它们是，附属于法律豁免追究的娱乐活动的小规模彩票，④ 以及限于社团、工厂或社区成员内部销售的私人彩票。⑤ 相比之下，社团或地方的彩票，通常是向公众发售，往往会对国家彩票产生负面影响，尽管因为 1993 年的法律而将奖金限额作了大幅提高。社团彩票（即由社团发售的彩票，如完全或主要是为

---

① 自从 1994 年夏，内务部开始建议或引入一些变革，就赌场而言，涉及 10 英镑赌博机的安装、空地的清除和饮料销售机的安装；就赛狗而言，一场场地进行的赌博以及各种其他的行政变革；就赌场（casino）、宾果（bingo）和俱乐部的会员而言，增加头奖机器的数量；就小规模赌博机而言，引入全现金的机器（现在是混合使用现金和标记）。

② 除非被承认为会员的客人，任何人都不得被允许进入赌场，如果未经首先申请成为俱乐部的会员，或表明参与博彩的意图，并需等待 48 小时。（Gaming Act 1968, s. 12(3)）这种规则的本意是防止人们出于一时冲动去参与博彩，但是这一规则被伦敦地区的赌场认为是构成了向游客赚取利润的实质性障碍。而对宾果俱乐部，这种冷却期长达 24 小时。而内务部 1996 年的建议中是将前者减少至 24 小时，而对后者完全取消，见 Home Office, Casinos and Bingo Clubs: A Consultation Paper, February, 1996.

③ 国家遗产委员会的报告认为这种职能的划分是不符合常规的。Op. cit. n. 9. para. 58.

④ 根据该法第 3 节的规定，商业区、作品销售、义卖会、舞会、体育赛事或其他具有类似特征的娱乐活动，无论是限于一日或可以延至两日以上。

⑤ S. 4. 1993 年的法律规定允许在社团内部销售私人彩票时将其卖给非成员，如果他们在销售时处于该社团的住所内。

体育、慈善或其他目的而设立的,不具有私人或商业属性)主要涉及医疗或类似的慈善事业。1993 年的法律大幅地增加了社团彩票能够提供的奖金的上限,但是有关这种彩票的影响的证据表明,尤其是关于 1995 年引入即开型的刮刮卡玩法相混淆了。①

(二)建立国家彩票的动力

紧随着 1978 年皇家博彩委员会报告的出台,该报告建议,应当设立一种单一的国家彩票,其收益应用于艺术、体育和其他有益的事业②,政府应努力复兴(尽管不存在其参与费用)17 世纪开始直到 1826 年才被禁止的那种国家彩票模式。这些努力是建立在一系列因素之上的,其中国家彩票的退化和易于被滥用的特性,以及勤俭美德的失去都是主要的。③ 事实上,1976 年法中所规定的这种体制就是受国家彩票(state lotteries)的五彩缤纷的历史发展所推动的,并进而被认为且证实了存在与彩票销售相关联的腐败行为。④ 尽管已有人对这种彩票累计高达 2000 万英镑的赌注提出疑虑,⑤公众对于彩票的认知还是出于对个人的行为产生了关键的良性影响;当然,个人的支出模式与年轻人在小规模博彩机上的花费之间并没有对应性的关联。⑥ 尽管彩票因为其提供的是"虚无之物"这一点而遭到批评,但是彩票的销售也被认为可能对某些事业会产生积极的影响。

在 20 世纪 80 年代后期,博彩委员会实施了一些国家计划。⑦ 基于世界各国的国家彩票销售者们所公认的事实,即彩票计划的魅力很大程度上取决于其奖金结构,尤其是获得最高奖的可能性,⑧许多彩票都提供了远高于 1976 年法所允许的现金奖金。其中,这些计划又被发现大多是不合法

---

① National Heritage Committee on Gambling, op. cit. n. 9. paras. 59-64.

② Report of the Royal Commission on Gambling, op. cit. n. 18. para. 13. 64-13. 65.

③ Miers and Dixon, The National Bet: the Re-emergence of the Public Lottery, 1979, PL. 372.

④ Gaming Board for Great Britain, Annual Report 1993/94, op. cit. n. 26, paras. pp. 168-170, p208.

⑤ National Heritage Committee, The National Lottery, HC 131, 1994＝95, 也可见 1905 年 10 月议会下院的辩论中所提出的批评,op. cit. n9.

⑥ See Graham, Amusement Machines: Dependency and Delinquency, Home Office Research Study 101, 1988; Griffiths, Adolescent Gambling, London: Routledge, 1995.

⑦ Gaming Board for Great Britain, Annual Report 1986, HC 263, 1986, para. 98, and Annual Report 1988/89, HC 461, paras. 93－97.

⑧ DeBoer, Jackpot Size and Lotto Sales: Evidence From Ohio, 1986－87, 1990, 6 J. Gambling Studies 345; and Clotfelter and Cook, Selling Hope: State Lotteries in America, op. cit. n. 8.

的,但是 1989 年和 1992 年的私人成员法案使该争议至今仍然存在。除了要求开发大规模的公共彩票以资助 NHS 之外,各种强大的艺术界院外集团强烈地认为国家彩票能够产生大量的新资金来弥补艺术理事会们现在需要花费的支出。①

由于支持者们所广泛宣传的这样一种观点,即单一市场在 1992 年 12 月 31 日建成,在其他成员合法销售的彩票今后在英国也将得以销售,国家彩票的潜在魅力在那些较少热情的人们中再度燃起。1976 年彩票和娱乐法第 2 节禁止在英国销售外国彩票,即使它们在各自的国家是合法的。这一点成为法律已经长达一个世纪,但是有一个疑问就产生了,即针对 1898 年的关税法有关赋予海关没收外国彩票的权力是否相当于违反了欧盟法上有关服务贸易自由的规定。② 政府的立场是,1986 年的单一欧洲法并不会对该部所行使的权力产生影响,这一点在司法法院 Commissioners of Customs and Excise v. Gerhart Schindler 一案的判决中被证明是正确的。③ 该部没收了由被告进口到英国的彩票资料(Suddeutsche Klassenlotterie)。法院在根据第 177 条规定的程序作出的初步裁决中认定彩票的销售属于第 60 条所规定的服务,国家立法限制非营利组织的彩票行为,以及对博彩业的其他社会性管制方面,已经构成了服务自由流动的障碍;最后,这种限制在特定的成员国根据其具体社会和文化特征,为了维护社会的秩序,考虑到其彩票经营的方式,涉及利益的规模和所产生利润的分配等问题而得以正当化。法院特别指出彩票销售中可能存在的引发犯罪和欺诈的危险也是各成员国对其各自的彩票施加限制的理由之一。④

撒切尔夫人——她本人非常敌视这种观点⑤——从首相职位上卸任之后,内务部发布了一份题为《国家彩票为公益事业筹集资金》的白皮书。⑥紧接着,国家彩票等事务法的出台和国家遗产委员会常务委员会的调查报

---

① 1990 年,Birkett 勋爵在议会上院引发了一场用国家彩票资助艺术的辩论。可见 HL Deb. Vol. 516 cols 776－804 28 February 1990.

② 其中一个主要的困难就在于该立法的实施。1898 年的法律使参与外国的彩票成为非法,即使没有真正地购买该票券。发放金钱并不违法,违法的是筹集资金或作为彩票代理人行事。

③ Case C-275/92, 1994, ECR 1-1039.

④ 虽然 1993 年的法律对 1898 年的法律作了修订,取消了对彩票材料的边境控制,在英国进行其他国家彩票发布广告仍然是非法的。因此,在一国内禁止销售外国彩票,包括欧盟的其他成员国的彩票,都是继续适用的。

⑤ The Downing Street Years, London: HarperCollins, 1993.

⑥ Op. cit. n. 19. 由国家遗产部提交给国家遗产委员会的一份备忘录中从政府立场的角度简要介绍了其历史。Op. cit. n. 9.

告出台。① 但是白皮书和法案有关的辩论中都没有直接地涉及需求问题。在两个介绍性的段落之后（第一段介绍了 1826 年国家彩票的消亡，第二段是 Rothschild 在 1978 年建议开办国家彩票），白皮书直接指出，政府现在断定是到了设立国家彩票的时候这一点是有违背景的。② 近年来所引入的社会政策也并没有多少，以至于作为前言的这种论述是非常无力的：所谓的"背景"只占 14 行的文字。

四、国家彩票的基本框架

如前所述，该法设立了一个全新的管制机构，OFLOT，一个非"部"的政府部门（第 3 节）。其目的是对管理彩票的许可证进行分配（第 5 节），促进博彩销售（第 6 节），以及保证受许可人遵守的相关条件，彩票的管理和销售是由私人部门来履行的职能。而且，由于彩票的管制和管理需要与受益人的利益进行清晰的分离，于是根据该法第 21 节的规定设立了国家彩票分配基金（NLDF），彩票的收益金都上缴该基金以用于五大公益事业。该基金由部长掌管。

（一）管制者

第 4 节对总监规定了三项义务。他必须以他认为最有可能保证彩票最合理运营，保证每一参与者的利益等目标的实现方式来履行其职能。所设计的程序也是为了实现该法，尤其是在 Camelot 公司获得的许可证中所渗透的合理性、消费者保护和收入最大化三种独立的目标。在其第二个年度报告中，总监指出 OFLOT 的看法应被认为是独立的国家彩票管制者，行使着使英国的国家彩票成为世界上运营最为优秀，为国民带来快乐，为公益事业产生大量且不断增加的资金并成为国民生活重要和持续部分的功能。③

（二）经理和销售者

该法第 5 节规定国家彩票总监应向一家私人部门公司颁发许可证来管理彩票的运营，如果其是满足"合格和适当人选"之要求。其活动应仅限于

---

① National Heritage Committee, National Lottery etc. Bill, op. cit. n. 20.

② Op. cit. n. 19. para. 3.

③ Op. cit. n. 23, p. 5. 这种情绪在国家遗产委员会的报告中得到了共鸣。Op. cit. n. 9, para. 1. 管制者的角色在 OFLOT 向国家遗产委员会提交的报告中也作了描述，op. cit. n. 9, HC 240-iii.

国家彩票的运营,构成彩票的销售、辅助设施和其他附随于前述事项的必要活动,或在从事类似活动之后的有关补贴利息的收取的活动。① 这家公司就是 Camelot 公司,其为期七年的许可证到 2001 年 9 月 3 日到期。该许可证是一份公开的文件,②经过前述的招标程序之后颁发。

第 5 节中规定的许可证本身并不能授权任何彩票的销售;相反,该法设立了双层的许可制度,将彩票管理的职能与销售各种博彩区分开来。在英国并不存在单一的国家彩票;相反,根据该法第 1 节的规定,国家彩票是各种根据其授权而销售的彩票的总称。希望销售作为国家彩票一部分的博彩公司必须向管制者申请第 6 节所规定的许可证。国家彩票总监需要实施一种类似于第 5 节所规定的审查行为,即使它是基于更小规模之上的。这种许可证的区分目的是为了使国家彩票总监能够有比单一的许可证制度更大的弹性来介入以履行该法第 4 节所赋予的法定职责。虽然第 5 节规定的许可是一种授予单一公司的排他性许可,在第 6 节所规定的许可仍然是不止一种。该法也规定对于那些没有与从事彩票活动有相关契约义务公司不能颁发第 6 节所规定的许可。本文写作时,也只对 Camelot 公司颁发了第 6 节规定的许可。③

(三)分配者

制度设计意图中的彩票业的受益人范围上是很广的,如艺术、体育(包括大型全国性赛事)、国家遗产和慈善事业等。政府也希望部分收益能够用于持续造福人类的项目,如国家遗产的进一步修缮,从教堂、博物馆到受保护建筑。④ 并非每个人都确信国家彩票的创办就是实现这些有意义的目标的最好途径。一些人不懂为什么这种崇高的设想需要如此复杂和花费成本的官僚机制。如果政府确实希望改进我们的文化基础设施,还是存在更简单、便宜和容易得到验证的方式,不需要涉及四家新的准非政府组织,数以亿英镑计的行政成本,以及长达 16 年的刮刮卡彩票的历史。简单的方法就是从公平和累进的税收中取得公共开支。⑤

---

① Invitation to Apply, op. cit. n. 22, para. 4.11.

② OFLOT, Director General of the National Lottery, Annual Report 1994/95, op. cit. n. 23, para. 2.6.

③ 下面将会回到这一议题。

④ Home Office, A National Lottery Raising Money for Good Causes, op. cit. n. 19, para. 2.6.

⑤ HL Deb Vol 546 cols 405-406 27 May 1993.

白皮书中所提到的公益事业在该法第 22 节中也做了规定,此外还包括"千禧年基金",即一项专门为庆祝世纪之交和新千禧年到来而设立的基金。① 对这五项公益事业,第 23 条规定了一种相应的分配主体:艺术理事会、体育理事会、国家遗产纪念基金、国家彩票慈善委员会和千禧年委员会。当部长认为需要时(第 24 节),以及在减少基金管理有关的费用之后,可以由 NLDF 提供给这些主体以相应的资金分配给其所负责的公益事业(每项 20%)(第 31 节)。NLDF 本身掌管部长根据 Camelot 根据其第 5 节规定的许可所应转移的金额而向其支付的金额,也接受其他取得第 6 节许可证的受许可人(迄今仍无)因彩票销售而取得的收益。

在两项特定事项上,部长有权根据第 27 节的规定通过命令禁止该基金分配资金。第一是,在分配主体同时也是受益人时,第二是当受益人是这样的主体,即如其收到资金可能会有利于 1991 年北爱尔兰(紧急规定)法中规定的非法组织或任何与北爱尔兰恐怖主义有关的组织。除此之外,具体地将彩票收益分配给五项公益事业是由相应的分配主体分别进行的,但需要遵守部长根据第 26 节所制定的指南之要求。它可能涉及分配主体在决定向谁,出于何种目的,资金拨付需要符合何种条件等时需要考虑的相关事项。例如,现在他们规定,分配主体不得寻求申请,虽然他们需要保证所考虑的申请是与他们补偿范围内的所有活动有关的。他们也需要保证资金被分配于能够促进公共物品(包括促进公众获得)或慈善性目的的实现,并且其主要目的不能是为了私人收益。这些指南可能也适用于单独的分配主体,例如国家遗产纪念基金信托就是可以针对反映英国的各县相对人口的项目而对基金加以整体的平衡。②

从该法案在议会中的各个阶段也可以推断出,存在着对从 1995 年初的第一笔拨款开始由分配主体所作的决定的常规的批评。这些批评的主旨在 1995 年 10 月议会下院辩论过程中提出的反对动议中得到很好的体现:

下院表达了其对最近时局所显示的政府在艺术事业上的花费是否符合彩票基金要求的担忧,重申他们希望为公益事业所筹集的基金可以为其他一些目的而使用,但不是替代现有的,在政府的开支计划中所规定的项目;相信当现在的有关国家彩票经营的合同一旦到期,新的第 5 节规定的许可

---

① 这是在 1992 年 12 月公布的。See National Heritage Committee, National Lottery etc Bill, op. cit. n. 20, p1. See National Heritage Committee, Report, op cit n9, paras 92-94.

② Department of National Heritage, Directions to the Directions to the Director General of the National Lottery under s 11 of the National Lottery etc Act 1993, 12 December 1993. See National Heritage Committee, Report, op. cit. n9, paras 79-82, 105-110.

应当基于非营利的目的而颁发；建议设立彩票消费者理事会来监督彩票管制者的行为；谴责对设立国家彩票慈善委员会的迟延；坚持为公益事业而筹集的资金应当合理地造福于国家的每一部分和每个社区；并呼吁改革彩票基金的分配机制以保证目的的实现。[①]

有三种主要目的是可以进行区分的。其一，已作出的分配决定会涉及财富从穷人转移到富人的主张；其二是缺乏与分配主体决定开支的问责制度；其三不是主要指向决定本身，而是法定的分配。

所有对国家彩票的评价多存在一个共同的担心，那就是，国家对彩票收入的支出往往会倾向于资助常常关系到上层社会经济团体的设施，而不是购买彩票的普通市民；简言之，是由穷人去补贴富人的诸如戏剧、剧场等休闲活动。也许可以认为，尤其大多数中产阶级出于这样的朴素看法而对彩票不屑，即彩票主要是为了吸引那些相对贫穷或缺少教育的民众。[②] 不仅如此，如果他们是国家彩票的主要赞助商，则彩票收益的去向问题就变得重要。Livernois 在加拿大、Clotfelter 和 Cook 在美国的研究，也证实了一个长期受批评，现在仍在继续的问题，即国家彩票实际上隐含着一种超过平均水平的累退税，并最终导致财富从穷人向富人的再分配。[③] 这种作为财富再分配手段的"自愿纳税"的缺陷已经对彩票消费者而言成为社会经济公平问题的核心。虽然为了购买温斯顿·丘吉尔的回忆录和皇家大剧院的重建计划而拨付给少数公众以大量的拨款，部长所提供的数据仍然表明全国也有很多小型项目得到了拨款的资助。在 1996 年 2 月的奖金中，其中 77% 拨付给少于 10 万英镑的项目，90% 拨付给伦敦之外的主体。[④] 但是，仅仅靠不足一年的证据和缺乏显示总体的购买模式的公开研究，要对批评是否有力加以判断是有困难的。

对于将彩票收益不合比例地（相对于彩票的购买者来说）分配于休闲事业（如皇家大剧院、皇家芭蕾舞团）的批评，就其实质而言，只是一种朴素的民粹主义：即任何大多数人消费的就是值得支持的，相反的，任何只吸引了少数人的文化活动就不值得资助。如果后者是一种极端的立场，那么这里所关系到的分配主体的开支决定中就存在着一个民主赤字的问题。在 Camelot 长达七年的许可证有效期内，这些准非政府组织需要分配预计达

---

① 　HC Deb vol 264 col 1022 25 October 1995.

② 　Kaplan, Lottery Mania: an Editor's View, 6 J. Gambling Studies 289 (1990).

③ 　Livernois, The Redistributive Effects of Lotteries: Evidence from Canada, 15 Public Finance Q 339(1987); See also Clotfelter and Cook, op cit n8, pp. 222-227.

④ 　Secretary of State, Department of National Heritage, op cit n9,p. 1.

到 90 亿英镑的资金,而非中央基金的分配,因为这些需要事先对其开支的不同选择作出分配(无论其结果会如何)或集体决定。"国家彩票资金显然就是公共资金"①,但是当诸如艺术理事会、国家遗产纪念基金等机构所作的决定都需要受到议会的监督,如国家遗产委员会②,但是考虑到中央政府组织在下一步计划中所发生的巨大的变化,到底能够在问责度上有更大的提高还不甚清楚。③ 如果认识到这样的现实,即财政部所预计由国债专员(在向五大分配主体拨付前对收入加以管理)对彩票收入所作的投资已经将1995—1996 年度的公共部门借款需求减少了大约 18 亿英镑,那么这一点就更具意义了。换个方面考虑,财政部对满足政府开支的收入的需求(微小)减少也可能归因于税基的微调,但是,由于所作出投资的这些基金,即使不对税基加以调整,所有这种需求的减少也仍会发生。也许,由于其规模不到 GNP 的 0.1%,彩票每年的销售额对储蓄和开支的影响不大,但是现在还缺乏足够的数据来作出明智的决断。④

对于所作出的分配决定提出批评的人也许忽视了该法中所规定的将收入在五大公益事业之间进行平均分配的规定;但是这个原初的决定也是颇有争议的。这种对收益金进行均分是有一些优点的:它表面上看起来比较公平(没有一种公益事业的受益是建立在其他公益事业受损的基础上的);可以对份额进行调整(根据第 28 节的规定,部长可以改变在第 22 节中规定的百分比,只要注意对每一种类型的受益项目所得不低于 5%);它在行政管理上是便利的。但是,它不能反映五种公益事业的不同开支需求,也不能反映在该法实施之前的四种公益事业的需要满足其开支需求的数额。可以用于各种活动的同样数目的资金需要考虑每个分配主体的过去开支情况和优先顺序并对每个申请人的需求进行比较,而这是有困难的,要在不同公益事业之间进行比较更是几乎不可能的。加上政府可能急于履行对彩票拨款是对所讨论的公益事业的公共资助的补充这一原则的明示承诺,这也使得事态更为复杂。在辩论过程中,政府一再寻求说服其批评者它将遵守补充

---

① The Secretary of State for National Heritage, HC Deb vol 264 col 1039 25 October 1995.

② The Secretary of the Committee's Enquiry into the National Lottery, held early in 1996, was published in May, op. cit. n9. See also FitzHerbert, Giussani & Hurd, The National Lottery Yearbook, London: Directory of Social Change, 1996.

③ Giddings, Parliamentary Accountability: A Study of Parliament and Executive Agencies, London: Macmillan, 1995.

④ See the Treasury's evidence to the National Heritage Committee, Report, op cit n9, paras 72-75.

性原则的承诺，拒绝了许多采取将其列入法律的诸多修订。这一原则应当确保各部门始终处于通常的公共开支环节之中，其预算也不可在政府开支上豁免于削减；但是公共开支如何对政府未来的行为产生约束力并没有得到充分的说明。① 国家彩票用于资助公共或准公共物品，诸如教育或艺术，证据表明存在逐渐的替代效应。② 因为担心 DNH 会因为预期彩票收益而减少其资助并最终导致发生赤字，这一点也可以从它在 1995 年教育部一起制定的联合行动计划，其中规定彩票基金可以被用于为学校购买地方当局 20 世纪 80 年代出售的操场，但是这些现在都需要国家课程的要求。③

五、商业性博彩的管制：一种基本的模式

（一）管制政策

商业性博彩的管制政策主要涉及的是为了服务于特定或一般的经济目的而为了满足本将由不受控制（非法的）供应商来满足或将鼓励消费者支出的需求的设施之提供。有时其目的是实现一个不同目标的混合体，但是任何排列组合都涉及或多或少地同意对博彩业设施的需求之限制（社会控制）或鼓励（创造利润）。无论管制商业性博彩的目的是前者还是后者，对博彩机会的提供和参与的管理都是非常必要的。就社会控制而言，这种管理的主要目的是排除对消费者的盘剥；就利润创造而言，则是为了排除基金的误导。但是，即使其目的是利润的最大化，防止对消费者的盘剥，这也仍然是有必要的，因为如果消费者认为他们的消费并不是物有所值，或者销售者过于追求利润，他们的消费自然会有所下降。但是，在利润创造模式下，消费者保护可能在优先顺序上落后于利润最大化，我们不得不将这种体制考虑在内，即使只是最小限度上的。在这方面，具有意义的是该法第 4 节，其中明文规定彩票是参与者的利益保护优先于其净利润的最大化。批评家仍然

---

① HL Deb vol 546 col 407 27 May 1993. See National Heritage Committee, Report, op cit n9, paras 72-75.

② Jones and Amalfitano, America's Gamble: Public School Finance and State Lotteries, Lancaster, Pennsylvania: Technomic Publishing, 1994; and Schuster, Funding the Arts and Culture through Dedicated State lotteries-Part I: The Twin Issues of Additionality and Substitution, 1 European Journal of Culture Policy 21 (1994). 1995 年 10 月，作为对 DNH 部长所提出问题的回应，财政部发表了保障 NLDF 不会用于资助对国家遗产的正常开支的保证（The Times, 11 October, 1995）。See also op cit n9, p. 40.

③ Sport: Raising the Game, Department of National Heritage, July 1995.

怀疑的问题是,国家彩票总监是否对其法定的职责的顺序排除拥有足够的认知。

商业性博彩管制政策的第二个特征是,任何博彩媒介的结构性特征都是倾向于导致持续上升的参与,因此由这种体制所规定的标准就显得尤为关键。博彩委员会的表述是这样的:

虽然这些基本原则(亦即,究竟为什么商业性博彩要受到管制)表明了博彩管制的重要性,他们通常以不同程度适用于不同形式的博彩。例如,赌场博彩更易于受罪犯的滥用,巨额财产也更容易转眼输得殆尽。它代表了博彩的"最困难的"形式(就其易于被滥用和对个人的危险程度而言),同时与其他允许这种形式博彩的发达国家相比,也是在英国受到最为严格的管制。①

管制的严格特征取决于诸如此类的因素,如游戏速度、下注及决定之间的时间间隔、奖金额的限制、赌博限制、结果的随机性或其他、重复游戏的机会等等。② 因此,以 Pools 和小规模彩票为代表的较低胜算的赌博(long odds betting),总是只受到轻度的管制,而赌场博彩则是受远为严格的管制。这一连续体反映了 Ogus 在其讨论社会性严格时所提出的各种从低到高的干预方式的谱系③,这也是一个独立于管制政策而存在的连续体。因为对赌场博彩(如现存于英国的)的社会性管制这一政策,以及赌场博彩的参与度往往较高,其管制体制往往会比较严格。如在美国内华达州,这一体制就没有那么严格,因为其管制政策是利润创造型的。但是,如果和赛马博彩等相比,这两种体制又都是较为严格的。独特的一点是,国家彩票是在英国政府明确采纳对博彩媒介的利润创造型政策(至少是从 1826 年开始)以来的第一次。

(二)管制框架

尽管各自细节各异④,多数调整商业性博彩的管制体制都表现出四大特征。第一点是,布雷耶在管制一般背景中称作的"事先清算计划"(prior

----

① Gaming Board, Annual Report for 1994/95, op cit n5, para 2.2.

② See generally Cornish, Gambling: A Review of the Literature, Home Office Study 42, 1978.

③ See generally Ogus, op cit n5, Part III.

④ McMillen, A Summary of Themes and a Comparison of Gambling in Canada an Australia, in Campbell and Lowman eds, Gambling in Canada, British Columbia: Simon Fraser University, 1989.

clearance scheme)①,包括旨在提供从博彩企业中甄别出不合适成分的有效方法的各种措施,并保证对其运营的持续公正性。最明显的范式体现在施加于未来赌场博彩的供应者们质量控制,但是,对供应者控制的制度,或多或少地都适用于各种体制。这些控制也可能同样用于调整管制者。② 因此,总监试图通过施加与彩票管理本身同样程度的行为义务以保证招标程序的公正性。③ 但是,这并不足以保护其免于批评,恰恰与官员的建议相反,当 GTECH,一家大型的私人部门的彩票产品供应商,掌握着 Camelot 公司 22.5％的股份,提出免费在美国进行航空旅游的邀请时,他接受了的做法并不明智。④

　　其他三点特征,分别是,供应商在提供博彩媒介时应达到的标准,控制玩家参与的条件和遵从程序。这种影响供应者进入和存在于彩票市场的控制手段,影响玩家参与的条件等等的综合,都是为了满足 OFLOT 的这样一种愿景——将要经营(并且被看到在经营)的彩票：

　　是以一种公平、值得信赖且无可置疑的方式进行的。为了实现这一目的,许可证需要接受严格的会计和审计程序,总监也要监督彩票经营的关键方面。确保国家彩票安全的措施对于防止遭受盗窃、欺诈或滥用等将会具有至上的重要性。玩家们需要在购买彩票时能了解其一旦中奖,将能根据相应的博彩规则快捷和充分地得到兑现。如果没有明确的能处理博彩各个方面的程序,博彩也就不能进行,并且这种程序必须接受经常性的检查和控制。⑤

　　总体来讲,本文所采纳的商业性博彩管制模式主要包括以下一些：

　　(1)事前清算：市场准入控制

　　a. 质量控制：人员、管理、商业、金融和雇员等方面的质量。

　　b. 数量控制：数目和分布。

　　(2)绩效标准：交易、制度、金融和消费者保护控制措施

　　(3)参与控制(participation control)

---

① Breyer, Analysing Regulatory Failure, 92 Harvard l. Rev 549 (1979); generally Breyer, Regulation an its Reform, Harvard：Harvard UP, 1982.

② Cohen, the New Jersey Casino Control Act：Creation of a Regulatory System, 6 Seton Hall L. J. 1 (1982).

③ See the Director General's Annual Report for 1993/94, op cit n1.

④ 见公共审计委员会所作的调查, op cit n2, pp. 170－183 and App 1, 以及部长在议会中所作的回应, HC Deb vol 268 cols 12039 (口头)and 849(书面),1995 年 12 月 18 日－19 日。也有人建议,Nolan 公共生活标准委员会应当审查管制者行为的方式：The Times, 30 December 1995.

⑤ OFLOT, Invitation to Apply, op cit n22, para 1. 4.

a. 进入控制(access control)：人员素质和广告宣传。

b. 游戏控制：博彩种类、频度和奖金结构。

(4)遵守

a. 遵守制度：信息、事前批准、检查和修正要求。

b. 执行和开除(expulsion)。

六、行动中的模式

(一)事前清算计划：市场准入控制

1. 质量控制

商业性博彩管制的第一个特征就是对未来博彩设施的供应商实施质量控制。这些质量控制通常根据其受供应商剥削的容易程度而在强度上各有不同。通常，这些措施包括以下事项的审查：对申请者在这种或类似活动的事前记录；申请者是否公开合伙人；是否拥有符合法律要求(偿付能力标准)的资本和资源；申请者与其他公司机构的关系；申请者内部的金融、管理和行政方面的治理机构；申请者的资金状况；现在和今后设立和实施可保证设施的运作可以符合法律要求的内部控制的能力。质量控制的主要特点就是包括了高度裁量性的决定[1]，依赖于对申请者品格的判断[2]，或申请者是否可以保证设施运作的公正性，尤其在英国申请赌场许可证时。[3] 当他们是部分基于传言或未经证实的证据作出的，那么这类决定不可避免地就会引发对程序是否正当的质疑，即使是小规模彩票的情况，它不过是一种注册程序。

考虑到 Rothschild 委员会所作调查已经证实了对社团彩票的管理上的滥用，[4]在有关国家彩票法案的辩论中重复出现的一个担心就是，在预计每年的销售额超过 40 亿英镑的情况下，对那些在管理和销售上被赋予充分

---

[1] Lehne, Casino Policy, New Jersey: Rutgers UP, 1986.

[2] See generally Skolnich and Dombrink, The Limits of Gaming Board, 12 Connecticut L. Rev 762(1980); and Michael, Whose License is it Anyway: The Evaluation of the Suitability of a Corporation for a Casino License, 6 Seton Hall L. J. 41 (1982).

[3] See Miers, op cit n6.

[4] Royal Commission, op cit n 18, paras 12. 134-12. 139.

信任者来说挪用资金的诱惑也更加强烈。① 该法要求只有在申请者是合格且适当的人选时,彩票总监才可以作出颁发第 5 节所规定许可证的决定。这一语句也同样出现在其他商业性博彩的规章中。因此,如果申请者不符合合格且适当的要求,其赌马业许可证或赌博代理许可证的颁发或续期请求就可能被拒绝;②1968 年博彩法也规定,如果申请者不是合格且适当的话,其申请博彩许可证办法或申请也可能被颁证法官所拒绝。③ 为履行第 5 节所规定的职责,彩票总监设立了审查处,与其他执法机构、政府部门、管制机构或其他国内外相关机构一起专门对申请者所提供的信息进行审查。④这对 26 个国家的大约 1300 名个人和 230 家公司产生了制约效果,虽然很少有受制约对象会达不到法定的标准。⑤ 虽然总监能够使其自己确信 Camelot 及其股东们能是合格和适当的人选,使国家审计署确信 OFLOT 的程序也有利于完成使命,⑥但政府账目委员会却对其拒绝确认有关 GTECH 及其雇员们的公知事项的决定感到困惑。他解释说已向美国的当局保证他向其咨询时将对向其披露的信息保密,这就提出这样一个有待回答的问题,即当信息处于公共领域时,让英国的管制者在未准备公开证实的情况下接受信息是否合适。⑦ 对管制体制实施中的保密在 1995 年 11 月时更是受到质疑,当时一位遭到拒绝的申请者指控说他曾经被一家成功的企

---

①　如部长在辩论中所指出的,总监的首要职责就是要确保已有犯罪前科或任何具有其他不合适的情形者不能作为合伙成员参加彩票经营。他需要认真审查人员是否合格的问题。他有权要求调取文件或他所需要的以任何形式表现的信息以保证申请经营彩票者是合格且适合的人选。HC Deb vol 230 col 328 20 October 1993.

②　Betting, Gaming and Lotteries Act 1963, Sched 1, paras 16(1)(a) and 17(b); see Hailes v CC of Edingburgh 1961 SLT (Sh Ct) 44.

③　Ibid Sched 1, para 20 (1)(b) and (c); see R v Crown Court at Knightsbridge, exp International Sporting Club [1942] QB 304. OFLOT 也在法律上负有确保彩票适当经营的义务,也需要确定那些对第 5 节所规定的申请者具有利益或影响的情况。除了法律人格的具体事例——公司的一般信息、字号和注册情况、领导和关键雇员——总监需要申请者确保拥有足够的权力来保证股东能充分提供有关他们利益的信息,并能在这些利益明了之前暂停选举和分红的权利。这些也是通行于北美和澳洲的博彩体制的标准特征。

④　OFLOT, Director General of the National Lottery, Annual Report 1994/95, op cit n23, para 2.26. 与博彩委员会相类似,OFLOT 有权考量开支的可信度。

⑤　Ibid para 2.30.

⑥　National Audit Office, Evaluating the Applications to Run the National Lottery, op cit n 15.

⑦　Committee of Public Accounts, op cit n2, pp.68-91, 155-170, Apps 2-5. See the Times, 2 May 1996.

业贿赂以要求其退出投标程序。①

OFLOT 希望确保成功的企业能够符合公司治理的最高标准。申请者需要表明其执行或非执行的董事数量合适且精干,在执行董事之间也具有合理的分工;尤其是对确保遵守许可证的条款规定负责。考虑到彩票市场在这段时间的波动,申请者需要向 OFLOT 表明他们会在许可证有效期内继续其业务。可以明确的是,一个申请者的商业计划,如果看起来能够在相同的经济和市场状况下比其他申请者更多地为 NLDF 提供利润,那么也将更有可能中选。Camelot 之所以成功,也就是因为它在各种收入项目上为公益事业作出了更大的贡献,并且在运营成本和利润上占彩票销售额的比例也最小。② 除了申请者自己的雇员之外,彩票零售人员也需要熟悉第 5 节和第 6 节所规定的许可证中的各种安全和质量控制要求。制度的有效性和各种交易控制方法的推行,不可避免地有赖于诚实度和对雇员及零售人员们的培训。③ 一定的专业水准和监督措施也是保证博彩的公正性所必需的,尤其是对旨在防止玩家沉溺其中而采取的参与控制措施。虽然这些要求在严厉程度上不如赌场博彩,但它们也类似于要求所有参与提供博彩设施的雇员必须经过博彩委员会批准的要求。

2. 数量控制

第二种主要的市场准入机制是对博彩机会的数量限制。数量限制主要涉及三个方面:提供特定博彩媒介的网点的数量,地点分布,可以参与提供媒介的机会的场合数量。在这里,我先论述前两项因素。④

网点数量的确定涉及各种因素的考量,有生态上的,需求上的,也有对可接受的供应水平等比较不确定的概念的回应。例如,在赌场博彩,数量的标准可能涉及对现在和将来需求的预判。这些可能需要依赖于管制机构进行的(有争议的)评估;可能整体上排除了所表现出的一些需求,如非旅客或低于 18 岁的公民(较普遍)的购买;或者他们会要求提供个人需求的积极证据(如在英国一样)。根据该法规定而颁发的由第 6 节规定的许可证本身并

---

① Richard Branson, in a Panorama Programme on BBC 1, 11 November 1995. 这一问题在由 Anne Rafferty QC 主持的调查法庭中进行的审查。See The Times, 12, 13, 14 and 21 December 1995.

② OFLOT, Director General of the National Lottery, Annual Report 1994/95, op cit n2, para 2.4.

③ 下文将会涉及这一问题,见(原文)第 509 页。

④ 有关博彩的频度问题,可见(原文)第 511 页。

不能限制提供人们可参与在线博彩的机会的网点数目。法律规定上也没有对终端或者其他网点的数目的限制。就 Camelot 来说，确实存在这一类的限制，其被要求经营网点的数目应不得达到自行废弃产生可提供给 NLDF 的收益，鼓励过度消费，或有悖 OFLOT 的适度彩票的观念。①

针对彩票销售网点（媒介可得性）的分布，也存在同样的考量。有时，基于人口统计和地理状况的因素而设定了恣意的标准。同样，在赌场博彩中，其控制措施可能将博彩设施处于社区特定成员的接触范围之外；所确立的控制措施是为了让公民们不再远赴他国去参加博彩；将博彩设施限定在旅游业发达地区。如就彩票销售来说，政府的设想是为了让大家都能买到彩票。根据该法第 12(2)(b) 中所赋予部长制定规章的权力，政府认为对彩票可得性的限制需要反映两点考量因素。首先是，传统的政策反映在单一的网点内设置不同的博彩媒介，尤其是对于可以在结构性地加以区分的媒介。这就使得向来在赌博和博彩设施需要加以区别，被认为处在博彩谱系的较温和的一端——相对各种对足球赌博和彩票形式而言——不应被作为激烈博彩加以严格限制。② 第二点考量则源自政府对彩票必须适度的要求。这意味着对彩票销售的审查不应是侵犯性的。各种规章也规定彩票不应在大街上（para 4(1)）或挨户销售（para 7）；国家彩票广告行为守则也禁止以电话方式进行销售。③ 政府也希望回避那种认为可能发生不受监督的购买彩票行为的指责。相应的，销售机必须由第 5 节或第 6 节许可证授权了的人员来照看。"照看"（attended）一词是指在现场控制机器的运行，尤其是采取行为阻止未满 16 周岁的人购买彩票。

(二)绩效标准

博彩其实就是无数现金交易的进行或重复，在某些情形，如赌场博彩中

---

① 现在，大约有 16,000 家网点从事在线博彩的零售，另有 5,500 家只销售即开型博彩。Camelot 公司的许可证第 2 条规定 1996 年 12 月 30 日前和之后每季度的目标数目为 24,300。See: National Heritage Committee, Report, op. cit. n 9, paras 28-34.

② 对于赌博商场，也有硬性的年龄限制（18 岁是在赌博商场下赌注的最低年龄要求，而彩票可以由 16 岁者购买）。因此，根据该规章第 5 款的规定，彩票销售不得在赌博商场、正进行比赛的赛马或赛狗场地进行。

③ OFLOT, The National Lottery Advertising Code of Practice (1994); See: Director General of the National Lottery, Annual Report 1994/95, op cit n23, para 1.12. 彩票可以在报社、烟草公司、加油站、外卖店、超市、邮局或大卖场中的售货亭中买到。只有在零售商的营业处没有可以容纳购买者的空间时，售货亭才可以摆在街道上。(para 4(2))

还是不作记录的。虽就其他方面来讲属于正常的商业交易,①但由于上述特点,导致雇员挪用资金或顾客盗窃的发生非常普遍。单就这一原因来说,就需要采取一些有效的博彩管制的基本原则。② 当主要目的在于创造利润时,这一需要变得更为迫切,否则这些机会很可能影响其实践。设备和程序上都必须保证可靠性和持久性。要达到遵守这些要求,典型的方法就是在检查和测试之外,由雇员和管制机构采取制定标准的方法。

OFLOT 已经首先强调了彩票的公正性,其次还有为实现其目的而实施之程序的安全性、可靠性和持久性。这些程序必须保证当有人购买存在于彩票中的机会时,现金只能交付给销售者而不能是其他人。这种机会的购买者,如果中奖,也可以被他人明确地认出,而不会让未购买这一机会的人取得奖金,③所购买的机会也就存在于这种彩票之中。④ Camelot 的基础架构因此也涉及三个方面:(1)打印和销售彩票的设施分布,方便领奖和支付小额奖金,管理现金交易,将资金从销售者转移到账号中。(2)为销售网点安装必要的通讯设备以允许票券、收据和奖金的交割。(3)充分的中央管理系统来保证通讯,防止欺诈、欺骗或其他不当行为。⑤

该法第 4 节中对彩票总监规定了第二项义务,即保证彩票市场参与者的利益得到保护,玩家行为守则中也明白规定了 Camelot 需要与 OFLOT 相协调。这涉及诸如提供销售时博彩信息的提供、玩家资格、彩票可得性、零售商的服务、奖金申领、隐私和申诉。由于常规的对中奖机会的披露有助于帮助理性的消费者作出是否购买彩票的决定,现实中这种信息往往会被每周举行的开奖方式而混淆了。由于随机性,每个周日任何数字或数字的组合都是具有同样的被选中的几率;但是随着每个数字都选出,伴随而来的

---

① Meyer, Accounting for the Winnings: Auditing Gambling Casinos, 12 Connecticut L. Rev. 809 (1980).

② Santaniello, Casino Gambling: The Elements of Effective Control, g Seton Hall L. J. 23 (1982); McMillen, op cit n 72.

③ OFLOT, Director General of the National Lottery, Annual Report 1994/95, op cit 23, paras 1. 18-1. 19.

④ 根据第 16 节的规定,如果不是国家彩票的一部分,而在广告中宣称属于国家彩票也是违法的。

⑤ 彩票的公正性不可避免地在很大程度上依赖于所凭借的技术性制度。因而,在 Camelot 的许可证中包含了详细的条款,规定其设计、安装、安全(尤其是防止计算机黑客攻击)、适应性和操作、测试程序等。申请者需要提供操作风险及对彩票系统的威胁,以及对采取何种反措施的各种细节。这些风险可以包括:复制、丢失、失窃或毁损彩票;终端失窃、失灵、销售撤销、被许可方对博彩收益瞒报、在抽签之后支付奖金之前被许可方私自增加获奖人选、未受领奖金的去向、零售商的保护、防止欺诈和被许可方雇员挪用资金的保护措施;防止辛迪加式的欺诈。

就是讨论其先前出现的频率。支持者也许会论证道,这只不过是为了好玩,但这利用了两种已经充分证明了的趋势:把赌注押在之前很少或没有出现过的数字上(博彩者的缺陷①);或者把赌注押在对玩家来说具有特殊意义的数字上(控制的假象②)。在赌场博彩中,特定的对玩家来说较少具有可预期价值之赌注(瞎赌,mug bets)是不能为国会所接受的③,但是与彩票不同,这种政策也有一定的限制。

(三)参与控制

与供应商控制相类似,参与控制也或多或少地拥有侵犯性,部分取决于管制体制的目的。无论其偏好是利润创造还是社会控制,都存在着确保玩家不被处于相对于供应商显而易见的劣势地位的充分理由。参与控制集中在可能作为需求管理过程的一部分。

1. 进入控制

参与博彩的机会依赖于玩家显示出作为参加条件的资金(典型的是对可否透支的限制)或个人的特征等;最小年龄的限制几乎是通行的,也是在对国家彩票的辩论中产生持续争议的问题。要支持这种做法,Fisher 所作的研究是值得参考的,他认为博彩业会腐蚀年轻人的意志,④引发犯罪、逃课和其他社会病态现象。与社团彩票和地方彩票中设置的参与年龄的限制一样,条例的第 3 款也规定,"未满 16 周岁者不得销售或购买国家彩票",广告及玩家行为守则也再次指出 16 岁是最低的年龄要求。尽管总监对 Camelot引入的保障零售商不向未成年人销售彩票的程序是满意的⑤,但是这些规定并未消除对年轻人参与的担忧,这在 1995 年 3 月即开型彩票后已经成为社会所普遍关心问题的时候。许多小孩可能会直接购买刮刮卡彩票,或通过父母或其他成年人来购买彩票的事实已经为 OFLOT 委托的研究所证实——抽样调查表明 12~15 岁的小孩中有 22% 购买彩票,每周花费不到 5 英镑。⑥ 这也是诸如英国年轻人与博彩论坛(UK Forum on

---

① Griffiths, po cit n 40, pp. 24-26.

② Ibid, pp. 21-22.

③ Gaming Clubs (Banks' Games) Regulation 1970/803.

④ Fisher, Gamgling and Pathological Gambling in Adolescents, 9 J. Gambling Studies 277 (1993)

⑤ OFLOT, Director General of the National Lottery, Annual Report 1994/95.

⑥ OFLOT, Social Research Programme, February 1996.

Young People and Gambling)之类的团体所共同关心的问题。类似地,国家博彩理事会也认为,[1]尽管有了广告行为守则等规定,Camelot 的电视广告仍然不必要地将焦点集中在未成年人身上了。尽管有这些担心,政府仍然不太可能去实施博彩委员会提出的将年龄限制提高到 18 周岁以和其他博彩媒介相协调的建议,[2]否则将会对零售商产生这样的操作困难,即他们被允许合法地向 16～17 岁的年轻人出售社团彩票,却不能向其销售国家彩票。

与其他商业博彩媒介相比,政府对于允许进行大规模的彩票广告并不后悔。就其极端而言(如以赌场为例),商业博彩媒介的广告已被限于符合与许可程序相关的正式公开的提示要求和仅表明住所的位置的程度。与需求不受激励的原则相对,政府极力鼓励购买彩票。Camelot 在第一个 20 周的时间里在广告和营销方面就花费了大约 4 千万英镑,这也是在英国所发生的最大的讽刺。[3] 由于在开支上的裁量性特点,民众也对国家彩票的活力产生了怀疑,因此,需要对媒介施加持续的公开要求。这一点首先是由根据本法第 12 节而制定的条例中做了规定,其后,Camelot 的广告行为守则中也做了规定。条例规定了购买者被邀请至购买彩票的方式、地点、场合或出示彩票相关标记的方式和在广告中应出现的信息等问题。行为守则的制定目的是保证广告行为符合或支持"对彩票的高质量、有意义和无可指责的形象"的维护,[4]而且,更具体的是,它应当既不错误表达彩票中奖的几率,利用个人财务上的急切需要,鼓励过度和毫无顾忌地购买彩票,也不将其表现为对正常工作的一种替代。就这些规定以及对广告的国家指南的引入来说,彩票所受到的管制是与其他休闲产品非常类似的。但是,其基本信息,即将裁量使用的收入用于冒机会很小的风险是可欲的(在每周抽奖中赢取 10 英镑奖金机会最多为 1：54),已经迷失在促进公益事业的不可避免的吁求之中。

2. 游戏控制

对各种类型博彩的控制可能包括博彩的数目和种类,对其吸引力的限

---

① National Heritage Committee, The National Lottery, HC 131 (1994—1995) App. II. See National Heritage Committee, Report, op. cit. n. 9, paras 38-40.

② Gaming Board, Annual Report for 1994/95, op. cit. n.5, para. 1.21.

③ OFLOT, Director General of the National Lottery, Annual Report 1994/95, op cit n 23, para 1.13.

④ OFLOT, Invitation to Apply, op. cit. n. 23, para 12.2.

制，消除盲目下注和整体上不利于下注者的计分方法，①在技术变革导致玩法发生改变时需要在法律上加以修订。现在的国家彩票是由两种博彩所构成的。② 第一种是(1994 年 11 月开始发行)每周在线乐透博彩，由 6 到 49 行列的矩阵构成。这是一种积极型的彩票，即玩家是否赢得彩票奖金需要整体或部分参考玩家所选择或由委派以代表玩家而选择的数目或其他标志而决定。③ 第二种是即开型彩票，属消极型的彩票。它不属于积极型，不需要利用在线设施而激活或使其生效，一张彩票是否已经中奖在购买之后马上就能确定。与国家彩票本身相同，即开型彩票也是刮刮卡博彩的一种。

　　在审议该法的辩论过程中也存在众多的担心，指出法律本身并未说明哪些博彩是允许的。当时，部长行使了第 11 节所赋予的权力，签发了对彩票总监的指南，使其不必对那些可能造成鼓励过度博彩的形式进行许可。更具体一点说就是，任何"人们可以借助彩票机器参与互动"的彩票，都不得予以许可。④ 在博彩机器中使用的视频彩票终端，盛行于北美地区，现在也不能得到批准。⑤ 但是，由于目前仍委托部长来修订这些指南，彩票销售是否会减少的担心将继续存在，政府也会受到要求放松这种控制的压力。也有人认为，大奖抽奖不应该超过每周一次。该法本身在这些问题上也保持了沉默。Camelot 根据该法第 6 节得到的授权进行，在线博彩的许可证之第 9 款也规定，彩票应当每周抽奖，此外，如经过管制者的同意可每年再进行 6 次。政府的意图是，这种频率应取决于促销者的商业判断。

(四)遵　守

　　OFLOT 的主要任务是保证 Camelot 和任何其他根据第 6 节获得授权的独立销售商遵守许可证的各项条款。⑥ 事实上，这意味着只能与 Camelot

---

① Dowie, The Ethics of Pari-mutuel Systems, 8 J. Gambling Studies 371 (1992).

② OFLOT, Director General of the National Lottery, Annual Report 1994/95, op cit n 23, paras 1. 14-1. 18.

③ 玩家可以获胜的方式有五种：符合 6 个数字中的 3 个、4 个或 5 个，符合 6 个数字中的 5 个加彩球(bonus ball，不用于最高奖的确定)，与 6 个数字全部相符。OFLOT, Licence under s. 6 of the National Lottery etc. Act 1993 (8 November 1994).

④ Department of National Heritage, Directions to the Director General of the National Lottery under s 11 of the National Lottery etc Act 1993, para 2(2); reprinted in Director General of the National Lottery, Annual Report 1994/95, op cit n23, App. C.

⑤ OFLOT, Director General of the National Lottery, Annual Report 1994/95, op. cit n23, para 2. 13.

⑥ Ibid para 3. 1.

进行交易,这种状况容易导致机构俘获,考虑到现在只有 Camelot 而非 OFLOT 拥有进行国家彩票开发的经验。该法授权彩票总监可以在任何时候要求 Camelot 以其需要的形式提供信息,并在引入新的彩票产品或其他市场开发之前寻求其审批;对 Camelot,包括下属分包机构实施其许可证的任何方面进行随时检查;在特定情形下允许 Camelot 表达意见以修改其许可证的条款。第 9 节规定了通过禁令方式(injunction,或在苏格兰称作interdict)实施许可证条款;第 13 节则规定任何违反第 12 节中的要求或禁止性规定都是违法的;而第 10 节和表 3 规定了总监可以撤销许可证的具体情形。

是否遵守上述规定是由 OFLOT 的监察部(Compliance Division)所监督的。有一份工作计划中就详细规定了对许可证条款、博彩规则和其他关键职能,如彩票基金的管理等的日常监督。① 在第一年,Camelot 就曾发生三次技术性违反第 5 节许可证规定的情形,其中有两次在彩票总监看来是明显的违反。其一需要对彩票销售点的分布,其二,是遵守在涉及即开型博彩的彩票体制中各项规格的要求。② 但是,这些并没能吸引到多少公众的关注。需要关注的是 OFLOT 对于如何解决在法定职责履行过程不可避免地会发生的紧张关系这一问题上所一贯坚持的立场。有三块领域是需要关注的,如公开性、头奖和累计(rollovers),以及刮刮卡博彩的影响。

1. 公开性

一般公众都承认国家彩票需要持续的公开以保持其收入,因此,有意引人注意的广告也为该法所允许。美国的所有彩票都在每周的电视节目上提供中奖者的特征;在加拿大,中奖者的名字可能被如此使用已是参与的条件。在英国,参与者也许表示他们不愿意任何公开,但是媒体对累计(roll-over)的头奖的中奖者的身份的强烈兴趣也会促使 Camelot 向大众公开相关的信息。在正常的过程中,中奖者可能成为英国多少有些过分的小报报道的受害者。这种经历也引发了国家遗产委员会进行的一项调查,③包括之后 OFLOT 的调查。管制者断定这样并不违反许可证的规定,但是当中

---

① Ibid paras 3. 3-3. 10.

② Ibid para 2. 20-2. 22, App D.

③ National Heritage Committee, The National Lottery, op cit n 39. See the National Heritage Committee, Report, op cit n9, paras 41-43.

奖者提出保持匿名时，Camelot 需要对其程序加以审查。[①] 这时，Camelot 将获奖经验公开以作为其最大化销售额的一种策略的愿望和参与者对于保持匿名的明示希望之间的紧张关系已经以有利于玩家的方式得到了解决。

2. 头奖(Jackpots)和累计(Rollovers)

Camelot 承诺在许可证期间，将总奖金额占净销售额的比例保持在 53.64％至 56.68％之间。事实上，这也意味着在每英镑中投注额中奖金额即可达到 5 便士。以对预估的中奖概率和头奖大小等与彩票销售积极相关的因素为基础，Camelot 的在线博彩奖金结构设计意图是为了产生大量的小奖，而最高奖金也限制在 200 万英镑；事实上，单个头奖大约为 86 万英镑。[②] Camelot 也可以实行固定的头奖制度，其中在 1995 年 1 月初第一次抽奖时为 1000 万英镑。尽管这些巨额奖金招来了批评，更具争议的还属累计头奖(rollover jackpots)。任何一周只要没有人选择了六位头奖数字时，就可能产生这种情况。在这种情形下，Camelot 可以将头奖累计入下一轮，但是最高只能连续累计三次。[③] 头奖通常为 2000 万英镑左右，并招来诸多批评。彩票总监对此的看法是，巨额奖金可以促进彩票销售的最大化。[④] 同样，Camelot 也认为，让一个人独得 1800 万英镑要远胜于让 36 个人分享每个人 50 万英镑。[⑤] Deboer 的观察结果，即"奖金越高收入越大"，[⑥]也是根据 1996 年 1 月累计达到 4000 万英镑的头奖所产生的每周彩票销售量而得出的。批评家认为，既然这些已经是过度的了，"下流"是一种共用的描述

①　OFLOT, The Anonymity Review, April 1995. See also Director General of the National Lottery, Annual Report 1994/95, op cit n23, para 1.18.

②　在线博彩的最低奖金额为 10 英镑；其次，奖金往往是以累计总额的百分比来表示的：22％、10％、16％、52％。赢得 10 英镑奖金的概率为 54∶1；赢得最高奖的为 14,000,000∶1。而对于流行的刮刮卡博彩，其提供最低奖 1 英镑，最高奖为 5 万英镑；中任何一种奖金的概率为 5.46∶1。预计如果不考虑累计奖金或固定的头奖的话，第一周彩票奖金的发放约为 200～300 万英镑。See：Director General of the National Lottery, Annual Report 1994/95, op cit n23, paras. 4. 10-4.11 and App E.

③　Department of National Heritage, Directions to the Director General of the National Lottery under s 11 of the National Lottery etc Act 1993, para 4(2); reprinted in Director General of the National Lottery, Annual Report 1994/95, op cit n 23, App C; see also ibid para 2. 15.

④　Davis, Relations between Lotteries and Government, paper given at the 7th Assciation of European State Lotteries (AELLE) Conference, 8 May 1995.

⑤　See：For example, the National Heritage Committee, The National Lottery, op cit n 39.

⑥　DeBoer, op cit, n 42.

法。① 这并不能说明通过这些奖金的促销，彩票的运营已经不恰当了；相反，这可能会造成中奖的困难。这本身也是一个难以作出的论断，因为其不仅仅是从（如有时所显示的）巨大的意外收获可能对于一个美满的家庭和和谐的人际关系是有破坏力的这样一种假设而推导出来的，而且也是从认为"过多钱财对你不利"这种值得争议的傲慢的姿态推导而来的。对彩票提出的道德上的指责，如其破坏了节约、勤劳和尊重他人的美德，当然是值得讨论的，但这也是在 1995 年 10 月和后来的 1996 年 1 月英格兰和威尔士对政府提出提醒的各种教会势力之一。问题是，作为玩家利益的保护者的 OFLOT 是否已经在拒绝这些反对意见之前对其进行了反思。

3. 即开型彩票

但是，1995 年 3 月即开型彩票的引入，即刮刮卡博彩，已经带来了众多的争议。从结构上来讲，这些博彩是和以往的每周开奖的在线乐透博彩存在巨大区别的。它产生立即得到结果，从而可以有意识地推断，接近中奖的组合迟早会出现在这种博彩的后面阶段，从而可以有更高的中奖概率，鼓励多次参与。在几周内，他们就占到了彩票总销售额的 40.5%，尽管这时热度已经有所消退。其次，他们也实质性地腐蚀了依赖于医药或其他慈善事业的小额奖金刮刮卡的市场份额。第三，尽管存在年龄限制，仍然有众多未成年人参与。尽管他们吸引了未成年人，并鼓励他们或成年人多次参与，并进而导致过度参与，刮刮卡使得 OFLOT 的两项职责之间发生了明显的冲突。政府也承认了该法审议辩论过程中所提出的一些担心，并将其交由 OFLOT 处理。内务部最近宣布将对刮刮卡在慈善事业赞助上的影响进行监督，但是与之不同，彩票总监最近开始评估其过度博彩潜在影响的范围和性质。② 批评家质疑，OFLOT 是否已经充分地提出了针对在被广泛销售的博彩机会的管制者来说，应在其监控彩票的影响时采纳的迫切和有生机的方法。③

七、结　论

就对数以百万计的民众日常生活的影响而言，"国家彩票正在迅速成为

---

① See:For example, the National Heritage Committee, The National Lottery, op cit n39; and HC Deb vol 264 col 1022 25 October 1995.

② Director General of the National Lottery, Annual Report 1994/95, op cit n23, para 4.11.

③ FitzHerbert et al, op cit n 64.

我们国民生活的重要而持续的一部分"，这一点是毋庸置疑的。[①] 但是，问题是，是否每个人都可能如委员会的主席一样对 Camelot 的预测保持乐观态度。该预测认为在第一个双份累计奖金额时购买彩票的人数会比参与1992 年大选投票的人还要多。[②] 事实表明，第一年的销售额就超过了较乐观的预测，而且根据彩票销售上的下滑往往会带来实质创新兴趣的普遍经验，现有的参与水平也处在一个与欧洲和北美其他国家彩票大致相等的水平上。但是，并非每个人都同意政府的这种观点，即彩票已取得十足的成功。令批评家感到担心的是，这种希望产生尽可能多利润给公益事业的驱动力将会，首先，允许 Camelot 公司利用其垄断性地位寻求过多的利润；其次，也使得 OFLOT 在其法定职责的履行上有所妥协，尤其是不鼓励过度参与这一点。

在采用公开特许程序来分配第 5 节规定的许可证上，政府主要依赖于 8 份申请书中所包含的市场预测。尽管这可能不尽合理，[③]考虑到无论是 OFLOT 还是 DNH 都对彩票市场没有多少直接的经验，这种依赖在彩票问题上可能相比其他行业更为严重。尽管国家审计署对投标程序非常满意，[④]但不可回避的结果是 Camelot 现在享有一种法律赋予的对提供博彩机会的私人垄断地位，这就提供了一个巨大的营利机会，尽管有时可能也会不到销售额的 1%。彩票可能会成为部分垄断的行业，因为 Camelot 之外的供应商可能根据第 6 节得到许可证，但是这种许可证的获得必须是该供应商在契约上受到 Camelot 的约束。国家彩票总监也不止一次地重申其无意鼓励在该市场内展开竞争。[⑤] 当政府账目委员会(public account committee)要求国家彩票总监解释，当 OFLOT 认为该供应商是获得第 6 节规定的获得许可证的合格且适当的人选时，Camelot 无理地拒绝了其要求时，但是其回答是不明确的。除非 Camelot 将要拒绝的一家企业所进行的彩票销售能比现有的企业给 NLDF 带来更大的利润，将不存在由国家彩票总监选择介入的基础；而且，由于 Camelot 的规模经济会带给其市场上的优势地

---

①　Director General of the National Lottery, Annual Report 1994/95, op cit n 23, p. 5.

②　See:Sir George Russell's evidence to the National Heritage Committee, op cit n9, HC 240-iii, p. 179.

③　Committee of Public Accounts, op cit n2, pp. 215-221.

④　National Audit Office, op cit n 15.

⑤　对于国家遗产委员会最近的情况，可见 Director General's evidence, op cit n9, pp. 318-321.

位,要判断其他供应商是否应当得到批准是有困难的。①

这种安排对于政府要打破垄断的承诺来说是不合常规的选择。从其自己决定条件来看,Camelot 已经充分实现了其最初对七年许可期间的预测。许可有效期的决定是考虑让成功的申请者能够有机会对其开支得到回报,②但是这种分配形式不可避免地会产生这样的问题,即从经验来看,是否有过于慷慨之嫌。但是,与管制者可以干预利润控制的民营化了的公用事业不同,无论是彩票总监还是部长都无权单方面地修改 Camelot 的许可证中所包含的财务规定;事实上,彩票总监也认为这样做是不合适的。③ 通过竞争性招投标程序将初始成本转移给私人部门可能是一个明智的举措,但是,如果彩票购买在许可证有效期内继续保持现有的水平,Camelot 在未来 3～4 年内的利润可能会达到一个政治上难以接受的水平,而管制者和政府也受到持续增加的压力而被迫介入,因为可以确定不可能会有竞争者能够提供更多的收入给该基金。

Camelot 所据以取得经营彩票的招标程序完全不同于在私人部门提供商业博彩时所适用的程序,它与调整更为传统的商业性博彩市场的社会性管制的模式非常类似。④ 和博彩委员会一样,OFLOT 需要对申请者的合格性和适当性作出判断,并负责实施这种意在控制供应商和保护玩家的体制。同样,还存在一些重要的区别。其中一点就是,与博彩委员会不同,OFLOT 在提出严格的判断是否合格的标准上处于弱势地位,之所以如此是因为它只是偶尔(而且直到十年之期结束)才需要判断决定是否同意第 5 节许可证的申请。尽管在理论上还可能进一步地有第 6 节许可证的申请,但是如我们所见,现实表明 Camelot 之外的公司提出这种申请的可能性并不大。但是,更具重要意义的两种情形下的管制对象之间存在的区别。对于赌场博彩和所有其他商业博彩机会来说,其对象是受到限制的。而对彩票来说,则是扩张性的。OFLOT 需要保护所有参与者的利益。问题是在向公益事业提供资助问题上,其与作为彩票销售成功的指标的(参与者在彩票上的)亏

---

① Committee of Public Accounts, op cit n2, pp. 147-149. 之所以由 Camelot 参与决定新的第 6 节许可证的受许可人,是因为根据第 6 节许可证的规定,它负有将彩票收益金转移给 NLDF 的义务。如此,第 6 节许可证的受许可人的博彩计划才可能要符合 Camelot 的义务。部长无权要求第 6 节许可证的受许可人向基金会转移资金。

② 1993 年提出的预测报告中认为需要 2～3 年才能收回初始费用。事实上,Camelot 可能在第一年内就收回了开支(预计为 1.5 亿英镑;Committee of Public Accounts, op cit n2, p. 101)。

③ Ibid pp. 267-272; HC Deb vol 264 col 1037 25 October 1995. 但是国家遗产委员会的建议则是 Camelot 应将其意料之外的收益中提取合适的比例给慈善事业。See:op. cit n9, para. 27.

④ See Ogus, op cit n5, p. 319.

损之间利益关联上过于密切。管制者与供应商而非管制者与消费者之间的利益一致性也使得管制体制区别于那些调整其他商业性博彩媒介和公共产品和服务的提供的体制，这也使得如何消除收入最大化和消费者利益保护之间的紧张关系成为问题。OFLOT 在 1996 年 3 月决定，如果有三位中奖数字的玩家数目可能使得奖金基金消耗一空时，允许 Camelot 支付少于 10 英镑奖金，尽管在某种意义这种发生概率非常渺小（可以想像一家全国连锁赛马公司因为过多的人支持德比赛马获胜者（Derbe Winner）而对赢家只支付不到投注额，这将会带来怎样的混乱），将使批评家们相信管制者和被管制者之间的关系是过分默契。虽然毫无疑问其意只是为了幽默一下，主席对 Camelot 在 1996 年 2 月向国家遗产委员会提交证据的结论评述道——我们现在需要多听取关联管制者的意见，这确实也体现了人们所熟悉的关系。①

---

① Gerald Kaufman MP，National Heritage Committee，op cit n 9，p. 252. 委员会提出的对这种潜在的利益冲突的解决方法就是将选择经营者的职能与对其活动的规制职能加以分离。Op. cit. n9，para. 37.

第六章

彩民权利研究[*]

一、前 言

(一)出发点:西安宝马彩票事件

2004年3月23日上午,17岁的陕西省西安市市民刘亮来到西安市6000万元即开型体育彩票集中销售现场,购买了十多张彩票,并在其中的一张彩票上刮出了"草花K"。根据中奖说明,刮到"草花K"的彩民可得特等奖。于是,刘亮满心欢喜地登上了领奖台。根据领奖规则,中特等奖的人还需进行二次抽奖,最高的奖项是一辆宝马轿车加上12万元人民币。结果刘亮非常幸运地抽中了最高奖。随后,经过保安人员、工作人员以及兑奖人员的先后验票确认,并且最后验票的兑奖人员把刘亮的彩票放入了自己的上衣口袋(没有封存),现场公证人员宣布中奖有效。激动之余,刘亮要求将宝马轿车开走,却被告知因需办理相关手续而于次日方可领奖。3月24日上午,刘亮及其家人在前往体育彩票销售现场准备领奖的途中接到西安市体育彩票管理中心打来的电话,称刘亮的中奖彩票是假票,如果刘亮还想领奖则会向公安机关报案。3月25日下午,刘亮再次来到体育彩票销售现场要求提车,遭到拒绝之后情绪激动,爬上了现场6米高的广告牌,意欲自杀以证明自己没有造假,场面一度混乱。3月26日,陕西省体育彩票管理中心召开新闻发布会,出示了由国家体育总局体育彩票管理中心出具的鉴定结果,结论是刘亮的中奖彩票是由"草花二"涂改后成为"草花K"。3月26日晚,西安市体育彩票管理中心向西安市新城区公安分局报案,要求公安机关立案侦查假彩票事件。3月27日,刘亮及其家人则在自家院中约见多家媒体的记者,坚称刘亮没有造假,所谓的假彩票绝不是刘亮原来的彩票。4月6日,刘亮把一纸诉状递到了西安市新城区人民法院,要求西安市体育彩

* 本章作者为高春燕,浙江大学宪法学与行政法学专业博士研究生。

票管理中心履行兑奖承诺。4 月 8 日，法院正式立案。另一方面，①本案又出现了峰回路转的发展迹象：公安机关深入调查后认为，此次彩票销售的委托发行人杨永明、兑奖员与中奖彩票保管员孙承贵等人具有重大造假嫌疑。② 而陕西省体育局则随之作出决定：陕西省体育彩票管理中心主任贾安庆撤职，体育彩票管理中心副主任张永民停职检查。③ 有关公证人员亦受到了相应的处理。④

根据有关媒体的报道，西安宝马彩票事件已经进入了司法程序，而就司法案件而言，通常都不便加以评论。但是我们对于这个问题，应该还是可以从学理方面加以讨论。综合多家媒体的报道，我们可以发现，在西安宝马彩票事件当中，具有很多疑点。(1)财政部 2003 年 11 月 13 日公布施行的《即开型彩票发行与销售管理暂行规定》(财综〔2003〕78 号)第二十一条规定，彩票机构及其工作人员不得替彩民保管未兑付的中奖彩票。而在西安宝马彩票事件中，恰恰是彩票机构工作人员违反规定保管彩民彩票(且未经封存)之后又宣称该彩票为假票。在中奖彩票脱离了中奖者的监控之后，对中奖彩票的真假性出现争议，该由谁来负责？(2)既然是即开型彩票，为什么不当场兑奖？(3)西安市体育彩票管理中心认为刘亮有造假嫌疑之后，为什么不向警方报案而是首先通知刘亮，希望刘亮不要前去兑奖？(4)《即开型彩票发行与销售管理暂行规定》(财综〔2003〕78 号)第十七条规定，彩票机构不得采用承包、转包、买断等形式对外委托彩票发行和销售业务。人们在购买彩票时，总认为这些彩票是由政府机构发行的。但是，2004 年 4 月 11 日中央电视台《经济半小时》栏目揭露的内幕则让人颇为诧异：西安宝马彩票事件中的彩票是由私人承包发行的。在这种不规范的操作方式背后，彩票业的公信度如何维护？彩民的权利怎样才能确保？

尽管大多数人对于中彩的渴望并不能与范进对于中举的渴求相比，但无疑彩票正在成为中国人生活中的一个组成部分。国家统计局中国经济景

---

① 参见闻育晏编：《假彩票还是假摸奖〈新闻调查〉：西安体彩风波》，http://www.chinanews.com.cn/n/2004－04－22/26/428626.html，(2004 年 5 月 20 日访问)。

② 据有关媒体报道，杨永明承认，这次彩票销售的四个宝马彩票大奖得主中前三个都是他请的"托儿"。在每次"二次抽奖"前，他会把装有宝马车大奖的信封拿出来，只有其"托儿"才能抽到宝马车。但在刘亮抽奖的那次，杨永明调包过程中拿错了信封，才使刘亮幸运地摸得宝马车，最终使彩票造假事件浮出水面。参见《宝马彩票案水落石出，三人刑拘一人在逃》，《青年时报》2004 年 5 月 11 日第 21 版。

③ 参见《陕西体彩中心主任被撤职，副主任停职检查》，《青年时报》2004 年 5 月 12 日第 19 版。

④ 参见《有关公证人员受处理》，《青年时报》2004 年 5 月 15 日第 7 版。

气监测中心对北京、上海、广州的城市居民调查显示,已有 48.5% 的居民购买过彩票,其中 5% 的居民已经成为职业彩民。[1] 相应地,如何规范彩票业的运行、维护彩民权利也就成为一个非常现实与迫切的问题。事实上,在西安宝马彩票事件之前,彩民与彩票管理中心的纠纷已非鲜见。"虎甲"彩票事件[2]、更换摇奖机案[3]、彩金计算案[4]、广东足球彩票开奖纠纷案[5]以及福利彩票双色球 2004009 期摇奖录像画面造假事件[6]等,都曾引起人们的广泛关注。在这些纷争的背后,无不关系到彩民权利的维护与保障问题。

(二)问题的提出

在某种意义上,西安宝马彩票事件掀开了我国彩票业管制现状的冰山一角。随着多家媒体的深入报道、"无冕之王"的穷追猛打以及公安机关的介入调查,我国彩票业运作中的漏洞日益浮出水面。在上述各类彩民维权事件、彩票纠纷的刺激下,国务院曾发出过相关文件,即《国务院关于进一步规范彩票管理的通知》(国发〔2000〕35 号),其中第七条规定:"财政部要会同有关部门尽快起草《彩票管理条例》,报国务院审批后公布执行。财政部要尽快制定统一的彩票发行与销售管理、彩票发行与销售机构财务管理以及彩票公益金管理的办法,规范彩票发行与销售机构的行为,加强对彩票资

---

① 刘宁、田惠明主编:《一夜暴富:彩票震荡中国》,文化艺术出版社 2001 年版,第 3 页。

② 2001 年 12 月,在湖北省利川市福利彩票销售中,出现了本该当日兑付 15 万元奖金的"虎甲"彩票在被该市彩票销售组委会负责人代管一夜后却变成了假"虎甲"彩票的事件。参见陈群安、施峰峰:《彩票特等奖纠纷案调解结案,利川市政府给付补偿金十万》,http://www.cnhubei.com/200306/ca289913.htm(2004 年 5 月 20 日访问)。

③ 2001 年 11 月 9 日,河南省卢氏县彩民杨昌起诉河南省体育彩票管理中心。诉由为,被告未事先告知彩民而更换摇奖机属于私自变更合同要件,致使彩民按以往惯例进行选号,违背了彩民的真实意愿。参见赵富林、吕建国:《彩民怒问彩票游戏规则》,《法律与生活》2002 年第 6 期。

④ 2001 年 3 月 26 日,辽宁省大连市彩民王兴涛因不服彩金计算方式而以辽宁省福利彩票管理中心和大连市福利彩票管理中心为被告诉至法院。参见王竹:《全国首例"福彩"彩金计算纠纷案——注彩票四种算法是否克扣彩民》,《社区》2002 年第 5 期。

⑤ 2003 年 2 月,武某在广州市天河区购买了 5302 注中国体彩中心发行的 2003 年第七期中国足球彩票。但随后都灵对 AC 米兰的足球比赛因故中断,意大利足协将中断当时的比分认定为比赛的终场比分,中国体彩中心也采用相同的做法。武某认为,按有关规定,遇这种情况,足彩结果应通过摇奖的方式产生,故将中国体彩中心告上了法庭。参见颜斐:《广东彩民状告体彩中心》,http://www.chinacourt.org/public/detail.php?id=73375(2004 年 5 月 20 日访问)。

⑥ 2004 年 2 月 5 日,中国福利彩票双色球 2004009 期开奖摇奖录像出现全景镜头与特写镜头不相符的"怪事",在彩民的质疑下,中国福利彩票发行管理中心不得不承认此次摇奖的特写镜头系事后补拍。参见搜狐体育报道:《福彩管理中心解释疑点,发通告向双色球彩民致歉》,http://sports.sohu.com/2004/02/12/66/news219056668.shtml(2004 年 5 月 20 日访问)。

金的监督及管理。"此外,部分全国人民代表大会代表也提交了关于制定《彩票法》的议案,认为尽快制定《彩票法》是解决当前彩票市场管制不力、秩序混乱、彩民正当权益受损、彩票官司裁决尴尬等诸多"中国彩票综合症",维护彩票市场长期稳定发展的保证。① 学界亦撰文从不同角度阐扬制定《彩票法》、规范彩票业管制与运作体制的重要性。②

彩票立法受到如此重视,固然是彩民的福音。然而,在确定要立法的大政下,如何立法则是一个更为重要的问题,而这离不开相关的基础性研究工作的展开:何为彩票,何为彩民,私彩买受人亦是彩民吗? 如何看待并规范彩金计算方式、兑奖程序、摇奖机更换、承销细则变更问题? 彩票发行机构的内部规则是否具有外部效力? 怎样认识彩票法律关系的性质? 是种私经济行为还是公行政行为抑或两者兼有? 彩票发行、运作各阶段的利益关系是怎样的? 权利是什么? 彩民享有哪些权利? 除了私法上一般所言的权利,彩民是否享有公权利? 如果是,是怎样的公权利? 彩民是不是一种特殊的消费者? 当前,在彩民权利的维护上存在哪些问题,应然状态是怎样的? 彩民权利如何救济? 个案与事件反映了哪些问题? 怎样认识政府的信息公开和彩民的参与权利? 另外,彩票业的寻租、社会成本、挤出效应等问题亦与彩民权利息息相关。

从彩票业管制体系较为完善与发达的国家与地区来看,彩民权利的维护往往构成其管制的主要目标之一。以英国为例,《1993 年国家彩票业法》第四条第一款规定,国务大臣和总监必须恪尽职守以确保:(a)国家彩票业以及构成彩票销售的每一种彩票均正当进行;(b)每一个国家彩票业的参与者的利益均得到保护。第十八条规定,"参与者",涉及彩票,是指已经购买彩票券或彩票机会的人士。③ 相应地,英国在其彩票管制机构中,专门设置了"彩民利益维护处"。④ 在中国香港地区,《香港奖券管理局奖券规例》明文规定,"此等规例之目的在于保障每一位参加者之利益,并于所有参加者间达致平等与公正""'参加者'为根据此等规例而作出或拟作投注,或购买一张电脑票之任何人士,及作鉴定获奖资格之目的时则为该等根据此等

① 参见《人大代表呼唤彩票法》,《中国体育报》2002 年 3 月 7 日第 1 版。
② 参见陈晶晶:《彩票业立法迫在眉睫》,《法制日报》2004 年 4 月 21 日第 12 版;余晖、朱彤:《垄断型彩票行业的风险》,《南方周末》2004 年 4 月 15 日第 C19 版。
③ 参见赵明宇主编:《部分国家和地区彩票法规选编》,国家体育总局体育彩票管理中心 1999 年版(内部发行),第 213-231 页。
④ 参见张冀湘:《关于英国国家彩票管理体制的考察报告》,载中国彩票年鉴编辑委员会编:《中国彩票年鉴 1987—2002》,中国财政经济出版社 2003 年版,第 385-395 页。

规例条款其投注已成为有效投注之人士"。①

　　在本文中,我们将从考察我国彩票业管制与运作现状出发,从一个较为宽广的视角,展开对彩民权利的分析。我们认为,对彩民权利的研究,应当从分解彩票活动的过程入手,分析在不同的阶段,彩民与相关主体之间所形成的具体的法律关系,进而考察其所具有的权利。

二、游离于公权力行政与私经济行政之间: 我国政府在彩票业中的角色定位

(一)我国彩票业管制与运作现状概述

　　新中国成立之后,彩票被视为赌博而遭到长期禁止。20 世纪 80 年代中期,随着改革开放的逐步深入,政府开始尝试利用彩票为社会公益活动筹集资金。② 经过近 20 年的探索和发展,目前已经形成了覆盖全国的福利彩票和体育彩票两大彩票系统,从业人员约 18 万人,1987—2001 年全国彩票合计发行约 968.14 亿元,其中 2001 年实际发行彩票约 288.86 亿元。③ 占彩票收入 30％的公益金部分,④如今已惠及中国 95％以上的市、县。销售福利彩票所募集的公益金,主要用于城市、乡镇、企业福利项目及社区服务项目的建设;而体育彩票公益金的作用则主要体现在两处:落实"全民健身计划"和"奥运争光计划",具体包括资助全民健身活动、弥补大型运动会经费不足、修补及增建体育设施、体育扶贫工程专项支出四方面。除常规项目外,公益金在规模资助方面的作用也日益突出。例如,1997 年,民政部从中出资 1 亿元,援助西藏基础福利设施;1998 年特大洪灾,福利彩票筹集赈灾

---

　　① 参见赵明宇主编:《部分国家和地区彩票法规选编》,国家体育总局体育彩票管理中心 1999 年版(内部发行),第 278-311 页。

　　② 博彩业通常会令各国政府在进行公共政策抉择时处于两难困境。如果选择博彩筹资,适当给人们娱乐活动和投机心理以满足,可能有助于丰富人们的业余文化生活,减少更为严重的社会投机造成的社会隐患,且对社会公益福利事业有利,但又担心社会道德舆论的压力,更担心博彩成为潘多拉盒子,控制不力为害更烈。如果不选择博彩,而政府又不能完全控制人们的博彩行为,博彩活动的暗流也会对社会风气造成伤害。人们同样会出现不满的评说:一是对社会公益福利下降的不满;二是对博彩的地下活动不满。参见张占斌:《博彩业与政府选择》,中国商业出版社 2001 年版,第 27-29 页。

　　③ 中国彩票年鉴编辑委员会编:《中国彩票年鉴 1987-2002》,中国财政经济出版社 2003 年版,第 3,444,449 页。

　　④ 《国务院关于进一步规范彩票管理的通知》(2001 年 10 月 30 日 国务院 国发〔2001〕35 号)规定,从 2002 年 1 月 1 日起,彩票公益金比例不得低于 35％。

公益基金 15 亿元。①　值得注意的是,不同于其他国家与地区的先有专门的彩票立法再开展彩票发行销售活动的通常做法,我国彩票业的运作一直是在"摸着石头过河",政府长期以来都是依据党中央、国务院以及彩票主管部门发布的通知、制度和规定等行政性规章管理彩票活动。由于制度本身的不确定性,我国彩票业的运行也就被打上了"适时变化"的烙印。②

1984 年 10 月 10 日,中国田径协会和中国体育服务公司共同在北京发行"发展体育奖,一九八四北京国际马拉松赛"奖券,这是新中国有记录的第一次发行彩票。此后,许多地方政府陆续开始采用发行彩票的方式为举办某项社会公益事业筹集资金。

1985 年 3 月 4 日,国务院针对一些工商企业和事业单位滥发各种彩票、奖券的情况而发布了一个约束性文件,即《国务院关于制止滥发各种奖券的通知》(国发〔85〕31 号)。这是新中国第一个与彩票相关的管理制度。

1987 年 6 月 3 日,受民政部领导的中国社会福利有奖募捐委员会(以下简称中募委,它于 2001 年 7 月 15 日更名为中国福利彩票发行管理中心)成立,获准在全国范围内发行社会福利奖券,具体发行工作由设在民政部的中国社会福利奖券发行中心(经民政部批准,于 1995 年 1 月 17 日更名为中国福利彩票发行中心)承担。同年 7 月,中募委开始在 9 个省(直辖市)和河南洛阳进行社会福利奖券发行试点,最初发行的是票面价格为 1 元的传统型彩票。中国社会福利奖券发行中心成为新中国第一个全国性专业彩票发行机构。随后,在民政部的倡导下,各地方政府开始比照中央模式,组建隶属于地方政府,但业务上接受中募委和中国社会福利奖券发行中心指导的地方社会福利有奖募捐委员会及承办当地具体销售工作的办公室,全国逐步形成了第一个以各级民政部门为核心,按政府行政级次设置,专门为民政福利事业筹集资金的全国性、专业化彩票发行销售组织体系。

1991 年 12 月 9 日,国务院针对彩票市场秩序出现的混乱状况,发布了《国务院关于加强彩票市场管理的通知》(国发〔1991〕68 号),第一次对彩票市场管理作出了明确的规定:发行彩票的批准权集中在国务院,只允许省级地方政府和国务院有关部门为举办社会福利、体育事业和国务院批准举办的其他活动发行彩票,发行彩票必须提前半年向中国人民银行报送发行计划及发行办法,经中国人民银行审查后报国务院批准,中国人民银行被赋予

---

① 参见刘宁、田惠明主编:《一夜暴富:彩票震荡中国》,文化艺术出版社 2001 年版,第 17 页。
② 参见中国彩票年鉴编辑委员会编:《中国彩票年鉴 1987—2002》,中国财政经济出版社 2003 年版,第 3-10,79-86,157-165,435-439 页。

了彩票管理职能;发行单位要严格执行国务院批准的发行规模和发行办法,不得突破发行规模和违章发行;发行彩票募集的资金,必须按规定使用,严禁挪作他用。

1992 年下半年以后,少数地方彩票市场的混乱现象进一步加剧,严重损害广大彩民的利益。对此,1993 年 5 月 5 日发布的《国务院关于进一步加强彩票市场管理的通知》(国发〔1993〕34 号)中重申《国务院关于加强彩票市场管理的通知》(国发〔1991〕68 号)的精神,并指出:国务院将组织有关部门,就进一步加强彩票市场宏观管理问题,统一进行研究,制定相应的法规,以保证彩票事业的健康发展。

1994 年 3 月 11 日,国务院批准当时的国家体委(即现在的国家体育总局)在全国范围内发行体育彩票,具体的发行工作由其内设的中国体育彩票管理中心承担。至此,国务院批准民政部和国家体委两个部门在全国范围内分别发行中国福利彩票和中国体育彩票,所筹集的公益金分别用于民政和体育部门职责范围内的社会公益事业。随后,在民政部和国家体委的积极推动下,地方民政和体育部门开始按照政府行政管理级次,逐步建立起隶属于本级民政和体育行政管理部门的彩票机构,专门负责在本级行政区域内承销本系统发行的彩票。

1994 年 5 月 31 日,中共中央办公厅、国务院办公厅颁布《关于严格彩票市场管理禁止擅自批准发行彩票的通知》(中办发电〔1994〕21 号),进一步指出:发行彩票的审批权集中在国务院;禁止外资和外商进入中国彩票市场;中国人民银行是国务院主管彩票的机关,统一管理全国彩票工作。

1995 年 12 月 12 日,中国人民银行发布《关于加强彩票市场管理的紧急通知》(银发〔1995〕330 号),规范了彩票的定义,明确全国只有福利和体育两个彩票发行机构,确定了人民银行、福利和体育彩票机构的职责分工,建立了现行彩票管理体制的基础框架。

1996 年 4 月 8 日,针对部分地方在彩票销售中发生的群体性事件,中国人民银行发布《关于进一步加强彩票市场管理的通知》(银发〔1996〕122 号),规定禁止以溢价、承包、转包等方式发行彩票;未经中国人民银行批准,不得擅自变更彩票发行方式方法和游戏规则。

1999 年 5 月,中国人民银行向国务院报送了《关于改革彩票管理体制的请示》,内容之一是将彩票主管职能移交给财政部。同年 7 月,国务院作出相应批复,同意将彩票主管职能由中国人民银行移交给财政部,并要求财政部对彩票管理体制改革问题作进一步的研究。

在与民政部、国家体育总局充分交换意见和大量调查研究的基础上,财政部提出了彩票管理体制的改革方案。具体内容包括两个方面：一是将福利和体育两个彩票机构从其所属的行政部门中分离出来，改制成企业性质的专业化彩票发行机构；二是改变公益金分配政策，在保证民政和体育部门既得利益的基础上，由国家财政在更广泛的社会公益领域中分配彩票公益金。

2000 年 11 月 5 日，国务院第 84 次总理办公会议研究彩票管理体制改革问题，决定暂仍维持现行彩票发行和管理体制不变；下调发行经费比例，相应提高公益金比例；调整公益金分配政策。

经过有关部门近一年的讨论与协调，国务院于 2001 年 10 月 30 日发布了《国务院关于进一步规范彩票管理的通知》（国发〔2001〕35 号，以下简称《通知》）。《通知》的主要内容包括：彩票发行的审批权集中在国务院，任何地方和部门均无权批准发行彩票；财政部负责起草、制定国家有关彩票管理的法规、政策，管理彩票市场，监督彩票的发行和销售活动，会同民政部和国家体育总局研究制定彩票资金使用的政策，监督彩票资金的解缴、分配和使用；民政部、国家体育总局根据国家有关法规、政策和制度，分别研究制定福利彩票和体育彩票的发行、销售和资金管理的具体办法并组织实施，负责研究制定本系统彩票发展规划，研究提出发行额度并经审核批准后组织实施；调整了彩票资金结构，返奖比例仍为不得低于 50％，发行经费比例从不得高于 20％下调到不得高于 15％，公益金比例从不得低于 30％相应提高到不得低于 35％；确定了公益金分配政策；将彩票公益金和发行经费纳入财政专户，实行"收支两条线"管理。

财政部先后颁布了全国统一的《彩票发行与销售机构财务管理办法》（财综〔2001〕84 号）、《彩票发行与销售管理暂行规定》（财综〔2002〕13 号）和《即开型彩票发行与销售管理暂行规定》（财综〔2003〕78 号），结束了两个彩票机构分别实行不同管理制度的历史，从制度上统一了全国彩票市场，进一步规范了彩票机构行为准则。

综上所述，当前我国彩票发行的审批权集中在国务院，任何地方和部门均无权批准发行彩票；财政部作为国务院主管彩票工作的机关，负责起草和制定国家有关彩票管理的法规、政策，管理彩票市场和彩票资金，监督彩票的发行和销售活动；县级以上地方各级人民政府财政部门负责本辖区彩票市场的管制，管理纳入本级财政彩票专户的资金；民政、体育部门则分别负责组织福利、体育彩票发行和销售活动。简言之，我国彩票业管制与发行、销售机构的关系可以图 6-1 所示。

```
                    ┌─────────────────┐
                    │  国务院（审批权）  │
                    └────────┬────────┘
                    ┌────────┴────────┐
                    │ 财政部（彩票主管机关）│
                    └────────┬────────┘
          ┌──────────────────┴──────────────────┐
  ┌───────┴────────┐                    ┌────────┴────────┐
  │     民政部       │                    │   国家体育总局    │
  │（彩票发行、销售机关）│                    │（彩票发行、销售机关）│
  └───────┬────────┘                    └────────┬────────┘
  ┌───────┴────────────┐            ┌───────────┴──────────┐
  │ 中国福利彩票发行管理中心 │            │ 国家体育总局体育彩票管理中心 │
  └───────┬────────────┘            └───────────┬──────────┘
  ┌───────┴────────────┐            ┌───────────┴──────────┐
  │ 地方各级福利彩票发行中心 │            │  地方各级体育彩票管理中心  │
  └───────┬────────────┘            └───────────┬──────────┘
      ┌───┴────┐                          ┌─────┴────┐
      │ 各销售网点 │                          │  各销售网点 │
      └────────┘                          └──────────┘
```

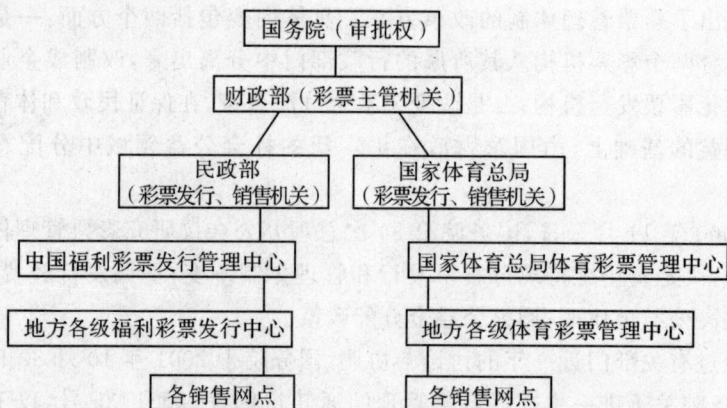

图 6-1 我国彩票业管制与发行、销售机构

（二）公权力行政与私经济行政

正如德国公法学家彼德·巴杜拉（Peter Badura）所言："行政并非仅系国家实践法律与行政目的的手段，而是应作为国家福利目的之工具，来满足社会正义之需求。"[1]现代行政的任务除单纯消极的秩序维护之执行功能外，更包括积极的形成功能（如给付福利、利益调整、资源分配等），即行政并非仅是单纯的执行法律，更应包含政策拟定与决定的成分。[2] 简言之，在现代社会，行政作用的扩张已成为不可否认的事实。[3] 然而，也正是由于行政的多样性与复杂性，以至于对何为行政这个问题，人们往往难以达成一致的见解。[4] 大陆法系行政法学者一般认为，从适用法规的性质来看，可以大致

---

[1] 陈新民：《公法学札记》，中国政法大学出版社 2001 年版，第 91 页。

[2] 翁岳生编：《行政法》，中国法制出版社 2002 年版，第 12 页。

[3] "如果国家对公民从婴儿照管到死，保护他们生存的环境，在不同的时期教育他们，为他们提供就业、培训、住房、医疗机构、养老金，也就是提供衣食住行，这需要大量的行政机构。"[英]威廉·韦德，徐炳等译：《行政法》，中国大百科全书出版社 1997 年版，第 4 页。

[4] 例如，我国台湾学者吴庚认为，学界对行政的定义方式有反面（即行政为立法与司法以外的国家活动）与正面之分，而后者又可细分为多种方式，如以宪法的规定作为定义，从行政所要达成的目的界定其意义，从比较行政与其他部门的功能界定其意义，将行政学的表达方式经由法律语言而成为定义，从不同层面对行政加以描述以取代定义甚或放弃对行政作任何界定等。参见吴庚：《行政法之理论与实用》，台北三民书局 1995 年版，第 1-10 页。

把行政分为公权力行政与私经济行政两大类。① 其中,公权力行政②又称为高权行政,指国家居于统治主体地位适用公法规定所为的各种行政行为。公权力行政往往涉及人民权利义务的创设、确认、变更或废止,其措施具有迅速、直接以及效果明显等特点,是达成行政目的最具实效的方式。私经济行政③也称为国库行政,指国家并非居于公权力主体地位行使统治权,而是处于与私人相当的法律地位,并在私法支配下所为的各种行为。④ 私经济行政一般可分为下列三种:(1)以私法方式辅助行政的行为,指行政机关以私法方式获取日常活动所需的物质或人力,如租用办公场所。(2)行政营利行为,指国家以私法方式参与社会上的经济活动,其主要目的在于增进国库收入,有时并兼负执行国家政策的任务。国家从事此种行为时,可以分成两种形态:一为由国家或行政主体以内部机关或单位直接从事营利行为,二为国家或行政主体依特别法或公司法等规定,投资设立公司而从事营利行为。国家在从事这种行政营利行为时,基于经济法则而运作,并以获得利润为目的,因此,其与私人企业并无不同,故亦受私法及经济法的拘束。(3)以私法方式达到行政任务的行为,指由行政主体以私法方式直接达到行政任务,例如有关水、电、煤气、电话设备或公共运输工具的营运等,国家可以成立公司或与人民订立私法契约等方式提供,以满足社会大众日常生活所需。⑤

就我国彩票业而言,在很大程度上,可以说是政府的一种政策选择。从初衷来看,主要是希望通过发行彩票为社会福利与体育事业筹集资金。⑥具体说来,我国政府在彩票业中主要从事两类活动:(1)对彩票业的管制。

---

① 参见[德]哈特穆特·毛雷尔,高家伟译:《行政法学总论》,法律出版社 2000 年版,第 35 页;[奥]凯尔森,沈宗灵译:《法与国家的一般理论》,中国大百科全书出版社 1996 年版,第 227 页。

② 我国行政法学界所研究与关注的"行政行为""具体行政行为"等概念就是指"公权力行政"而言的。例如,国内学者一般认为:"行政法学上的行政行为,特指行政主体通过行政人,依法代表国家,基于行政职权所作出的,能直接或间接引起法律效果的公务行为。"见胡建淼:《行政法学》(第二版),法律出版社 2003 年版,第 191 页。

③ 不过,在国内行政法学界,人们往往把私经济行政排除于行政之外,认为行政并不是行政主体的所有活动。它限于指行政主体对国家和社会事务进行管理的活动,行政主体的非管理活动(如借用、租赁、买卖等)不属于行政。参见胡建淼:《行政法学》(第二版),法律出版社 2003 年版,第4 页。

④ 日本学者盐野宏认为,所谓私经济行政,是指行政完全处于和私企业相同立场时,这类行政全部可以委任给民法调整。[日]盐野宏,杨建顺译:《行政法》,法律出版社 1999 年版,第 11 页。

⑤ 参见翁岳生编:《行政法》,中国法制出版社 2002 年版,第 22-27 页。

⑥ 发行社会福利彩票和体育彩票,一方面可以动员和募集一部分社会资金支持社会福利和体育事业的发展,另一方面,可以在广大人民群众中倡导关心和支持社会公益事业的良好道德风尚。参见《财政部有关负责人就彩票发行与管理问题答记者问》,《人民日报》2000 年 4 月 25 日第 2 版。

主要包括:对彩票发行主体、种类、额度进行审批,起草、制定国家有关彩票管理的法规、政策,管理彩票市场,监督彩票的发行和销售活动,会同民政部和国家体育总局研究制定彩票资金使用的政策,监督彩票资金的解缴、分配和使用。(2)对彩票的发行与销售。具体包括:根据国家有关法规、政策和制度,分别研究制定福利彩票和体育彩票的发行、销售和资金管理的具体办法并组织实施,负责研究制定本系统彩票发展规划,研究提出发行额度并经审核批准后组织实施。也就是说,从我国彩票业现状看,政府一方面实行对彩票业的管制,另一方面又实施具体的发行、销售工作。① 概括说来,政府从事的前一类活动可归为公权力行政,而后一类活动则属于私经济行政。② 由此,对于前者,彩民理应享有公法上的权利,对于后者,彩民则可基于私法主张自己的权利。③ 并且,在后一种过程中,由于相对于政府而言,彩民处于事实上的弱势地位,因此,这种平等主体之间的私法关系也有具体考察、分析的必要。

---

① 彩票是由政府提供、为公民自愿消费的私人性产品。其价值需要按照商品供求规律,通过市场自由交换实现。因此,彩票发行销售的最佳方式,是政府直接设立企业性的组织,或通过市场竞争确定由某一些企业性质的组织垄断发行和销售彩票。后一种形式在发达国家更为多见,即政府将对彩票发行销售的特许权,以公开竞争方式,让渡给企业性的组织,政府凭借政治权力和让渡合约,通过对持有彩票发行销售特许权的企业性组织实施严格监督,有效地管理彩票市场。财政部在接替中国人民银行成为国务院彩票主管机关之后,曾提出相关的改革方案,即:将福利和体育彩票两个彩票机构从其所属的行政部门中分离出来,改制成企业性质的专业化彩票发行销售机构。但这一改革提议遭到国务院的否定。因此,当前我国彩票发行、销售和管理体制仍维持不变。参见中国彩票年鉴编辑委员会编:《中国彩票年鉴 1987—2002》,中国财政出版社、经济出版社 2003 年版,第 7-10 页。

② 在我国台湾地区,1999 年 6 月 17 日举行的"发行公益彩券法律问题"研讨会上,许宗力教授认为,发行彩券在性质上并不是公权力行政,而是非权力行政私经济行为。蔡秀卿教授也发表了类似的观点:"彩券发行是属于私经济行为,是属于非权力的行为,而且是独立的、个别的营利行为,不过我个人却不太赞同是'公营事业'的说法,因为一般我们说到公营事业,是指和人民生活息息相关的,像煤气、交通等等,但是彩券发行在性质上有所差别。"参见《"发行公益彩券法律问题"研讨会》,《月旦法学杂志》总第 51 期。

③ 值得注意的是,国内学者对于彩票法律关系的研究常局限于后者,而忽略了彩票管制过程中的法律关系。例如,有学者认为,彩票法律关系是一种平等主体(发行者、销售者、购买者)之间的民事法律关系,是民事法律关系的一种。参见赵豫:《我国体育彩票法律制度探析》,《体育学刊》2003 年第 2 期。

三、彩民权利研究

(一)霍菲尔德权利分析理论

在现代社会,权利就如同空气一般无所不在,但另一方面,恰如有人所感慨的,"该词有很多误用和滥用"①。权利一词好似一个硕大的箩筐,其内容繁杂、歧义丛生。据学者统计,西方思想史上关于权利概念的定义不下数十种。② 在法学界,对于权利概念的解释一直是近代以来法学研究的重心。但概括说来,对于权利概念的解释可以分为两类风格:③(1)本质主义的解释,这类解释总是假设在权利概念的背后有一个形而上学的本质,并通过思辨的方法来探究这个本质。主要包括以下几种学说:利益说、资格说、自由说、主张说、法力说、可能说、规范说、选择说。(2)分析实证的解释,它并不探究权利概念的本质是什么,而是通过逻辑分析和语义分析的方法力图理清权利概念到底指向什么以及它在法学话语中到底起什么功能。对于权利概念的实证主义解释也有不同的进路,其中尤以美国学者韦斯利·霍菲尔德(Wesley Newcomb Hohfeld)的分析最为典型。

在霍菲尔德看来,"分析法学的目的之一是对所有法律推理中应用的基本概念获得准确的、深入的理解。因此,如果想深入和准确地思考并以最大合理程度的精确性和明确性来表达我们的思想,我们就必须对权利、义务以及其他法律关系的概念进行严格的考察、区别和分类。"④在《司法推理中应用的基本法律概念》一文中,霍菲尔德对权利概念作了精湛的分析。⑤ 他认为,从横向的角度而言,法学上所谓的"权利"一词包含四个方面的意思,即:严格意义的权利(right)、特权(privilege)、权力(power)、豁免(immunity)。

---

① 〔英〕戴维·M.沃克,李双元等译:《牛津法律大辞典》,法律出版社 2003 年版,第 969 页。

② 杨春福:《权利法哲学研究导论》,南京大学出版社 2000 年版,第 63 页。

③ 参见王涌:《私权的分析与建构》,http://www.chinalawinfo.com/research/academy/details.asp? lid=311(2004 年 5 月 20 日访问);张文显:《法学基本范畴研究》,中国政法大学出版社 1993 年版,第 65-81 页。

④ 转引自沈宗灵:《现代西方法理学》,北京大学出版社 1992 年版,第 145 页。

⑤ 参见〔美〕W.N.赫菲尔德,陈端洪译:《司法推理中应用的基本法律概念》,http://www.gongfa.com/chendhhuofeierde.htm(2004 年 5 月 20 日访问);王涌:《寻找法律概念的"最小公分母"——霍菲尔德法律概念分析思想研究》,《比较法研究》1998 年第 2 期;陈裕琨:《分析法学对行为概念的重建》,《法学研究》2003 年第 3 期;夏勇:《乡民公法权利的生成》,载夏勇主编:《走向权利的时代——中国公民权利发展研究》,中国政法大学出版社 2000 年版,第 630 页以下。

换句话说,人们通常是在以下四种情形下享有权利的:(1)有权提出对某种利益或行为的主张或要求。例如,A是一片土地的所有者,他有权主张或要求B离开其土地。(2)一个人可以做某事的自由。例如,A袭击了B,则B就有自我防卫的特权。(3)具有创设、变更或消灭特定法律关系的法律上的能力。例如,A与B之间存在一种法律关系,A能够通过自己的行为创设A与B或者B与其他人之间的法律关系。(4)有权不受某种对待。例如,A是一片土地的所有者,B无权力处分A的土地,A可以对抗B的处分其土地的行为。权利是与义务相对应而存在的,霍菲尔德认为,严格意义上的基本的法律关系应当是独具特质并自成一类的,而且只能是两个法律主体之间的关系。因此,他还找出了与以上四种享有权利的情形相对应的分别承担义务的四种情形:(1)与严格意义的权利(right)相对应的是严格意义的义务(duty),指一个人应当做或者不应当做什么。例如,一片土地的所有者A主张B离开其土地,则B就具有离开土地的义务。(2)与特权(privilege)相对应的是无权利(no-right),例如,A具有进入土地的特权,那么B就无权利要求A不进入土地。(3)与权力(power)相对应的是责任(liability),如果A能够通过自己的行为创设A与B或者B与其他人之间的法律关系,那么,所谓责任就是指B应当承受A通过自己行为所创设的A与B之间或者B与其他人之间的法律关系。(4)与豁免(immunity)相对应的是无权力(disability),例如,A与B之间存在某种法律关系,在这种法律关系中,B不具有法律权力去改变现存的A与B或者A与其他人之间的法律关系,此种法律关系对于A来说就是豁免,而对于B而言则是无权力。

由于霍菲尔德在论述其权利(法律关系)理论时的用语颇为晦涩难懂,所以我国民法学者王涌力图改用准确明了的语言对其予以重述:(1)"(狭义的)权利—义务的关系"是:我要求,你必须。(2)"自由—无权利的关系"是:我可以,你不能要求我不可以。(3)"权力—责任的关系"是:我能够强加,你必须接受。(4)"豁免—无权力的关系"是:我可以免除,你不能够强加。进而,该学者将权利分解为以下四种元形式:请为权,即(狭义的)权利;可为权,即自由;能为权,即权力;免为权,即豁免。[①]

另外,霍菲尔德认为,就纵向的动态的层次而言,权利又可分为原生的权利(primary right)和次生的权利(second right)。例如,A拥有一片土地,

---

[①] 参见王涌:《寻找法律概念的"最小公分母"——霍菲尔德法律概念分析思想研究》,《比较法研究》1998年第2期;王涌:《私权的分析与建构》,http://www.chinalawinfo.com/research/academy/details.asp? lid=311(2004年5月20日访问)。

A 具有要求任何他人不侵害其土地的权利,这就是原生的权利,但是,如果 B 侵害了他的土地造成了损失,这时,A 又获得了一个次生的权利,即要求 B 赔偿其损失。① 我国民法学者王涌认为,原生的权利和次生的权利可以分别用原权与救济权来表述。② 法律为保护某一特定的利益并不只设定一种静止的权利,而是设定一系列前后相连的权利,前面的权利随着特定的法律事实特别是侵权行为以及违约行为的产生而转化为后面的权利,即由原权转化为救济权。救济权是法律为保护某一特定利益而设定的,它一般出现在某一特定利益遭受侵害或者与某一特定利益相联系的权利被侵犯之后,享有救济权的当事人可以直接向国家司法机关提出对救济权的内容予以强制执行。具体说来,救济权又可以分为以下四种形式:(1)表现为"(狭义的)权利"形式的救济权,即当事人有权利要求他人做什么或不做什么,这一类救济权在民法中表现为请求权。(2)表现为"自由"形式的救济权,即当事人可以自由实施某种行为以保护自己的正当利益,这一类救济权在民法中即为私力救济,主要表现为自助行为、紧急避险和正当防卫。(3)表现为"权力"形式的救济权,即救济权人依单方意思表示就能使与相对人相关联的法律关系发生变更或消灭的权力。(4)表现为"豁免"的救济权,即当事人的特定的法律关系不因他人的法律行为而改变。③ 换句话说,所谓横向的权利是一种静态的分析,而所谓原权与救济权,则是权利链条上的动态表现形式。

（二）彩民权利（之一）

借助上述霍菲尔德权利分析理论,我们或许可以对彩民权利问题作一番梳理。④ 根据前文的分析,我们知道,在我国彩票业中,政府在很大程度上担当着管制者的角色,行使着公权力。此时,政府与彩民之间的关系主要

---

① 大陆法系民法中的侵权之债就是一种典型的次生的权利。

② 在民法学上,也有学者将其表述为基础权和救济权。参见龙卫球:《民法总论》(第二版),中国法制出版社 2002 年版,第 132-133 页。

③ 参见王涌:《私权的分析与建构》,http://www.chinalawinfo.com/research/academy/details.asp?lid=311(2004 年 5 月 20 日访问)。

④ 当然,霍菲尔德的权利分析理论主要是在私法领域展开的,其所分析的权利也主要限于私权的范畴。但是,他的这种精湛的分析路径,对于公权的分析同样具有借鉴意义。

是公法上的法律关系。① 相应地,学理上,彩民可能具有下述公权利②:(1)要求政府给予某种对待、处理某种事务的请为权(即狭义的权利,right),政府所承担的相应义务则表现为狭义的义务(duty)。例如,彩民有权要求政府给予公平的对待,而政府所承担的则是必须给予公平对待的义务而不是可以选择斟酌的。比方说,彩民有权要求政府监督、统一同期发行的同一彩票销售价格而不因购买者的学历等因素而异,对此,政府必须予以保证。(2)迫使政府作出某种行为或者保持某种状态的能为权(即权力,power),政府所承担的相应义务则是责任(liability)。例如,彩民有权对政府进行监督、批评、建议、控诉,而政府则具有必须接受和回应这些要求的责任。(3)思想和行为等不受政府干涉的可为权(即自由,privilege),而此时政府则处于无权利(no-right)的地位。例如,彩民具有思想自由和财产自由,假如彩民 A 想把其购买的某张彩票赠送给 B,对此,政府不能予以干涉,不能要求 A 不可以赠送。(4)不被政府强迫从事某种行为或者承担某种负担的免为权(即豁免,immunity),而政府则相应地处于无权力(no-power)的义务状态。例如,政府在某一时期为了增加彩票销售量而决定进行摊派,对此,个人(包括彩民)可以拒绝。其中,第(1)、(2)类是要求政府积极作为的权利,而(3)、(4)两类则是要求政府消极不作为的权利。

应当承认,以上我们对彩民公权的分析只是一种逻辑上的设想。事实上,彩民是否享有公权利以及享有哪些公权利,是与多种因素紧密相关的。离开了现实条件的铺垫,讨论所谓的彩民权利也只能是纸上谈兵而已。我们认为,从事实层面而言,彩民公权利的生成与实现与下列因素息息相关:(1)公法的发展水平。权利概念只有在法律关系的框架中才能获得正确的理解与分析。换言之,某种权利之所以成为权利正是因为现实的法律对其

---

① 一般来说,国家与私人(实质意义上,下同)之间的法律关系为公法关系,而私人与私人之间的关系为私法关系,但是,国家与私人之间纯粹建立在"意思自治"基础上的平等的法律关系则为私法关系。对此,法国法学家沃林认为,公法实际上是调整公共机构和被统治者,即以国家为一方并以个人为另一方的法律,但并非公共机构和个人之间一切法律关系都包括在内。事实上,并非所有这些关系都由公法调整,它仅调整公共机构在行使其命令权时的那些关系。转引自王涌:《私权的分析与建构》,http://www.chinalawinfo.com/research/academy/details.asp? lid=311(2004 年5 月 20 日访问)。

② 一般认为,公权是人们在政治领域和社会公共事务方面的权利,是公法上规定的对抗国家和政府的权利,而私权则是人们在经济领域和民间的和私人的事务方面的权利。参见张文显:《二十世纪西方法哲学思潮研究》,法律出版社 1996 年版,第 507 页。

予以了确认。① 所以,考察彩民公权利问题,分析公法本身的规定与运作情况便显得非常重要。我国宪法对公民的基本权利作出了专章规定。例如,我国宪法第四十一条规定:"中华人民共和国公民对于任何国家机关和国家工作人员,有提出批评和建议的权利;对于任何国家机关和国家工作人员的违法失职行为,有向有关国家机关提出申诉、控告或者检举的权利,但是不得捏造或者歪曲事实进行诬告陷害。对于公民的申诉、控告或者检举,有关国家机关必须查清事实,负责处理。任何人不得压制和打击报复。"对彩民来说,这种权利便是一种公法上的能为权,即对政府在彩票管制活动中的相关行为进行批评、建议、申诉、控告或者检举,对此,政府则必须予以接受,负责处理。但是,就具体的彩票法律而言,则显得较为欠缺。迄今,我国还没有制定专门的彩票法,虽然国务院早在 2001 年即已要求财政部会同有关部门制定《彩票管理条例》,但至今仍未出台。当前,规范我国彩票业管制与运作的各种制度主要表现为国务院和彩票主管部门所发布的各类通知和规定,并且对彩民权利问题几乎没有作出任何表述。② 所以,就立法层次而言,对彩民公权的保护似乎仍显不足。(2)政府对公众参与决策的认可程度。完善的政府决策制度有助于保障决策的科学性与合理性。当前,各种专家论证、专家咨询已经成为很多政府部门进行决策之前的一种通行做法。问题在于,或许"仅有专家参与是不够的,对于事关公众利益的行政决策,以专家意见来强迫群众接受也是不可取的"③。对此,美国学者 Keith Werhan 指出,传统上,行政机关依赖于其专家来决定管制的最佳进路,然后将该拟议规则提供给公众评论,最后颁布有拘束力的规则,告诉被管制方要做什么;而近年来的政府再造运动则主张对这种模式进行改革,即主张在规则制定过程中的更早的更互动式的公众参与。④ 政治社会学学者卡博雷尔·阿尔蒙德曾把政治文化分为三大类型:乡土文化、奴役文化和参与文化。其中,参与文化适合民主的政治结构,其社会成员认为他们可以通过选举、示

---

① 当然对于这个问题,不同的法学流派持不同的看法。例如,美国法理学家德沃金认为,权利不仅仅是指法律上规定的权利,而且也包括道德权利。参见[美]罗纳德·德沃金:《认真对待权利》,信春鹰、吴玉章译,中国大百科全书出版社 1998 年版,第 243 页。

② 虽然《彩票发行与销售管理暂行规定》(财综〔2002〕13 号)第一条规定,保护彩票购买者的合法权益是制定该规章的目的之一,但从维护彩民权益的具体制度来看,则仍显不够。

③ 张步洪:《公民社会经济权利的保护》,载孙琬钟、江必新主编:《行政管理相对人的权益保护》,人民法院出版社 2003 年版,第 43 页。

④ Keith Werhan. Delegalizing Administrative Law. U. Ill. L. Rev 423 (1996).

威游行、请愿、压力集团组织等不同手段决定制度的演变。① 随着改革开放的深入，树立法治、民主形象已成为各级政府的共同追求，在决策过程中引入公众参与机制也逐渐为政府部门所认可。② 就我国彩票业中彩民的参与权而言，从理论上说，主要可以表现为以下几个方面：管制规则制定过程中的参与，对是否发行彩票、发行何种彩票、发行方式的审批过程的参与，对具体的发行销售、彩金承兑以及公益金使用情况的监督管理过程的参与。不过，就实践而论，彩民的上述参与权似乎仍处于停滞的状态（其中一个重要的原因或许是相关法律规定的欠缺，如行政程序法仍未制定）。(3)彩民的公权意识。只有社会成员对自己可以向公权者可以要求的东西或者要求公权者不得侵犯的东西有了感觉、认知和确信，他们才有可能对公权者享有权利。③ 同样，在政府对彩票业的管制过程中，彩民首先需要具有公权意识，然后才可能"为公权而斗争"④。(4)社会中间组织的发达程度。⑤ 有学者在论及公众参与时指出，"三农"问题严重、农民权益得不到有效保护的一个重要原因在于农民缺乏组织，其对国家政务的参与远不及工人、工商业者、妇女、残疾人等，因为后者有工会、商会、工商联、妇联、残联等组织。⑥ 同样，对彩民而言，相对于强大的政府，没有组织的个人"人微言轻"，要想真正拥有并行使公权利，在很大程度上有赖于社会中间组织的发达与强大。

（三）彩民权利（之二）

根据上文所述，在具体的彩票发行销售以及中奖彩票的承兑过程中，政府从事的是一种根据私法而为的私经济行为。此时，彩民与政府之间构成

---

① 参见[法]莫里斯·迪韦尔热，杨祖功、王大东译：《政治社会学——政治学要素》，华夏出版社 1987 年版，第 78-79 页。

② 在论及公众的参与权问题时，有学者指出："根据宪法规定，公民有参政权。政府不能无视宪法赋予公民的参政权而以任何权威的名义取代群众。因此，符合宪政精神的行政决策程序至少应当符合民主的要求，保障行政决策过程中的公民参与。"张步洪：《公民社会经济权利的保护》，载孙琬钟、江必新主编：《行政管理相对人的权益保护》，人民法院出版社 2003 年版，第 43 页。

③ 夏勇：《乡民公法权利的生成》，载夏勇主编：《走向权利的时代——中国公民权利发展研究》，中国政法大学出版社 2000 年版，第 642 页。

④ 在阿尔蒙德所分析的奴役文化当中，社会成员知道存在某种政治制度，但对它持消极态度，置之度外。他们坐等它为自己效劳，或担心被它敲诈，而没有想到他们可以明显地改变这个制度的进程。可以说，在这种奴役文化中，权利意识是比较欠缺的。

⑤ 关于社会中间组织在公众参与中的作用，参见沈岿编：《谁还在行使权力——准政府组织个案研究》，清华大学出版社 2003 年版；黎军：《行业组织的行政法问题研究》，北京大学出版社 2002 年版；王建芹：《第三种力量——中国后市场经济论》，中国政法大学出版社 2003 年版。

⑥ 参见姜明安：《公众参与与行政法治》，《中国法学》2004 年第 2 期。

一种平等主体之间的私法关系,相应地,彩民所享有的也就是一种私法上的权利——私权。不过,根据我国民法学者王涌的分析,在我国民法领域,"私权"一词为"民事权利"所取代而广为流传。① 鉴于"民事权利"一词已成为我国民法学教科书、著作以及民事法律中的共用术语,在对彩民私权的分析中,我们也将采用"民事权利"这一表述形式。

从理论上来说,彩民主要具有下列民事权利:(1)请为权(即狭义的权利,right)。例如,彩民 A 购买了某张彩票,事后发现中奖,则有权要求彩票销售机构予以承兑,对此,后者必须予以承兑而不得拒绝。(2)能为权(即权力,power)。例如,对彩票机构的要约,彩民有权通过承诺(购买彩票的行为)而与前者形成彩票合同关系,对此,彩票机构就有承受该法律关系的责任。(3)可为权(即自由,privilege)。例如,彩民 A 有权将其购买的某张即开型彩票赠送给 B,对此,彩票机构不能予以干涉,不能要求 A 不可以赠送。(4)免为权(即豁免,immunity)。例如,A 通过购买彩票,与彩票机构形成彩票合同关系,对于这种关系,彩票机构不得单方面予以解除。

一般说来,相对于公权而言,人们对彩民的民事权利并没有多少争论,并且由于各种民事法律的规定及运作较为完善,考察彩民的民事权利问题也更为可行。但是,在彩票的发行、销售以及承兑过程中,由于相对于政府而言,彩民处于事实上的弱势地位,因此,这种平等主体之间的私法关系也有具体考察、分析的必要。在此,我们可以从法院新近判决的"'废票'中奖案"入手,对彩民的民事权利问题作一番分析。

2003 年 3 月 8 日 17 时 10 分左右,辽宁省沈阳市大东区老彩民丁某打电话给位于该区的 01651 号电脑体育彩票投注站,购买于次日开奖的辽宁第 03025 期 29 选 7 体育彩票及辽宁风采彩票。丁某于当晚到该投注站取走彩票,并按老规矩记账,投注金额为 6930 元。次日开奖时,丁某发现手里的一张复式体育彩票中了特等奖。但前往兑奖时,却被当时卖彩票的李某告知"票已退掉,这张是废票,我没联系上你"。2003 年 5 月 6 日,在多方查询未果的情况下,丁某将该投注站和辽宁省体育彩票管理中心诉至大东区法院,请求法院判令被告给付中奖彩票奖金 60.4 万元并承担案件诉讼费。2004 年 4 月 27 日,大东区法院作出一审宣判,判决被告辽宁体彩中心赔偿丁某应取得中奖奖金 60.4 万元。在该案判决中,法院认为:"丁某采用电话

---

① 根据该学者的研究,我国在 1949 年之前没有"民事权利"这一概念,但之后,随着对前苏联民法的继受,"民事权利"一词取代"私权"而普遍使用。参见王涌:《私权的分析与建构》,http://article.chinalawinfo.com(2004 年 5 月 20 日访问)。

订购方式向投注站购买彩票,符合关于销售彩票有关规定,丁某购买彩票即取得了中奖的机会和权利。丁某所购买的中奖彩票……按照惯例与投注站进行了结算,丁某即与体彩中心构成了合同关系,该合同合法有效。但因李某在丁某取票前,已将该张彩票同其他三张彩票从投注站的销售终端机上擅自进行取消,致使该张彩票在体彩中心系统数据库所反映的信息为取消票……对投注站人员过错造成丁某持有彩票丧失中奖权利,体彩中心应承担违约责任……"①

在双方意思自治的情形下,彩民通过购买彩票,与彩票发行(管理)中心形成合同关系,这种合同是合法有效的。基于这种合同关系,彩民获得中奖的机会与权利。一旦中奖,彩民就可以凭借该彩票要求予以承兑。然而,运作的现状却要比这种简单的分析丰富得多。在很多个案中,彩民购买了彩票却领不到中奖彩金的事件并不罕见。② 在"'废票'中奖案"中,丁某的彩金可以说也只是一种"迟到的正义"。③ 可以说,随着彩票纠纷与诉讼案件的日益增多,在公众普遍关注彩民权利维护的今天,认真对待彩民权利正逐渐成为有关彩票发行销售机构的共识。④

值得注意的是,彩票合同是在双方意思自治的情形下达成的,而要真正实现这种"自治",信息的掌握就显得非常重要。在学者 Andrew Douglas 看来,英国政府非常重视国家彩票发行销售机构对有关彩票信息的发布情

① 参见《中了特等大奖却被告知彩票已注销,状告体彩第一人赢回 60 万》,《青年时报》2004 年 4 月 29 日第 17 版。

② 例如,上海彩民张某在某电脑体育彩票销售点自选号码,花 2200 元购买了 1100 注兑奖号码,共计 220 张彩票。当时,彩票销售人员清点彩票张数无误后交给她。事后张某发现,有一张印刷流水号为 2707868 的彩票是空白的,自己先前选购的 5 注兑奖号码没有打印出来。更令她伤心的是,在漏打的这 5 注号码中,有一注竟然就是这期彩票的特等奖号码,奖金将近 260 万元! 张某随即与市体育彩票管理中心交涉,但没有结果。2000 年 6 月,张某向法院起诉,要求市体育彩票管理中心赔偿其空白彩票购买款 10 元,并确认自己曾购买了彩票销售员漏打的那 5 注兑奖号码。然而,法院一审判决驳回了张某的诉讼请求。参见秦晓华、朱泳武:《痛失 260 万? 一彩民状告上海体彩管理中心》,http://www.cpiao.com/cpwu/gs35.htm(2004 年 5 月 20 日访问)。

③ 辽宁省体彩中心主任表示:"法院的判决给我们提供了为丁锟兑奖的依据,我们服从。"参见《中了特等大奖却被告知彩票已注销,状告体彩第一人赢回 60 万》,《青年时报》2004 年 4 月 29 日第 17 版。事实上,早在丁某最初要求兑奖之时,体彩中心就有予以兑付的义务,而不是等到法院作出判决之后,才有"兑奖的依据"。

④ 例如,根据媒体的报道,在上述"'废票'中奖案"判决宣判之后,对于大众最关心的"彩民利益如何保护问题",辽宁省体彩中心郑重承诺:"凡是彩民合法取得的彩票,我们绝对会保护彩民的合法权益得以实现!"参见《中了特等大奖却被告知彩票已注销,状告体彩第一人赢回 60 万》,《青年时报》2004 年 4 月 29 日第 17 版。

况,认为充分正确的信息是对彩民的一种必不可少的保护。① 而在我国彩票发行销售过程中,相对于发行销售机构而言,彩民所拥有的信息往往处于不对称状态,即彩民往往不能及时获得有关彩票的信息,曾经轰动一时的"更换摇奖机案"在某种意义上便是彩民基于信息问题而提出的。

四、代结语:彩民权利研究的新进路
——以过程—关系模式为依托

根据上文的分析,我们可以看到,在彩票活动的不同阶段,彩民与政府之间存在不同的法律关系,享有不同的权利:相对于作为彩票业管制者、行使公权力的政府而言,彩民具有相应的公权利;而相对于具体从事彩票发行、销售工作的政府机构来说,彩民又享有有关私法上的权利(民事权利);并且,在具体的彩票发行、销售过程中,作为彩票管制者的政府角色依然在发挥重大的影响,故此时彩民亦具有相应的公权利。可以说,笼统地、静态地考察与研究彩民权利或许并没有多少实益,相反,对彩民权利的分析,我们似乎应循着以下思路进行,即:以过程—关系模式为依托,动态地考察彩民在彩票活动过程中,与不同的主体(彩票管制者或具体从事彩票发行销售活动的政府机构)之间所形成的相关法律关系,进而具体分析其所享有的权利。具体说来,可以从以下几个方面着手:(1)规则制定阶段,即决定是否管制,是否发行彩票,发行何种彩票,如何发行,具体采取何种发行销售形式,中奖后如何承兑,怎样计算彩金,公益金如何使用等时,相对于管制者的政府而言,彩民具有一定的公权利,这主要表现为参与的权利。(2)发行销售与承兑阶段。在双方意思自治的情形下,彩民通过购买彩票,与彩票发行(管理)中心形成合同关系,这种合同是合法有效的。基于这种合同关系,彩民获得中奖的机会与权利,享有相应的民事权利。一旦中奖,彩民就可以凭借该彩票要求予以承兑。另一方面,在这一过程中,作为彩票管制者,政府应当监督具体的彩票发行销售及承兑工作,相对于此,彩民也具有一定的公权利。例如,彩民有权对政府管制行为进行监督、批评、建议、控诉,而政府则具有必须接受和回应这些要求的责任。

彩票具有强大的筹资功能,是对社会财富的再次分配。但另一方面,彩票活动亦具有一定的道德可责性。历史上英国政府对彩票的不同态度可以

---

① Andrew Douglas. The National Lottery and Its Regulation. Continuum Intl Pub Group (2001), pp. 37-64.

说是对这种利弊权衡的一个很好的注脚。英国政府于 1826 年禁止在全国发行彩票。议会给彩票下的结论是："它滋长人的惰性、增加贫困、导致人的放荡、破坏国内的融洽气氛,而且会增加疯子。"1994 年则以下列理由而解禁："政府发行彩票将对社会产生巨大影响,至少可以弥补政府某些公共支的严重不足。"①或许正是基于这样的考虑,从彩票业管制体系较为完善与发达的国家与地区来看,彩民权利的维护往往构成其管制的主要目标之一。并且,对彩民的保护涉及范围非常广泛。例如,根据英国学者 Andrew Douglas 的研究,在英国国家彩票业中,防止彩民的过度参与(excessive participation)构成其彩民保护的一个重要方面,而对这种过度参与的预防措施,主要在于:彩票管制者要求彩票发行销售机构为彩民提供广阔的信息渠道,以使彩民享有充分且正确的信息以作出理性判断。②

在我国,彩票的筹资功能越来越为人们所重视,因购买彩票而"一夜暴富"式的传奇不断被人书写,但在"彩票经济"方兴未艾的背后,人们对彩民本身的关注似乎仍显不够。例如,上述英国学者 Andrew Douglas 所分析的"过度参与"问题,在我国并不少见。然而,我们往往将彩民的这种行为归咎于其自身的不够理性,而很少从彩民权利角度进行反思:彩民在购买彩票之前以及当时,是否有权享有相关信息?是否拥有足够的信息?是否有足够的能力去接受、处理相关的信息?彩票管制者在这一点上是否作出了应有的贡献?

在西方国家,关于权利的术语,一般都具有法和权利的双重含义,在主观上使用是"权利",在客观上使用是"法"或"法律",并且与正义观念相融。我国民法学者龙卫球认为,这种重合对于权利概念而言具有双重意义,一方面突出权利的自有的内容特性,即主观意义是从人着眼,或者说是从法的精神着眼,赋予主体利益;另一方面又揭示权利的客观意义,从规范本身着眼,说明权利是受法律保障的,是法权形式。③ 我们对彩民权利的研究,同样不能离开"法"这一层次而泛泛而谈。或许,加紧制定彩票法并贯彻实施,不仅是规范彩票业运作的迫切需要,也是真正保护彩民权利的根基所在。

---

① 参见刘宁、田惠明主编:《一夜暴富:彩票震荡中国》,文化艺术出版社 2001 年版,第 31 页。

② Andrew Douglas. The National Lottery and Its Regulation. Continuum Intl Pub Group (2001), pp. 37-64.

③ 参见龙卫球:《民法总论》(第二版),中国法制出版社 2002 年版,第 118 页。

第七章

彩票行政中的正当法律程序*

我国自 1987 年开始发行福利彩票,1994 年发行体育彩票,到 2003 年底,通过发行彩票累计筹集社会公益金已经达到 572.5 亿元。[①] 应该说发行彩票已成为众多公共事业的一项重要资金来源。但是就彩票业本身的发展状况而言,我们似乎并没有太多可以乐观的理由。2003 年中国(指内地,下同)彩票销售仅增长 3.9%,而世界是 10%。2003 年中国的彩票销售收入是 48.5 亿美元,世界是 1540 亿美元。我国人均购买彩票是 31 元人民币,在世界处于较低水平,居世界首位的新加坡,人均是 550 美元。[②] 如果说数字看起来显得枯燥,那么一个个发生在我们身边的彩票丑闻则把众多的问题感性地暴露在了人们面前。笔者在此无意也无力对彩票业发展中暴露的问题作一番面面俱到的分析。彩票行政中的相关法律程序是本文的主要研究对象。另外,沿着问题顺藤摸瓜式地查明原因并提出对策,亦非本章所要遵循的思路。本章所关注的也是我们自接触彩票以来长久思考的问题——在法学尤其是行政法学的视野中,彩票业到底是一种什么样的事物?对于该问题的回答构成了本文关于应然意义上之彩票行政法律程序讨论的一个基础或者说标准。

一、彩票行政程序的价值内核

在探讨彩票行政中的正当法律程序问题之前,首先必须明确的是什么才是判断法律程序正当与否的标准。由于这一标准对于法律程序的设计及其正当性评判具有基础性的地位,我们暂且将其称为行政程序的价值内核。对于一般法律程序的价值内核或者说应有功能的关注早已是程序研究中的重要内容。那么彩票行政中的法律程序又具有怎样的价值内核呢?这事实

---

* 本章作者为黄金富、朱新力。黄金富,浙江大学法学硕士,现任职于浙江省高级人民法院;朱新力,浙江大学法学院教授、博士生导师。

① 朱彤、余晖:《彩票市场的竞争性质与我国彩票监管体制的重构》,《中国工业经济》2004 年第 4 期。

② 该组数据来源于:《"赌博合法化"之辩》,《南方周末》2004 年 12 月 23 日。

上又涉及另外一个重要的问题——在法学尤其是行政法学的视野中,彩票业在本质上具有什么样的特征? 目前对于彩票本身进行法学分析的论述并不少见,大多从彩票本身所具有的民事性质予以展开。[①] 彩票本身具有民事性质,这一点毋庸置疑。但是如果把民事属性视为对彩票属性的一个完整理解,这无疑是有失偏颇的。[②]

我们认为,彩票一方面具有民事性质,而另一方面,它同时也是公共资源开发的一种方式。就后者而言,彩票业在本质上即是一种公共资源的利用。之所以提出这样的看法,这与彩票及彩票业本身的特点是紧密相关的。什么是彩票? 依据财政部 2002 年《彩票发行与销售管理暂行规定》第二条的规定:"彩票是国家为支持社会公益事业而特许专门机构垄断发行,供人们自愿选择和购买,并按照事前公布的规则取得中奖权利的有价凭证。"这种有价凭证的流转体现出了彩票的合同内容。一般认为,彩票合同属于民事合同、买卖合同、诺成合同、双务合同、定型化合同、射幸合同和最大诚信合同。[③] 这是彩票所体现出的第一个法律特性。其次,彩票所具有的另一个重要特性即是它作为公共资源的利用方式的属性。尽管与保险合同相似,彩票合同从性质上看也是一种射幸合同。但如果从两者具体的营运情况看,我们可以发现两者之间明显的区别:保险合同的性质侧重的是其商业性质,也就是说,投保人与保险机构之间存在一种大致平衡的对价。投保人通过保险合同降低了可能因意外事件而遭受重大损失的风险,而保险机构则通过按照一定比例收取的保险费而赚取利润。这是一种典型的市场行为。然而反观彩票合同,尽管从形式上看合同的双方当事人之间也存在着一切合同行为的共同特征:彩票出售者通过出售彩票而获得相应收益,而彩民则因此而获得中奖的机会,而且所有的这些行为都建立在双方意思表示自治的基础之上。但是如果探究彩票业盈利的方式我们即会发现,其实彩票合同双方所进行的完全是一种不等价的交换。对于每一个彩民而言,其投注的金额总是要大于中奖几率与奖金之积。这是任何一种彩票筹集资金的最简单也是最根本的原理,也是其备受非议并为传统道德以及宗教信仰所不容的主要原因。但是,无论是因为人类可能具有的投机心理还是娱乐的天性,也无论人们对彩票业的态度如何,彩票市场或者说潜在的彩票市场

---

① 具有代表性的文章如韩世远所著的《彩票的法律分析》一文。尽管该文的题目为《彩票的法律分析》,但从其内容看该文实际上即是对彩票的一种民商法学之分析。参见韩世远:《彩票的法律分析》,《法学》2005 第 2 期。

② 关于这一点本章的第二节将有详细论述。

③ 参见韩世远:《彩票的法律分析》,《法学》2005 年第 2 期。

总是客观存在的。于是这种获益的不对等性使得彩票市场变成了一个巨大的"聚宝盆"。另一方面,"压制赌博(主要是指本文所称的彩票——笔者注)活动只会促使其收益转入地下以滋生犯罪和腐败。非法赌债是许多财产犯罪的根源,导致家庭失和,有时甚至导致生意失败"[①]。因此,解决彩票本身道德性的方式,如同对待其他许多公共资源一样,就是由国家代表公众利用彩票资源,这是彩票业存在的一个正当性基础。

另一方面,由于这种公共资源在实质上体现为一种市场行为,其利用的方式也表现为合同形式的交易行为,因而彩票也在另一个层面表现它的市场属性,如彩票合同双方当事人对于交易是平等自愿的,为此彩票发行者必须保证彩票合同体现出公开、公平、公正和诚实信用以吸引广大彩民;彩票业本身有其发行成本及收益问题,这要求彩票的发行必须提高效率、降低成本等等。在特定的领域用市场经济的方式来运营彩票业以提高效益,这是一个理想彩票业的应有之意。当然,在采用市场方式运营彩票业的同时,我们还必须兼顾彩票业本身的公益性等特点。如应避免因过度竞争而导致公益金积累的下降,彩票游戏规则应避免出现赌博化方式,[②]彩票资金的筹集应考虑到各方利益的平衡及良好的社会效果等等。

基于彩票业的上述特性,彩票行政程序的设计自然应体现如下两个价值内核,即公益性和效益性。其中的公益性要求彩票业必须实施并加强政府的管制,彩票资金的用途、游戏规则的制定等等必须体现出公益的特性。效益性则要求在彩票业的特定领域进行政府管制下的市场化运作,在确保公共利益不受侵害的前提下适当地引进市场机制。这两个价值内核也是彩票行政程序的正当化基础。

二、彩票行政程序法律关系的表达

立法目的与价值的实现,首先有赖于各方主体之间法律关系的建立。

---

① 关于这一点可以从新加坡彩票业的发展历史中略见一斑。参见张渊:《新加坡彩票业政府规制的历史演进及启示》,载浙江大学公法与比较法研究所编:《公法研究》第 3 卷,商务印书馆 2005 年版。

② 彩票与赌博都是关于概率的一种游戏,但是两者之间也存在着明显的区别:与彩票相比,赌博一般使用的是大概率,下的赌注也较彩票更为巨大,人们往往会不计后果地投入,结果只会带来消极作用。而彩票使用的是小概率,中奖率在几十万、几百万分之一甚至更小。例如,我国体育彩票的中大奖几率为五百万分之一。人们一般不会为这么小的几率大投入而引致不良影响。更为重要的是,彩票在满足人们追求幸运愿望的同时,又筹集了资金用于社会公益事业,从而提高了社会整体效益。

如果说第一部分对于价值内核的探寻确立了彩票行政正当程序的灵魂,那么,对于具体法律关系的梳理则是对彩票行政正当程序的构建支起了骨架。彩票业所涉的法律关系主要可分为以下几部分:彩民与彩票销售者、彩票销售者与彩票管制机构以及彩民与彩票管制机构的关系。我们可以把彩票业中主要主体的地位用图 7-1 表示。

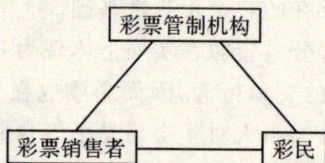

图 7-1 彩票管制机构、彩票销售者与彩民的关系

彩民与彩票销售者之间的法律关系,是所有彩票法律关系中最核心的一种法律关系。彩票销售者与彩民之间首先存在的是一种合同关系(即彩票合同),这一点学界基本没有异议。但对于该合同究竟是行政合同还是民事合同,学界存在不同看法。有人根据彩票合同的当事人及合同目的为基础认为彩票合同应属行政合同;[1]而另有学者则认为彩票合同应属于民事合同范畴。[2] 对此我们认为,纯粹地把彩票合同定性为民事合同抑或行政合同都是有失偏颇的,彩票合同最为根本的特点就在于它的公私法双重属性。

首先,从合同的内容看,这是一个典型的民事合同。如前所述,合同双方平等自愿且意思表示一致,彩票出售者通过出售彩票而获得相应收益,而彩民则因此而获得了中奖的机会。尽管双方在对价问题上存在不一致的现象,但这本身并不影响彩票合同作为民事合同成立并生效。这是彩票合同的第一个性质即私法属性。

其次,从合同本身的特征看,这个合同又带有一定的公法性质。由第一部分的分析可知,彩票业在本质上即是一种公共资源的利用,因而彩票合同中至少还体现了一种公共资源的开发使用关系。在现代法治国家中,公民作为公权利之主体参与国家事务管理早已是普遍共识。从这一角度审视彩票合同,我们即可发现彩民在合同中的双重身份:一方面作为彩票的彩民,

---

① 参见周勇:《与彩票有关的法律问题初探》,《行政与法》1999 年第 4 期。另外,主张彩票买卖合同为行政合同者,还可参见王家宏、杨卫东、刘志民、陆阿明:《体育彩票热销的法律审视》,《体育与科学》第 21 卷(总第 122 期),第 33 页。

② 参见韩世远:《彩票的法律分析》,《法学》2005 年第 2 期;梁丽金:《论彩票的法律性质》,《东北财经大学学报》2004 年第 5 期。

他们自身的购买行为即为彩票业这种公共资源的客体；但是另一方面作为现代民主政治的参与者，他们同时又是公共资源利用法律关系当中的主体。这使彩票合同具有了浓厚的公法色彩。尤其是后者的这种身份，尽管它并未使彩票出售者与彩民之间形成任何行政法律关系，但是它却为彩民参与彩票行政法律程序提供了合理的依据。

彩民与彩票管制机构之间的法律关系。鉴于彩票合同具有的公法属性，彩民与管制机构之间形成了典型的彩票行政程序法律关系。作为行政程序法律关系的主体，彩民的权利应体现在彩票业运行的众多方面。如参与彩票游戏规则制定，要求彩票管制机构保障游戏规则得以公开、公平、公正地运行，监督彩票资金的合理分配与使用，以及要求彩票管制机构维护其合法权益等等。

彩票管制机构与彩票销售者之间存在的亦是一种行政意义上的法律关系。这种法律关系主要可以分为两个方面的内容：其一，在确定特定的承销人之前，彩票管制机构与众多欲成为彩票承销人的竞争者之间应是一种行政许可的法律关系。每一个符合特定条件的竞争者都应有机会成为彩票的承销者，而彩票管制机构则应按照行政许可法及彩票业自身的特点，公开、公平、公正地择优选择。其二，在确定了具体的承销人之后，彩票管制机构与承销人之间即表现为"管制与被管制"的关系。双方之间的法律关系大致按照一般行政法律关系处理。

根据以上的分析我们可以得出如下认识——我们所要讨论的彩票行政法律程序主要包括在上述列举的第二及第三种法律关系之内。

三、彩票行政程序的制度框架设计

在明确了彩票行政程序的价值内核及其内容的法律关系表达之后，具体制度的设计便成了最为关键的一个问题。应该说彩票行政法律制度的建立是一个涉及多学科宽领域的系统工程。限于学识与篇幅，我们在此无法对具体技术及操作层面进行详尽探讨，此处所涉仅限于对彩票行政程序建设的制度框架进行粗略探讨。以一个具有理想功能的彩票行政程序制度为着眼点，我们认为目前的彩票行政程序建设可从以下几个要素入手。

（一）程序中的主体要素

任何的法律程序都是由特定主体参与的法律程序，因而主体制度的完善之于程序具有先决性意义。针对目前的彩票行政体制，我们认为，突出彩民的程序权利主体之法律地位与管制机构及其权力的统一是目前主体制度建设的两个重要内容。

第一,彩民的程序权利主体地位的强化。彩民的权益维护是彩票业健康发展的一个重要保障。应该说从我国的彩票业诞生至今,彩民的权利保障在一个个具体的司法个案中已有所体现。但是从权利本身的性质来看,目前对于彩民的权利保障大都侧重于私法领域,即彩民基于彩票合同而产生的合同权利。而对于影响更大、更具根本性的公法权利,无论是在司法实践抑或相关的规范性文件中均难觅踪迹。这不能不说是彩民权利保障的一大不足,而且其与上文所分析的彩民所应具有的公法地位极不相符。因此我们呼吁,在正在进行的彩票立法中,对于可能涉及彩民利益的程序,原则上都应赋予其公法上之程序权利。

第二,管制机构的统一与权力的集中。行政效率的提升是行政程序设计的一个重要目标,而行政效率的提升则必然地要求在一个特定的领域内存在一个统一而且权力集中的行政机关,借此以减少行政机关之间因为权力分散而导致的高成本低效能。这也是我们在彩票行政程序设计中所应着重考虑的主体问题。受行政化的发行体制的影响,我国的彩票管制呈现为"三足鼎立"的态势,即根据国务院的有关规定,我国彩票市场管制机构为财政部。但与此同时,国家体育总局和民政部又分别是体育彩票和福利彩票的"主管部门"。这至少产生了如下的两个问题:第一,在管制权分散的前提下,由财政部门去管制实际上是两个与自己地位相仿、级别一样的部门,其效果非常有限;第二,由于彩票发行中心本身兼具发行人及管制者之双重角色,且其与各级彩票销售机构的利益具有很大程度的一致性①,这决定了同时作为"运动员"的彩票发行中心根本不可能有效承担"管制"职能。② 这要求我们在改革并实行市场化的发行体制的同时,必须统一管制机构。无论

---

① 这一点可以从目前对于彩票公益金分配比例的规定中看出。按照最初的体制安排,发行彩票所得的公益全部用于体育和社会福利领域的开支。尽管国务院于 2001 年对公益金的分配方案进行了适当调整,即由财政部会同民政部、国家体育总局分别确定民政部门和体育部门的彩票公益金基数,基数以内的彩票公益金,由民政和体育部门继续按规定的范围使用;超过基数的彩票公益金,20%由民政和体育部门分别分配使用,80%上交财政部,纳入全国社会保障基金,统一管理和使用(《国务院关于进一步规范彩票管理的通知》(国发〔2001〕35 号))。但是民政部与国家体育总局仍独享了公益金中非常大的一部分。

② 关于目前管制体制的弊端可以在"深圳彩世塔公司福彩舞弊案"和"西安体彩舞弊案"这两个轰动全国的案件发生及处理始末中略见一斑。两案件的发生无疑体现出了管制体制的不足,然而即使是在这两个案件发生之后,财政部除了"停止相关彩票的发行"外,亦未能进行任何制度层面上的改革以资应对。

是成立独立的国家彩票管制委员会还是仍以财政部为彩票管制机关,彩票管制权力的集中——这是管制主体改革的第一要务。

(二)程序中的行为要素

程序的设计归根结底是对于行为方式的一种制度性安排,离开行为这个载体,最完美的程序亦只是空中楼阁。从行为要素这一角度考虑,可以从以下几个方面进行相关制度的完善。

首先是规则的制定程序。目前设计彩票行政中存在的一个重要问题是规则制定程序中缺乏彩民一方的参与。如《中国福利彩票管理办法》第九条的规定:"中募委所属中国福利彩票发行中心,负责全国福利彩票的发行、销售和资金结算。其职责是:(一)根据国家有关规定,制定福利彩票的发行、销售、开奖规则……"根据《中国福利彩票发行与销售管理暂行办法》的规定:"福利彩票必须按照中国福利彩票发行中心制定的规则及福利彩票销售合同确定的技术参数销售,任何单位和个人不得擅自改变规则和技术参数销售。"可见,目前我国福利彩票规则的制定主要由福利彩票发行中心进行。彩票规则设定依据以及如何设定、设定程序等事项与彩民的权益保障息息相关,但彩民却不能在相关事项的决策中主张自己的利益。这不能不说是彩民权利保障的一大不足。因此建议:在彩票游戏规则的制定过程中应听取彩民方面的意见,在必要时,应当举行听证会。不仅如此,在出台相关的彩票业法律、法规、规章和规范性文件制定程序中,对于抽象规范直接涉及彩民利益的,应当征求其意见。在必要时,应当举行听证会。①

其次是行政许可程序。这解决的主要是彩票承销者及相关从业人员的准入问题。无论在具体采用哪种发行体制的问题上存在多少不同的方案,但在发行体制市场化这一改革趋势问题上多数学者还是具有共同的意见。这里要涉及的行政程序即为典型的行政许可程序。具体而言,笔者认为可以参照《行政许可法》并结合彩票业本身的特点制定《彩票业行政许可实施程序规定》,主要对以下两类事项实行进行许可:第一,确定哪些竞争企业最终成为彩票发行中的承销人;第二,确定某些彩票业从业人员的资格。

再者是彩票运行管制程序。这也是目前暴露问题最多的一个环节。从

---

① 在这一方面,保险监督管理委员会的做法已经为我们提供了很好的借鉴。1999 年 7 月 2 日中国保险监督管理委员会发布的《保险行政规章制定程序的规定》中即对相关问题做了明确规定:"规章内容直接涉及保险管制对象(保险公司、保险代理人、保险经纪人等)利益的,应当征求其意见。在必要时,应当举行听证会。"(第 15 条第 2 款)

目前我国彩票业的具体情况而言,造成管制不力的原因是多方面的。这也决定了根治彩票运行管制不力局面的只能是一个"系统"的药方。其中除了改革我国目前的管制机关(包括管制权力的分配)与发行体制之外,另一个重要的措施就是建立一个纵横结合的复合管制程序。所谓"纵横结合的复合管制程序"是指在管制程序中同时融入纵向的权力和横向的权利两种因素,使彩票运行程序体现为一种制度化了的公开与透明。就纵向而言,主要是指管制机关对于彩票运行程序的各种监督与管理程序,如派驻管制专员、重要资料的备案等等,此时的义务主体主要是承销机构。就横向而言,主要是指彩民以及大众媒体对于彩票运行程序的监督,①具体方式应是赋予彩民甚至大众媒体参与并监督彩票的销售以及开奖等环节的权利。此时的义务主体则为管制机关。通过纵横相结合复合管制程序,公开将不再只是一种追求的理想,而是一种实实在在的法律关系的存在。此外,信息的公开也是完善彩票运行管制程序的一个重要方面。如通过特定的报纸、网站等方式,定期公布相关彩票发行、运行信息,公布有关的突发事件以及重大事件,公布彩票资金的具体投向与使用情况等等。

最后是行政救济程序。这是保障彩票法律关系主体尤其是彩民权利的必然逻辑结果。彩民的权利受到侵犯时可以向法院寻求救济,对于这一点无论在理论还是实践上都不存在问题。但是司法救济也存在诉讼成本高、周期长甚至专业性不强等不足,这对于当事人权利的保障而言较为不利。行政救济程序的建立和完善则在一定程度上可以为当事人的权利救济提供另一条捷径。具体而言可以在将来设立的彩票管制机构内部设立一个包括若干专家的专门的权利保障机构,由其负责处理各种投诉以及复议请求,进而在行政程序内部保障相关法律主体之权利。

(三)程序外的配套要素

尽管这里所要讨论的在结构意义上并不属于彩票行政程序,但是从一个具有完备功能的理想程序而言,有许多种因素仍是制度设计者所不容忽视的。就彩票业而言,我们认为以下两个方面的条件无疑是彩票行政程序良好运作的重要条件。

---

① 在西安体彩舞弊案发生之后,社会公众监督和新闻舆论监督的作用也进一步被纳入了管制者的视野当中。在《国家体育总局关于加强即开型体育彩票销售管理的紧急通知》(国家体育总局于2004年4月21日颁布并实施)就指出"在充分认识社会公众监督和新闻舆论监督对规范体育彩票管理的重要作用,完善监督机制,形成监督合力,切实做好即开型体育彩票销售工作"。但是在缺乏相关制度保障的情况下,如此的规定对于彩票管制的作用而言无异于一纸空文。

民间团体的强化。尽管我们认为在将来的立法中应更多地赋予彩民作为程序主体的权利,但是客观地说,在很多情况下仅有法律的授权是远远不够的。很难想像众多在茶余饭后买了彩票的彩民会正儿八经地参与彩票规则制定过程中的听证,去参与并监督具体的彩票运行程序,对于大多数彩民而言几乎也是一项不可能会去完成的任务。因此组织并强化作为彩民联合体的民间社团并由其代表广大彩民进行维权、监督等活动即显得非常重要。

公证制度的完善。与其他众多的领域不同,彩票业是一个以诚信为生存基础的产业。严格的监督与控制可以给公众带来彩票业诚信的印象,但这在一定程度上大大增加了彩票业本身的成本。公证制度本是解决彩票业诚信问题的一种重要方法。但是从"陕西宝马案"暴露的问题来看,这一本来应把诚信带给别人的制度本身却也受到了"不诚信"的感染。这是对整个社会诚信信仰的一种严重冲击。因而完善公证制度并恢复人们对公证诚信的信任,这不仅是公证制度本身所急需努力的方向,同时也是建立诚信彩票的一个重要条件。

第八章

非法彩票的界定与治理*

一、概　述

自 20 世纪 80 年代以来,我国政府逐步尝试利用彩票集合社会资金用于发展社会公益事业。经过近 20 年的发展,彩票业已经成为一种新兴的行业。按照当前的理解,彩票是国家为支持社会公益事业而许可专门机构垄断发行,供人们自愿选择和购买,并使购买者能够按照事前公布的规则取得中奖权利的有价凭证。① 换言之,彩票乃系一有价凭证,且可记载于纸面等任何介质载体之上,且随着信息化的发展,利用电话、因特网等信息化手段发行销售彩票早已经成为现实。另外,其发行应基于国家的许可,而其核心特征乃是具有公益性,发行彩票的目的是为社会公益事业筹集资金,而不是为了任何其他商业目的。

随着彩票业的不断发展,非法彩票的问题也逐渐引起了人们的关注。何谓非法彩票,对此我国现行有关的政策性文件尚未做出权威定义,而且,现实中所有的术语也并不统一。日常生活中,人们所惯用的还是"私彩"一词。然而,"私彩"一词的内涵并非十分清晰,并不能明确显示其所指的究系私人发行的彩票,还是私自发行的彩票,抑或其他。而且,人们当前在使用这一词语时也往往没有明确的指向,有时与"变相彩票"②相对应,有时与所谓的"外彩"③相并列。总的来说,"私彩"一词并不能十分清晰地表明其本身的界限,也很难完全涵盖所有的以非法形式存在的彩票。所以,本文更倾向于用"非法彩票"这一概念来阐释相关问题。

---

* 本章作者为吕艳滨,中国社会科学院法学研究所宪法与行政法研究室副教授,法学博士。

① 参见财政部 2002 年 3 月 1 日发布的《彩票发行和销售管理暂行规定》(财综〔2002〕13 号)第 2 条。

② 在有关政策性文件中,仅在中国人民银行 1999 年 1 月 25 日发布的《关于加强彩票市场管理的通知》(银发〔1999〕36 号,已于 2001 年 12 月 3 日被废止)中提到了"私彩",而且是与"变相彩票"相并列。

③ 参见黄江英:《彩票市场亟待规范》,《银行家》1999 年第 10 期。

按照笔者理解，相对于合法彩票而言，非法彩票是指，未经国家批准，在我国境内擅自发行销售的，供人们自愿选择和购买，并按照事前公布的规则取得中奖权利的有价凭证。非法彩票同合法彩票的共性都在于，两者都是一种由购买人购买的中奖凭证。但是合法的彩票必须经过国家批准、并由专门机构垄断发行，而非法彩票则没有经过国家的批准，有关的发行者没有依法取得发行权，因此，其存在本身就是非法的，此乃两者的重要差异。同时，合法彩票与非法彩票的最大区别还在于：国家允许专门机构发行彩票，其目的在于借此筹集社会公益金，用于发展社会公益事业，即合法彩票具有公益性；而非法彩票则不具有公益性，有关机构乃至个人发行非法彩票所得的资金仅仅是作为其自身收入。区分合法彩票与非法彩票必须立足两者在本质上的差异，而不能局限于其是否必须具备彩票之名。

二、我国非法彩票的现状与类型

非法彩票是随着我国发展彩票筹集资金用于社会公益事业而出现，并逐步引起人们的关注的。早在20世纪80年代中期，我国各地就出现了有关地方、机构滥发彩票、奖券的现象。为了制止滥发彩票、奖券，国务院于1985年3月4日发布了《关于制止滥发各种奖券的通知》。当时，国家对于彩票、奖券的发行审批还没有形成制度，地方政府也拥有一定的审批权，比如，该通知中就规定，某些文体活动在不影响国家和群众利益的前提下，可以适当采取有奖售票办法筹集文体事业开发资金，但必须报经上级领导机关批准；属于各地举办的，由省、自治区、直辖市人民政府批准，属于中央各部门举办的，要报国务院批准。同时，地方政府也可以试点性地批准有奖集资活动用于兴办社会福利事业。这意味着，凡是未经有关部门批准的彩票或者奖券均属于非法。

此后，国家批准发行了"社会福利有奖募捐券"等形式的彩票。而社会上也出现了某些地方、部门、企事业单位乃至个人擅自发行各种彩票的现象，这扰乱了彩票市场秩序，影响到正常的彩票发行销售秩序。为此，国务院又在1991年12月9日发布的《关于加强彩票市场管理的通知》（国发〔1991〕68号）中，明确将彩票发行的批准权集中到了国务院，并明令禁止未经批准擅自发行彩票或者发行变相彩票。然而，非法彩票并没有因此而得到有效的遏制，反而出现了各地自行发行彩票，有关部门擅自超过规模或者改变发行办法发行彩票，擅自利用外资发行彩票，有关部门和个人擅自发行彩票或变相彩票，擅自发行六合新彩票、六合彩、四合彩、万字彩票等主动型彩票的现象。① 为了加强对彩票市场的监督管理,规范彩票发行和销售行为,国务院又在 2001 年 10 月 30 日发布的《关于进一步规范彩票管理的通知》(国发〔2001〕35 号)中再次重申,我国彩票发行的审批权集中在国务院,其他任何地方和部门均无权批准发行彩票,而且,当前仅仅批准发行福利彩票和体育彩票。而财政部、公安部、国家工商总局、民政部、国家体育总局 2002 年 11 月 26 日联合发布的《关于坚决打击赌博活动、大力整顿彩票市场秩序的通知》(财综〔2002〕82 号)更进一步指出,凡未经国务院批准擅自发行彩票或以有奖销售为名发行彩票,或以一定价款给付为前提,公开组织对某种竞赛进行竞猜,参与者可根据其给付价款和兑猜结果获得中奖权利的行为,均属非法发行或变相发行彩票的赌博行为,有关部门应依法予以查处。

总的来说,自我国改革开放以来,非法彩票就同合法彩票几乎同步出现在社会上,虽然国家三令五申予以禁止和打击,但是,非法彩票非但没有被杜绝,而且,还有愈演愈烈之势。从我国现有非法彩票的状况,对其作一些类型化的考察,可以将其划分为依法拥有发行权的组织或者个人发行的非法彩票和未依法取得发行权的组织或者个人发行的非法彩票。

依法拥有发行权的组织或者个人发行的非法彩票主要是指彩票发行机构无额度、超额度以及以擅自变更的或者擅自制定的彩票发行方法和游戏规则发行的彩票。此类非法彩票包括:在无彩票发行额度的情况下发行彩票或者超出被批准的发行额度发行彩票,② 以及以擅自变更彩票的发行方法和游戏规则的方式发行彩票。为此,有关部门反复发文予以制止,并在有关文件中规定了处罚措施。③ 此类非法彩票均是以我国境内现有各种合法彩票的形式存在,发行主体是合法存在的,只不过未依法履行现有彩票管制

---

① 参见国务院于 1993 年 5 月 5 日发布的《关于进一步加强彩票市场管理的通知》(国发〔1993〕34 号)、中共中央办公厅、国务院办公厅 1994 年 5 月 31 日发布的《关于严格彩票市场管理、禁止擅自批准发行彩票的通知》等。

② 随着我国彩票管理逐步放宽直至取消对彩票发行额度的限制,此类非法彩票的形式也将不复存在。

③ 比如,中国人民银行 1996 年 4 月 8 日发布的《关于进一步加强彩票市场管理的通知》(银发〔1996〕122 号)中指出,严禁任何地方、任何部门无额度、超额度发行彩票;中国人民银行 1999 年 1 月 25 日发布的《关于加强彩票市场管理的通知》(银发〔1999〕36 号,已于 2001 年 12 月 3 日被废止)中专门就此对各级彩票发行机构规定处罚措施;民政部 1998 年 9 月 24 日发布的《中国福利彩票发行与销售管理暂行办法》(民办发〔1998〕12 号)第 32 条规定,擅自改变规则和技术参数销售的,民政部有权勒令其停止销售,并视其情节轻重,吊销其销售额度,取消该地区半年至一年的福利彩票销售资格。

方面的审批程序等。

未依法取得发行权的组织或者个人发行的非法彩票则是指未经允许的发行主体,在我国境内擅自发行的彩票。一方面,此类彩票的发行主体是未经依法批准取得彩票发行权的个人和组织,另一方面,其发行彩票的行为也因为没有取得国家有关部门的批准而属于违法,另外,其所发行的彩票也不属于福利彩票、体育彩票等我国境内合法存在的彩票。此类非法彩票形式极其复杂,从现有情况来看,主要包括:擅自在境内发行销售境外的彩票或者与外商合作发行的彩票;有关机构乃至个人假借境内外已经存在的彩票名称、游戏规则、中奖号码等而发行的非法彩票;其他有关主体在未经批准的情况下发行的各种彩票等。

其中,擅自直接在我国境内发行境外的彩票或者有关地方自行同外商等采取合资等形式在境内发行彩票,其主体既可能是境外合法的彩票机构,也可能是其他组织和个人,还可能是境内的有关组织或者个人。① 特别是随着电话、互联网等通信手段的普及,彩民和彩票发行销售机构无需碰面即可完成彩票购买、彩票奖金的兑付等,这也使得在我国境内发行销售境外彩票的现象时有发生。据报道,新西兰名为"幸运之星"的彩票就曾经由互联网向中国传销。② 而2004年,又有报道说香港马会已开通内地居民投注免费专线,凡持有香港银行账户、并在香港马会开通投注户头的内地居民,在内地也可以投注香港的赛马、足球博彩以及六合彩。③

而利用境内外已经存在的彩票的名称、游戏规则、中奖号码等发行的非法彩票则是当前非法彩票的主要存在形式,这主要是利用香港"六合彩",我国现有的体育彩票和福利彩票等的名称、游戏方式或者所开出的号码等在内地私自销售非法彩票,其中以"六合彩"非法彩票问题较为突出。④ 而近些年来所发生的"六合彩"非法彩票最早发现于1999年广东省,之后在湖北、湖南、广东、广西、海南、江西、安徽、福建、浙江等省、自治区活动较为猖獗,并进一步向其他省市蔓延。由于其具有回报率高、趣味性强、形式简单

---

① 参见中国中央办公厅、国务院办公厅1994年5月31日发布的《关于严格彩票市场管理,禁止擅自批准发行彩票的通知》。又比如,公安部也曾针对江西省公安厅《关于外商拟在南昌开设赌场的请示》做出《公安部关于如何对待异性按摩、博彩等问题的批复》,要求当地有关部门就外商拟在南昌市经营博彩等的问题进行纠正。

② 参见《"私彩"野火烧伤金融》,《特区展望》2001年第2期。

③ 参见《香港马会将允许客户内地投注》,《南方都市报》2004年8月31日第A14版;《香港马会瞄准内地客钱包》,《新京报》2004年9月9日,第A16版。

④ 参见《"六合彩"赌博:发财,在梦中博弈》,《法制日报》2005年4月19日第9版。

且灵活、方式多样等特点,所以蔓延势头迅猛,参与人员结构复杂。为此,国家和有关地方不断加大打击力度,比如,财政部、公安部、国家工商总局、民政部、国家体育总局在联合下发的《关于坚决打击赌博活动、大力整顿彩票市场秩序的通知》(财综〔2002〕82 号)中就要求各地组织力量开展打击以"六合彩"形式进行的赌博活动,依法追究主要人员的刑事责任。

至于其他有关主体在未经批准的情况下发行的各种彩票是除上述两种类型之外的各种非法彩票。比如,20 世纪 90 年代初,我国南方的一些省市曾经出现未经国务院批准自发引进境外的"六合彩""万字票"等游戏方式,发行地方性彩票,后受到国家制止;[①]又比如,近来一些地方就相继出现了私自面向中小学生发行的以赢取现金、文娱用品和集卡有奖为名的"学生私彩""学生彩票""卡通彩票"等。但是,当前比较严重的当属各类变相彩票的发行行为。此类非法彩票多是借助有奖销售、有奖竞猜的形式,在形式上具有有奖销售、有奖竞猜的特点,人们不易将其同彩票联系到一起。因此,如何区分某一行为究竟属于普通的有奖销售或有奖竞猜、还是属于非法彩票发行行为就成为实务中比较难于认定的问题,也是确认有关行为属性、打击非法彩票所亟待研究的。

三、有奖销售、有奖竞猜与非法彩票

随着彩票事业的发展,有奖销售、有奖竞猜和彩票之间的关系,特别是同非法彩票之间的界限有时很难界定。以下尝试对其关系作简要分析。

有奖销售一直是竞争法上关注的问题,该方式可以在一定程度上激发消费者的购买欲望,为经营者带来一定的利润,但也存在破坏公平的市场竞争秩序的可能。为此,许多国家均在其竞争法中对不正当的有奖销售行为加以规范,我国也在《中华人民共和国反不正当竞争法》中对不正当的有奖销售行为做出了限制性的规定,按照该规定,抽奖式有奖销售的最高奖额不得超过 5000 元。

按照国家工商管理总局于 1993 年 12 月 24 日颁布的《关于禁止有奖销售活动中不正当竞争行为的若干规定》(国家工商管理总局令第 19 号)所做的解释,有奖销售是指经营者销售商品或者提供服务,附带性地向购买者提供物品、金钱或者其他经济上的利益的行为,包括:奖励所有购买者的附赠

---

① 参见中国彩票年鉴编撰委员会编:《中国彩票年鉴 2002》,中国财政经济出版社 2003 年版,第 5 页。

式有奖销售和奖励部分购买者的抽奖式有奖销售。而抽奖式有奖销售行为是以抽签、摇号等带有偶然性的方法决定购买者是否中奖。根据该解释，首先可以认定，有奖销售只能发生在商品或者服务的经营者与购买者之间，否则，不构成有奖销售；其次，赠奖行为并不是独立性的行为，而依附作为主法律关系的商品或者服务的购买行为，换言之，赠奖行为具有附随性；再次，有奖销售有明确的目的性，即吸引消费者购买其商品或者服务，借此取得同行业竞争中的优势，获取最大的竞争利益。① 而抽奖式有奖销售除具有上述特征之外，还具有"偶然性"的特征，即在方法上采用抽奖、摇号等偶然性方法，在结果上，能否中奖具有很大的不确定性，一般情况下不能由任何当事人直接左右。

真正的抽奖式有奖销售行为和借有奖销售发行非法彩票的行为往往比较难以界定，现实中往往形成执法的"盲区"。在对两者进行辨别的时候，必须从多个方面入手，综合各方面因素把握两者的本质区别。

首先，从目的上看，抽奖式有奖销售的直接目的是吸引消费者，刺激其购买自己提供的商品或者服务，在同竞争对手的商业竞争中取得优势，借此实现自身生产经营获益的最大化。而借有奖销售发行非法彩票的主要目的不在于刺激消费者对自身商品或服务的购买欲，而是为了直接通过此种手段获利。不可否认，经营者借助有奖销售形式发行非法彩票可以在一定程度上起到吸引消费者、增强自身商品或服务竞争力的效果，但是，这并不是其主要目的。

其次，从方式上看，抽奖式有奖销售中，经营者对于达到一定条件（如消费达一定金额、购买某些指定商品或者服务等）的消费者均免费给予一定的参与抽奖的机会，换言之，获得参与抽奖的机会是附随于消费者的消费行为，事实上也是消费者购买某些商品或者服务而支付一定价款所换取的对价之一。而对于借有奖销售发行非法彩票的行为，经营者可以给予所有购买其商品或者享受其服务的消费者一定的参与抽奖的机会，也可以仅给予达到一定条件的消费者，但是，问题的关键却在于，无论采取哪种形式，获得参与抽奖的机会都不具有任何附随性，消费者都必须再次向经营者支付一定的对价才能最终获得抽奖乃至中奖的机会，换言之，获得抽奖乃至中奖的机会并不是消费者支付价款所换取的对价中的一部分。这是从直观上甄别抽奖式有奖销售和借有奖销售发行非法彩票最为有效的方法。

再次，就结果而言，无论是抽奖式有奖销售，还是以有奖销售形式发行

---

① 参见孔祥俊：《反不正当竞争法》，人民法院出版社 2001 年版，第 779-780 页。

非法彩票,经过既定的抽奖之后,必有一部分消费者获奖。但是,在此基础之上还需要考察奖金奖品的来源以及经营者经济利益增长同抽奖之间的关系。对于抽奖式有奖销售而言,所有奖金奖品均由经营者从其经营成本中支付,而且,经营者并不会因为消费者参与抽奖本身而直接获得经济利益,经营者经济利益的增长主要依赖于通过有奖销售形成对其他竞争对手的竞争收益,对消费者购买欲形成刺激进而增加消费者对其商品或者服务的需求,由此获得自身经济利益的增长。特别是,由于消费者只需向经营者支付商品或者服务的对价,因而,无论消费者在购买商品或者服务后是否选择参与抽奖,均并不对从消费者处转移至经营者处的金钱利益之多寡产生影响。而对于借有奖销售发行非法彩票的行为而言,所有奖金奖品原则上均来自于由所有参与抽奖的当事人为获得中奖机会而额外支付的费用,同时,经营者一般可以因消费者参与抽奖而从其额外支付的费用中直接获得一定的经济利益(不排除因运作不善而不获益,甚至亏本的情况),而不是依靠刺激消费获得经营上的利润增加,也即,因为当事人需为参与抽奖而额外支付费用,所以,其是否参与抽奖将直接影响从当事人处转移至抽奖活动举办人处的金钱利益之多寡。

借有奖销售发行非法彩票在现实中至少又有两种情形:一种是在进行正常生产经营活动的同时又借助有奖销售形式进行非法彩票的发行,此时,经营者既可以借此获得一定的生产经营上的竞争优势以增加其利润,又可以通过发行非法彩票的形式额外获利;另一种则只是打着正常生产经营的幌子,事实上并没进行正常生产经营的本意,而只是为了通过发行非法彩票牟利。可以说,就前者而言,"附随性"是其同抽奖式有奖销售一般都具有的形式,即,两者均是依附于某一真正的销售行为。这就要求在甄别两者时,必须综合上述多重标准进行全面的考察。而在某些变相彩票发行行为中,有时抽奖完全没有附随性,比如,某地电影院每天销售所谓的"有奖电影票",但是,该电影票并不被用于提供电影放映服务,而仅仅用于兑奖,则抽奖没有附随性,[①]这就是典型的非法彩票。

根据上述区分标准,可以对现实中的一些现象进行区分。比如,现实中,一些经营者为了促销而向达到一定条件的消费者赠送福利彩票或者体育彩票,曾经有一段时间人们对此颇为关注。虽然,消费者获赠的彩票能否中奖本身存在一定的偶然性,但是,由于消费者无须专门为获得彩票而额外

---

① 参见《赵县影院借电影票搞私彩》,《都市时讯》(《燕赵都市报》子报)2004 年 6 月 30 日第 6 版。

支付价款,经营者也不因消费者参与彩票兑奖而额外获利,因此,此行为应当属于抽奖式有奖销售,应受《反不正当竞争法》的调整。对此,国家工商总局在 1999 年 4 月 5 日发布的《关于有奖促销中不正当竞争行为认定问题的答复》(工商公字〔1999〕第 79 号)中已经做出过认定,笔者认为其认定是有道理的。[1] 又比如,有的客运部门开展所谓有奖乘车活动,给予所有乘车购票者一个兑奖券直接用于兑奖,[2]这在本质上同样属于抽奖式有奖销售。而有的客运部门则在乘客购票同时附赠一个兑奖券,并要求购票者通过发送短信或者拨打声讯电话的方式参与兑奖,由于参与者要额外支付远远高于普通短信或者普通市话的信息费,并且,客运经营者、电信运营商等相关主体之间往往按照一定的比例分割所获取的信息费,因此,应当将其认定为属于借有奖销售之名发行非法彩票的行为(见图 8-1[3])。另外,2003 年发生在北京的"红月"爆吉卡案件中,网络游戏的运营商随同其提供的所谓"红月游戏"又发行了一种名为"爆吉卡",每张价值 3 元(与所谓的"宠物卡"一同销售则为 2 元)的游戏卡,该卡只能用于兑奖,其奖品为游戏时间与宠物装备。这实质上也是借有奖销售发行非法彩票的行为。[4]

图 8-1　某火车站发售的印有"乘火车中大奖"事项的火车票背面图

至于有奖竞猜,随着信息技术的应用与普及,已经由过去借助现场参与、书信参与等形式演变为主要依靠手机短信、声讯电话等方式进行。许多

---

[1]　该答复指出,经营者单独或与有关单位联合利用社会福利彩票、体育彩票设置奖励推销商品,最高奖的金额超过 5000 元的,属于《反不正当竞争法》第十三条第(三)项规范的不正当竞争行为。

[2]　参见《开展有奖乘车活动》,《城市公共交通》2003 年第 4 期。

[3]　特别是,像公共交通这样的服务行业,虽然存在一定的竞争,但仍相对处于垄断状态,乘客是否选择某一交通工具出行,很大程度上并不完全取决于是否有高额的促销手段。

[4]　参见《首例虚拟财产纠纷牵出案中案——"红月"爆吉卡确属非法彩票》,《京华时报》2004 年 5 月 28 日 A14 版。在该案中,北京市财政局最终认定网络游戏运营商的该种行为属于非法发行彩票。

有奖竞猜活动是同销售行为相关联的,此时,应当参照有奖销售同借有奖销售发行非法彩票行为之间的区别与关联进行认定。比如,如果有奖竞猜活动附随于某销售行为,消费达到一定条件者才有资格参与有奖竞猜,则应在有奖销售的范围内对其是否属于非法彩票加以认定。又比如,某地电信部门曾搞过所谓"看奥运! 猜金牌! 争做电信大赢家"的有奖活动,要求固定电话用户拨打声讯电话、小灵通用户发送短信参与竞猜中国队在第28届奥运会上的金牌数,从猜对者中抽取中奖者,奖品为手机、电脑。还有,现在各类电视台在各种重大体育赛事等的转播过程中,要求参加者发送手机短信参与竞猜某些赛事的进球数、输赢、所得奖牌数等,被抽取的中奖者可以获得现金、奖品等的奖励。在上述活动中,电信部门属于电信业务的服务提供者,电视台既是电视节目的服务提供者,又是电视广告传输业务的服务提供者,其行为在形式上系有奖竞猜,而在实质上则既有可能属于有奖销售,又有可能属于借有奖销售发行非法彩票,很大程度上要依照其收取的信息费金额进行判断。

而更多的时候,有奖竞猜并不依附于任何销售行为,而是独立存在。[①] 比如,某报社曾于2004年奥运会期间搞过所谓的奥运竞猜活动。按其规则,参与者通过手机发送短信参加奥运竞猜,中奖者有机会获得现金若干,短信资费为每条1元。[②] 这种做法与商品或者服务的销售行为完全没有任何关系,更不可能存在促销报纸的意愿或者实现促销报纸的可能,而且,该方式在因特网中也被广泛运用(见图8-2)。对此,完全可以参照抽奖式有奖销售和变相彩票之间的区分标准予以定性,即只要其主要目的是借此获利,参与者为了获得中奖机会还需额外向组织者支付一定对价,所有中奖奖金奖品原则上均由所有参与抽奖人所支付的对价中支付,同时,组织者一般可以因参与者的参与而从参与者支付的费用中直接获得一定的经济利益,那么,此种有奖竞猜活动就可以被认定为变相彩票发行行为。

更为严重的是,当前许多网站开始打着"足彩"的名义推出所谓的有奖竞猜游戏(见图8-3),对包括足球比赛即时比赛结果、胜负结果等进行竞猜。这种行为实际上已经完全具备了彩票发行的特点,是不折不扣的非法彩票。

---

① 从这一点看,有奖竞猜同有奖销售是不完全相同的。
② 参见《本报推出奥运短信竞猜活动》,《人民日报》2004年8月14日第8版。

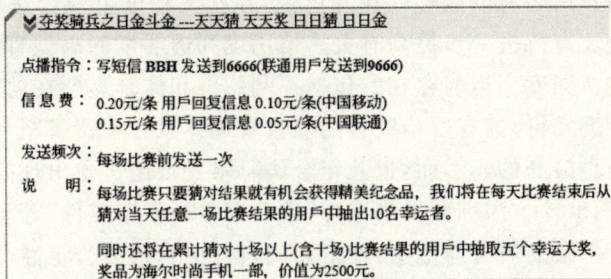

> ⚡夺奖骑兵之日金斗金 ---天天猜 天天奖 日日猜 日日金
>
> 点播指令：写短信 **BBH** 发送到6666(联通用户发送到9666)
>
> 信息费：0.20元/条 用户回复信息 0.10元/条(中国移动)
> 　　　　0.15元/条 用户回复信息 0.05元/条(中国联通)
>
> 发送频次：每场比赛前发送一次
>
> 说　明：每场比赛只要猜对结果就有机会获得精美纪念品，我们将在每天比赛结束后从猜对当天任意一场比赛结果的用户中抽出10名幸运者。
>
> 　　　　同时还将在累计猜对十场以上(含十场)比赛结果的用户中抽取五个幸运大奖，奖品为海尔时尚手机一部，价值为2500元。

图 8-2　某网站开展世界杯有奖竞猜的部分页面截屏图

图 8-3　某网站开展所谓"足彩短信竞猜游戏"活动的部分页面截屏图

四、非法彩票的治理思路

非法彩票的存在与泛滥对整个社会有着极大的危害性。一方面，非法彩票的存在会将一部分本会购买合法彩票的彩民吸引去购买非法彩票，将社会上一部分本可以投向合法彩票的资金转而投向非法彩票，这会妨碍合法彩票的正常发行销售，极大地冲击着国家的彩票管理体制，进而会影响社会公益金的筹集。据说，非法彩票的市场比合法的福利彩票和体育彩票的市场总和还要大，[①]而在非法彩票猖獗的地方，合法彩票和非法彩票的比例竟然会分别达到 20％和 80％。[②] 另外，非法彩票的存在也会对国家和地方经济的发展产生不良影响。因为，非法彩票无须提取公益金，其收入及中奖所得均不缴纳税款，特别是，境外彩票非法在境内的发行，以及"六合彩"等非法彩票发行的操纵者为了降低自身风险与责任而以外地甚至境外更大的操纵者为依靠，又最终导致大量资金流失到外地甚至境外，给当地乃至国家经济造成很大的损失。

---

① 参见方正：《私彩黑洞》，《广西质量监督导报》2001 年第 3 期。

② 参见郑骏：《中国彩票亟待立法》，《科技导报》2001 年第 12 期。

　　而非法彩票之所以能够存在并泛滥,在很大程度上与合法彩票的信用度和透明度还有待进一步提高有关。信用度和透明度的高低直接决定了彩民对彩票的认同度。当前存在的包括福利彩票和体育彩票在内的合法彩票由国务院批准发行,拥有逐步完善的监督管理体系和运营机制,其信用度和透明度应当是最高的。然而,近几年合法彩票发行销售中出现的诸如"双色球"开奖画面事件、"深圳彩世塔案件"、"西安宝马彩票案件"等事件,极大地损害了合法彩票的声誉与形象,使得彩民对合法彩票的公正性产生了质疑。而非法彩票则往往显得透明度较高一些,尤其是利用境内外已经存在的彩票的名称、游戏规则、中奖号码等发行的非法彩票,其发行销售者往往无法决定所依托的彩票的开奖情况,相对而言,给人的感觉是作弊可能性不大。另外,合法彩票在其形式、游戏规则、中奖率、发行额度等方面还有待改进。长期以来,合法彩票的形式相对比较单一,过去长期是即开型彩票一统天下,只是在近年才逐步引进电脑彩票,尤其是"乐透型彩票"、足球彩票等形式。①而且,长期采用单一的游戏规则也会使其趣味性降低,而非法彩票则是形式多样,种类繁多。同时,合法彩票中奖率低、中奖面小也是导致部分彩民转而购买非法彩票的原因。还有,当前我国对于查处非法彩票尚缺乏专门的法律依据,现行的彩票管理体制还有进一步整合的必要,这些往往导致执法机关在分工协作上出现问题。当前对于彩票管理,缺乏专门的法律规定,还没有关于彩票定性和区分其与非法彩票的法律规定。而从执法部门上看,财政部是彩票业管制机构,但是,实质上,彩票的管制职能是被分割而由财政部门、民政部门、体育部门等分别行使。民政部和国家体育总局分别通过其下属的中国福彩中心和中国体彩中心发行各自的彩票,同时,这两个部门又是各自彩票发行的管理部门,实际上是自我监督。而财政部虽然被明确赋予彩票监督管理职能,但是,具体管制中又往往需要协调同民政部和国家体育总局之间的关系。同时,各级财政部门不是社会事务管理部门,

---

　　① 事实上,我国在相当长的一段时间中是禁止或者严格限制由认购人自主选择号码的主动性彩票的,对此,可以参见国务院于1993年5月5日发布的《关于进一步加强彩票市场管理的通知》(国发〔1993〕34号)、中共中央办公厅和国务院办公厅于1994年5月31日发布的《关于严格彩票市场管理,禁止擅自批准发行彩票的通知》等文件。

在查处彩票违法行为时还必须依赖公安、工商等部门，①此时，又不可避免存在如何协调有关部门保证其既不推诿责任、又不争夺权力的问题。特别是，即便在财政部，其彩票管制职责也仅是由综合司的彩票处负责，在地方财政部门更是缺乏专门的人员和机构，这更加制约了财政部彩票管制职能的行使。

为了有效治理非法彩票，我国必须从多个方面着手。首先，必须要加快彩票发行销售方面的立法工作。我国现行的彩票发行和销售缺乏体系完备的法律依据，还处于无法可依的状态。当前，用以规范彩票发行销售的主要是国务院及财政部等部门制定的各种规范性文件，在法律层次和法律效力上都比较低，很难形成相对较为完备的彩票管理体系，很难适应当前彩票业的发展以及依法对彩票发行销售实施管制的需要。尤其是，按照 2004 年 7 月 1 日起开始实施的《中华人民共和国行政许可法》规定，对于该法允许设定行政许可的事项，法律可以设定行政许可，尚未制定法律的，行政法规可以设定行政许可；在必要的时候，国务院可以通过发布决定的方式设定行政许可，但是，除了临时性行政许可事项之外，国务院应当及时提请全国人民代表大会及其常务委员会制定法律，或者自行制定行政法规（第 14 条）。那么，在现有的彩票管理无法可依的状况下，包括彩票发行权的审批在内的与彩票管理有关的行政许可事项便必然会同《行政许可法》的相关规定相抵触，也必然会为依法管理彩票的发行销售带来更多的难题。而这样一种状况也必然影响对非法彩票的打击力度。

第二，应当逐步完善合法彩票的发行销售体制。首先，要逐步改变彩票发行机构仅为其所属部门筹集资金的局面。应当逐步整合现有的彩票发行机构，最终形成由一家发行机构在全国范围内垄断国家彩票发行权的局面，由该机构负责研究制定国家彩票的发行、销售的具体办法并组织实施。事实上，近几年彩票公益金分配政策的改变和使用范围的扩大，使得彩票公益金的社会性逐步明显，也表明国家正试图改变部门彩票局面，而向国家彩票

---

① 比如，在"红月"爆吉卡案件中，北京市财政局根据法院的要求，对发行销售爆吉卡的行为进行了认定，但是，在认定该行为属于非法发行彩票的同时，又建议法院将有关情况通报给公安机关，由公安机关予以处理，而不是自行查处。（参见《首例虚拟财产纠纷牵出案中案——"红月"爆吉卡确属非法彩票》，《京华时报》2004 年 5 月 28 日 A14 版）。但是，根据中国人民银行 1999 年 1 月 25 日发布的《关于加强彩票市场管理的通知》（银发〔1999〕36 号，已于 2001 年 12 月 3 日被废止），人民银行分支机构可以参照取缔非法集资办法对各种非法彩票行为进行查处。在管制职能移交给财政部之后，根据财政部 2000 年 1 月 11 日发布的《关于接受彩票监管职能有关事项的通知》（财综字〔2000〕3 号），打击非法彩票也恰恰是地方财政部门的管制职能之一。因此，有关部门在具体执法中的尴尬处境也可以略见一斑。

过渡,逐步将发行格局改革为由国家授权某一为国家控制的主体垄断彩票的发行。其次,应当调整彩票发行的规则和结构,不断更新彩票玩法,增加彩票游戏的品种,并再尽可能减少发行成本,合理提高返奖比例,增加彩民收益。另外,必须加强合法彩票自身的发行销售管理,增强其透明度,确保其公正性和公信力。要通过不断完善彩票发行销售的信息披露制度,在依法保障中奖彩民个人隐私权的前提下,最大限度地保护彩民的知情权,完善对彩票发行销售的监督管理,确保合法彩票的公正性,以赢得彩民的信任。

第三,有必要从机构设置和职能上进一步加强彩票管制机构,由其统一对国内彩票市场予以管制。随着国内彩票业逐步由部门彩票向国家彩票转变,当前由财政部作为彩票主管机关、民政部和国家体育总局作为各自所发行彩票的发行主管机关的格局必然会发生变化,对彩票的管制权限最终必然要统一到某一个机关。对于这样一种管制机关的设置可以有多种方案可供考虑,但是,有一点需要明确的是,彩票管理机构因为对彩票发行销售行为拥有更多专业性优势和信息渠道,应当积极参与对非法彩票的鉴定、确认工作;同时,应当认识到,即便其拥有较多的查处权限,在具体工作中仍旧需要工商、公安部门的协作,特别是,当彩票违法行为涉及犯罪的时候,彩票管理机构必须将案件移送有管辖权的刑事司法机关处理。为此,必须完善彩票管理机构同其他执法部门之间的协调联动机制,比如,彩票管制机构通过接受举报发现或者依职权发现有非法彩票的,应当及时商请其他相关部门共同参与打击,而其他部门在执法中发现有非法彩票行为需要专业性判断的,管制机构应当积极配合。

第四,应当从法律上加大对非法彩票的打击力度。早在 2002 年 12 月 26 日财政部、公安部、国家工商总局、民政部、国家体育总局联合发布的《关于坚决打击赌博活动、大力整顿彩票市场秩序的通知》(财综〔2002〕82 号)中就已经明确,凡未经国务院批准擅自发行彩票或以有奖销售为名发行彩票,或以一定价款给付为前提,公开组织对某种竞赛进行竞猜,参与者可根据其给付价款和兑猜结果获得中奖权利的行为,均属非法发行或变相发行彩票的赌博行为,有关部门应依法予以查处。实务中,有关部门也基本是将非法彩票视作赌博来进行打击的。而彩票与赌博本质上并没有区别,无非都是约定以一定的方法决定胜负并给予胜者一定财物的,一种以偶然性事实决定财物得失的方法。而合法彩票之所以合法而不被认定为属于赌博主要是因为其目的在于聚集资金用于社会公益事业,所以政府特别许可其存在。而许多国家和地区也正是基于此认识才将非法彩票纳入刑法关于赌博罪的规定中,比如,日本在其《刑法》第 23 章"赌博及彩票之罪"中规定,非法买卖彩票的,将被处以有期徒刑及一定金额的罚金(第187条);在我国台湾地区,《刑法》第21章"赌博罪"中规定,意图营利,办理有奖储蓄或未经政府允准而发行彩票者,处一年以下有期徒刑或拘役,得并科三千元以下罚金,而经营者,处六月以下有期徒刑、拘役或科或并科一千元以下罚金,另外,其"司法院院解字第3326号解释"也对于未经许可发行彩票所具有之违法性做了肯定。而我国当前打击赌博过程中主要针对的是"六合彩"赌博等,但是,由于赌博罪的刑事责任相对较轻,而且以罚代刑的现象也很普遍,这导致虽然各地处理了大量案件,但仍不足以有效遏制非法彩票的蔓延。而对于各种变相彩票,则很少被认定为赌博予以查处。虽然,国家广播电影电视总局于2005年4月26日发布的《关于进一步加强电话和手机短信参与的有奖竞猜类广播电视节目管理的通知》中提出要规范有奖竞猜活动,但其本意并不是为了解决非法彩票问题,而且,对于广播电视播出机构开设电话和手机短信参与的有奖竞猜类节目,也只是要求不得以高额奖品和奖金迎合或诱发听众、观众的投机、博彩心理,一般节目单个竞猜奖项的奖品、奖金价值总额不得超过一万元。这实际上反映了有关部门对于借助有奖竞猜、有奖销售非法彩票缺乏足够的认识。为此,有必要将此类行为也纳入刑法赌博罪的打击范围。另外,有必要进一步对刑法关于赌博罪的规定加以细化,增加关于发行非法彩票罪的规定,并对于其中的"庄家"等的主犯规定更为严厉的制裁措施。

不仅如此,为了打击通过移动通信网络、固定电话网络、因特网等信息传媒发行销售或者参与发行销售非法彩票的行为,除了要求有关执法部门提高自身执法能力之外,还有必要通过立法加重有关的通信服务运营商的责任。比如,要求其加强自查,发现通过其网络进行的相应违法行为,立即停止向有关当事人继续提供通信服务并向执法部门举报;要求其设立专门的投诉平台用于接受公众投诉监督,以促进其自查;执法部门发现与非法彩票有关的违法行为通过某通信服务运营商进行的,有权要求该运营商停止向该违法行为人提供通信服务;凡运营商明知行为人借助其通信网络从事非法彩票相关行为而继续为其提供通信服务的,由有关执法部门对其实施处罚。事实上,这一做法完全可以在《中华人民共和国电信条例》中找到依据,比如,其第6条规定,任何组织或者个人不得利用电信网络从事危害国家安全、社会公共利益或者他人合法权益的活动,第57条还规定,任何组织或者个人不得利用电信网络制作、复制、发布、传播含有赌博内容的信息。而且,协助执法部门打击违法犯罪行为、维护良好的通信环境既是作为经营者的通信服务运营商应承担的社会责任,也是促进整个行业健康发展所不可缺少的。

第九章

新加坡彩票业政府管制的历史演进及启示[*]

一、引　言

　　彩票这个名词源自于古时候决定比赛、赌博和其他不确定事物时的抽签过程。现代彩票的诞生地是欧洲。16世纪威尼斯和热那亚的商人通过让顾客抽签的形式来分发奖品以促销商品或尽快脱手没有现成销售市场的产品。18世纪彩票风靡欧洲,并常被各国政府经营或特许。[①] 除了国营彩票外,还有许多私人彩票。彩票具有明显的娱乐功能,期待一张即时彩票能否中奖及与人们讨论购买策略都是一件乐事。彩票还是一种风险基金,因为当初投资的少量金钱可能会带来可观的回报。但也有许多人引用由彩票造成的严重犯罪来反对彩票发行。除了以上提及的功能外,彩票还鼓励公众将其作为一种社会公益活动,因为彩票经营所得都将用于支持教育、体育和其他公共服务事业,这种想法更能激发公众购买彩票的欲望。当然,希望获得额外收入是公众购买彩票的主要原因。

　　美国及新加坡处理有关彩票问题的公开赌坊法令都没有给出彩票的定义。在美国联邦和新加坡境内彩票的定义被扩展至包括"以任何随机或抽签方式分配金钱或具有金钱价值的物品的游戏、方法或装置"[②]。然而,"纯免费派发奖品不属于发行彩票。但如果参加的活动需要或可能需要参加者或他们中的一部分付出一定代价,而经营彩票者可能直接或间接从这些支出中受益,这就足以证明这种活动不是纯免费的"[③]。如果奖品的分配从很

＊　本章作者为张渊,浙江大学法学学士,英国伦敦大学法学硕士。

　　① McGowan Richard. State lotteries and legalized gambling: painless revenue or painful mirage. United States: Greenwood Publishing Group Inc, 1994, p. 19.

　　② Taylor v. Smetten (1883), 11 Q. B. S. 207, at p. 210, per Hawkins, J.; Mutual Loan Agency Ltd. V. Attorney-General for New South Wales (1909), 9 C. L. R. 72, at p. 80; Mansell v. Beck, [1956] A. L. R. 1121, at p. 1125; 95 C. L. R. 550, per Dixon, C. J., and Webb, J.; Noeeis v. Woods (1926), 26 S. R. (N. S. W.) 234), and see the definition in s. 85, ante.

　　③ Ex parte British Products Pty. Ltd.; Re Willard (1935), 35 S. R. (N. S. W.) 152, at p. 156, per Jordan, C. J.

大程度上依赖于参加者的技术和判断而不是随机的,这也不是彩票。[1]

现已达成共识的是,彩票必须具备三个基本要素,即奖品、随机产生和对价。首先,奖品并不必然是一笔金钱,还可以是一件物品、商品和任何可用于出售或从本质上具有价值的东西。其次,奖品的分配可以是抽签、促销者的随意选择或由参加者选择等随机方法中的一种。最后,对价是指经营彩票者就其随机提供奖品而收到、将收到或作为回报而收到的金钱或有金钱价值的东西。[2] 对价这一要素在任何彩票活动中都应具备,尽管有时它并没有出现在定义中。如果参加者不承诺付出就不存在彩票活动。参加彩票活动的所有机会都必须至少由某个团体付出对价,尽管团体中的个人不一定付出对价购买彩票。在处理彩票的要素问题时,我们必须看本质而不是看形式,法庭必须以三个要素为标准来审视整个活动,用他们的常识和审判经验来揭破假象,发现真相。考虑组织者的意图也非常重要,如果该活动是设计用随机分发奖品的方式来作宣传或增加产品或服务的销售,那么彩票的三要素就具备了。

本文将从整体上审视新加坡彩票业政府管制的演进过程,并从中吸取对我国有借鉴意义的经验。笔者并不试图赘录其历史上每一特定阶段的所有细节,只是着重对整个历史演进的全程加以勾勒,其中包括追溯合法彩票在形式和发行目的上的演变,政府在彩票业发展中扮演的角色,及政府为适应新的政治和社会环境而作出的各种立法调整。政府对于彩票业持有怎样的态度,历来是个不解之谜。一方面,彩票历来受到公众广泛的欢迎。其表现在于,当政府否定彩票的合法存在时,非法彩票业仍在新加坡主要城镇蓬勃发展;当20世纪60年代国营彩票提案被呈递到议员面前时,该提案得到了压倒性的赞同。然而在另一方面,政府内部又永远存在反对彩票合法化的呼声。

---

[1] Horseman (Church, Vice) v. News Ltd., per Napier, J., at p. 80.

[2] Choor Singh, with a foreword by Sir Alan Rose, K. C. M. G., Gaming in Malaya, (Singapore: Malayan Law Journal Ltd. 1960), p. 39.

二、早期新加坡彩票产生的历史和文化根基
——供中国人赌博的"税收农场"(1797—1919)

(一)统治者之间关于"赌博农场"合法性的激烈争论

在 1819—1823 年间,即 Raffles(第一个发现新加坡的人)及其追随者定居新加坡的早期阶段,Raffles 对赌博活动的反对态度非常坚决。他称赌博是犯罪必须被压制,所以对赌博和鼓励赌博等活动颁布了严格的惩罚措施。

"凡赌博金钱和其他物品者要被棍打臀部 80 下,所有作为赌注的金钱和财物都要被政府没收。开设赌坊者即使其自身未参加赌博,仍要受到同样的惩罚,赌坊也要被没收。那些开设临时赌坊并藏匿赌博者的人(人数不多)要被罚戴木枷锁 3 个月。在某些特定情况下,这些人还要被遣送回国。"①

但 Raffles 发现他的决定受到他的第一位居住者也是实际经营新殖民地的 William Farquhar 和第二位居住者 John Crawfurd 的极力反对。② Farquhar 和 Crawfurd 认为赌博习惯在所有人种中都是不能改变和不可能被压制的,所以他们倾向于通过温和的许可政策将赌博活动合法化,以获取政府财政收入。这些财政收入可被用于支持慈善机构来帮助穷人和病人。压制赌博活动只会促使其收益转入地下以滋生犯罪和腐败。非法赌债是许多财产犯罪的根源,导致家庭失和,有时甚至导致生意失败。

(二)政府对"赌博农场"管制政策的变迁

1. 承认"赌博农场"的合法存在性

由 Farquhar 首创③,后被 Raffles 禁止,又于 1823 年被 Crawfurd 重建

---

① Vaughan, J. D.. The Manners and Customs of the Chinese of the Straits Settlements. Kuala Lumpur: Oxford University Press, 1971, p. 65.

② 见 Ilsa Sharp with Jacintha Stephens. Just a little flutter: The Singapore Pools story. Singapore: Singapore Pools, 1998, p. 12.

③ 第一份允许中国人开设赌坊的许可证是于 1797 年在 Batavia 颁发的。

的"赌博农场"是新加坡所有"税收农场"中最有利可图的一个。[1] 在 1823—1826 年 Crawfurd 统治期间,他通过颁发许可证的形式准许知名的中国人开办"赌博农场"。但是这种一夜暴富的方法对移民的巨大诱惑力往往只能导致悲惨、贫穷和犯罪。为维持秩序,Crawfurd 禁止在赌博时携带武器,将以信誉作为赌注的赌博方式视为非法,还颁布禁令严禁在私人家中赌博。极为重要的一点是,许可证只颁发给有相当数量中国人居住的大城镇,因为这些地方容易被严格控制。酒、鸦片和舞女在这些地方都被禁止。欧洲人和本地居民都被严格禁止参加此类活动,否则将受到严厉的惩罚。在"赌博农场"以外,赌博仍被视为非法。[2] 在接下来的几年中,赌博的合法化与否取决于哪一方势力在议会中取得主导权。在 Crawfurd 统治期间,颁发"赌博农场"许可证的收入常占到新加坡总税收收入的一半。到 1826 年,新殖民地总税收收入超过老殖民地旁拿岛和马来西亚西北部。[3] 如何选择是显而易见的:让巨额钱财转入地下或使其合法化并引导其为公众利益服务。

2. 禁止"赌博农场"的存在

但在 1829 年,一个大陪审团宣称"赌博农场"的概念是一种不道德的谬论,紧接着"赌博农场"就自然被废除了。尽管在 19 世纪 30 年代及 1860、1862 和 1885 年公众就许可"赌博农场"问题进行了激烈的讨论,赌博在新加坡还是一直被视为非法。

在新加坡独立之前,其大部分反赌博法都仿效传统英国法在印度的殖民地版本。[4] 上文摘录的关于中国人参加赌博活动的刑罚措施就出现在 Raffles 于 1823 年发布的禁止在新加坡开设赌坊和斗鸡场的法令当中。首批禁止在殖民地开设赌坊的立法规定出现在 1856 年第 13 号治安法令的第

---

[1]　C. M. Turnbull. A history of Singapore,1819—1975, Kuala Lumpur. New York : Oxford University Press , 1977, p. 49.

[2]　John Butcher and Howard Dick. The Rise and fall of revenue farming:business elites and the emergence of the modern state in Southeast Asia. New York:St. Martin's Press, 1993, p. 222.

[3]　John Butcher and Howard Dick. The Rise and fall of revenue farming:business elites and the emergence of the modern state in Southeast Asia. New York, N. Y. : St. Martin's Press, 1993, p. 223.

[4]　Edited for reprinting with a bibliography of writings in English on British Malaya, pp. 1786-1867, by C. M. Turnbull ; and a new introductory chapter on European influence in the Malay Peninsula, pp. 1511-1786, by D. K. Bassett, British Malaya, 1824 — 67. Singapore : Malayan Branch:Royal Asiatic Society , 1961, p. 79.

56—58、61—63 条及 1860 年第 8 号印度法令的第 15 条。1844 年第 5 号印度法令也是处理关于彩票问题的。所有这些规定都体现在专门规定赌坊和彩票问题的 1870 年第 13 号法令中。1876 年第 9 号法令、1879 年第 13 号法令和 1888 年第 5 号法令都有关于彩票的规定。1888 年法令一直有效，直到 1919 年才被第 27 号法令修改。① 然而，情形持续恶化。1888 年法令的规定更加严格，包括将怂恿非法赌博者驱逐出境。这些惩罚措施实际上是由中国政府负责将这些人遣送回中国大陆。最终，抑制赌博部门于 1889 年成立了。一个禁止秘密社团的社团法令也于 1890 年生效，这在某种程度上成功地将大规模有组织的赌博犯罪粉碎了。为配合政府关于关闭所有"税收农场"的决定，1914 年和 1919 年在爪哇和外殖民地的赌博农场都被废除了。

3. 政府应干涉彩票产业吗——选择牺牲理论还是容忍理论

（1）牺牲理论

根据传统的伦理和道德分类，牺牲理论是目的论的，是说服公众为了增进社会实现一个崇高的目标而放弃一些个人利益。根据公共政策，崇高的目的就是创造一个和谐的社会。美国自由派政治家 John F. Kennedy 曾说过："不要问你的国家能为你做什么；而要问你能为国家做什么。"② 从本质上讲，那些提倡牺牲理论的人是希望公众将个人利益升华为社会利益。在最极端的情况下，提倡牺牲理论者被认为信奉这样的信条，"目的可以证明手段的合理性"。个人决定什么对其自身最有利的能力从属于国家的需要，国家利益胜过个人权利和需要。

所以那些反对彩票或其他形式国营博彩业合法化的人经常宣称彩民放弃购买彩票的权利是为了增进整个社会的道德健康和稳定团结。所以，反对彩票合法化完全是为了整个社会的利益。

（2）容忍理论

容忍理论则恰恰相反，它认为没有人必须为了达到某个社会福利的目的而放弃自己的基本自由。社会不能容忍个人任何权利的放弃，尽管这可能意味着社会必须付出沉重的代价才能把那个个人从对他有害的活动中解

---

① Roland Braddell. Common Gaming House: A commentary on ordinance No 45. Common Gaming House, 2nd ed, Singapore: Kelly and Walsh, Ltd and at Shanghai and Hong Kong, 1932, p. 1.

② Richard McGowan. State lotteries and legalized gambling: painless revenue or painful mirage. Westport, Conn.: Praeger, 1994, p. 44.

救出来。容忍理论也认为社会不得不容忍个人的这种很可能给社会造成损害的行为，只要这种行为不为法律所禁止。从传统道德观念上看，一个人所采用的达到目的的方法与目的本身同等重要。

容忍理论是基于一个崇高的价值——不要把公众作为达到目的的工具。政府的存在是为了保护公众的个人利益，而不是强迫个人为了一个崇高的目的而放弃个人权利。[①] 但像大部分价值观一样，容忍理论也有它的弱点。在最极端的情况下，它可能导致公民只顾个人狭隘、自私的利益而不顾与其生活在同一社会中的其他人。这种对个人利益的极度强调使社会难以为了整体的和谐而要求个人作出牺牲。

所以那些支持彩票或其他形式国营博彩业合法化的人认为人是天生的赌徒，而不论政府是否允许其赌博。政府压制公众赌博的权利是该理论所不能接受的。既然人们一定会赌博，为什么政府不使赌博合法化以利用其实现其他崇高的目的？

(3)容忍理论的胜利

Raffles(提倡牺牲理论)与 Crawfurd(提倡容忍理论)之间开始关于彩票的争论持续了几个世纪。20 世纪 50 年代新加坡跑马场的成立是首次使博彩业合法化的尝试。紧接着新加坡博彩公司于 1968 年的成立宣告了Crawfurd 派的最终胜利，这也是代表了个人权利(容忍理论)战胜了社会公共利益(牺牲理论)。随着容忍理论的胜利，公共政策决策者信奉的是：你有权实施任何行为，只要不影响他人的权利。新加坡博彩公司的成立代表政府在经历了 150 年风雨历程后最终接受了现实。

三、博彩业在地下蓬勃发展(1919—1942)

即使在合法赌博被废止后，殖民地政府仍在某种程度上做了一些让步。1829 年政府准许在新加坡工作的中国人在传统春节的 15 天假日内参加赌博活动。在接下来的几十年中，反对与支持赌博合法化的争论一直在持续。新加坡跑马场俱乐部的赛马在一战期间仍在继续——为战争提供资金。1924 年新加坡体育俱乐部更名为新加坡跑马场俱乐部，得以明确定义它的作用。

---

① Richard McGowan. State lotteries and legalized gambling: painless revenue or painful mirage. Westport, Conn.: Praeger, 1994, p.47.

四、日本统治新加坡期间彩票的合法化(1942—1945)

日本统治者采纳 Crawfurd 派的做法,颁发许可证给彩票经营者。这样一方面是因为可以获取财政收入来支持他们的军事策略,另一方面也是由于他们自身热衷于赌博。1943 年底,彩票自 Crawfurd 时期以来首次合法化。公共娱乐场所——"大世界"、"新世界"及"快乐世界"立即就成为彩票密集发行的场所。最具有跨时代意义的是日本政府成为新加坡历史上首次发行国营彩票的政府,尽管它是为了攫取更多现金以支持其军事活动。在这一时期至少有两种彩票发行:"Konan Saiken"彩票的发行是为了减轻贫困者负担和改进公共卫生和健康设施;"Engo Saiken"彩票则是为帮助战争受害者筹集资金。

五、合法与非法彩票并存(1945—1965)

(一)背景

1945 年二战结束后,新加坡满目疮痍,基本公共设施服务瘫痪,营养不良、贫穷、疾病和犯罪在贫民窟内蔓延。日本人对待彩票和赌博的态度也留下了不良的影响,通货膨胀和黑市交易情况在殖民地非常盛行。同时,英国军事部门又采取了不适当的管理措施。所有这一切都成为非法彩票滋生的肥沃土壤。新政府旨在建立一个道德上"强健"的新加坡,不同意通过发行彩票的方式来筹集税款。为了强调其反博彩业的决心,政府于 1959 年 9 月查禁了三份中文赛马报。当时甚至有谣传政府将禁止赛马活动。

另一方面,有限的受到严格控制的合法博彩业仍然存在。作为新加坡跑马场俱乐部(1929 年政府公报将其排除在反赌博法令管辖范围之外)的会员就有权参加由其举办的博彩活动。

当新加坡政府仍在彩票合法化问题上举棋不定时,在马六甲海峡另一边的马来西亚彩票取得了巨大的成功。新加坡元不断地流入海峡另一岸的马来西亚,使新加坡政府感到了巨大的压力。1959 年 5 月刚独立于英联邦的新加坡开始提出疑问,为什么不在新加坡发行与马来西亚联邦类似的社会福利彩票?结果在 1961 年 7 月,新加坡跑马场俱乐部主席 Vivian Bath 正式向劳动和法律部长 K. M. Byrne 提出申请,希望能在新加坡合法经营三字彩。经过一番内部辩论后,这项申请得到批准。同年,新加坡博彩合作公司接替跑马场俱乐部经营该彩票,并首次将所得的利润捐献给社会福利基金部。

(二)立法调整

自 1959 年独立后,新加坡新政府通过立法形式,继续打击各种形式的非法博彩活动。1959 年对公开赌坊法令和内务部法令的修正案把"公开彩票"定义得更为广泛,并赋予部长宣布某一活动为非法,及赋予警察推测其所找到的书面证据是否为彩票的权利。1960 年 4 月,必要的法律修订案提交到了议员们面前。此后,任何人若被发现与赌马有任何关系都将被认为是职业赌马者。任何正在进行赌博的场所都将被认为是进行习惯性赌博的赌坊,而不论其为私人家庭还是咖啡馆。在一些案例中,罚金高达 2 万新加坡元,有时甚至被判 2 年监禁。

新立法同时明确规定,只有跑马场俱乐部或组织等已经被公开赌坊法令所排除在外的机构允许经营公开彩票和赛马比赛,在当时只有新加坡跑马场俱乐部。现在如果在未经许可的报纸上刊登赛马或彩票结果也是一种犯罪。在下文中笔者将介绍新加坡在这个过渡时期所通过的管制彩票的主要立法规定。

1. 社会福利服务彩票委员会法令(1950 年第 9 号法令)

通过这项法令的目的是为了建立一个社会福利服务彩票委员会,并授权其发行以社会福利为目的的彩票及负责其他相关突发事件。[1] 根据该法令的规定,该委员会,其成员、工作人员和服务人员,在其他成文法无相反规定的情况下,可以举办、促销、组织和管理部长所允许的公开彩票,还可以印刷、宣传、出售或传播这类彩票。[2] 法令还规定了委员会宪章,即将发行的彩票的计划书,委员会即将制定的账目,预留基金及委员会规则等。[3]

2. 1952 年彩票法案(第 288 号法令)

该法案明文规定允许为慈善、宗教、教育、福利和其他目的筹款而发行

---

[1]　见 Social and Welfare Services Lotteries Board Ordinance. F. M. Ordinance 9 of 1950,Clause 3(1).

[2]　见 Social and Welfare Services Lotteries Board Ordinance. F. M. Ordinance 9 of 1950,Clause 7(1).

[3]　见 Social and Welfare Services Lotteries Board Ordinance. F. M. Ordinance 9 of 1950,Clause 4,8,10,13,18 and 21.

公开或私人彩票,还规定了彩票征税和其他相关问题。该法案第3条规定"所有未经财政部长根据本法案规定之程序批准或其他与该法案不符而发行的彩票都是非法的"。实际上,这项法令是规定除财政部长同意发行的以外,其余彩票都为非法。紧接着这条就规定了财政部长批准彩票的权力:

财政部长可以根据自己的判断批准任何人或社团为以下目的而发行公开或私人彩票:(1)帮助慈善、宗教、教育或福利机构筹集资金;(2)实施任何慈善、宗教、教育或福利计划;(3)任何有利于社区或其他类似组织的特定工作;(4)改善公共设施;(5)以特殊方式增进社区或其他类似组织的福利;(6)其他具有慈善本质的活动……财政部长可以批准一种特定彩票或一类彩票在一段特定时期内的发行工作。[1]

法案中最具深刻意义的规定是第5条第1款,该款规定所有征得财政部长同意的彩票都必须符合以下条件:(1)任何个人不得通过发行彩票而获得盈利;(2)在扣除成本、税金、支出和其他部长所允许的开销后,所有发行彩票所得都必须用于促进发行该彩票的目的事业。所以很明显,该法案所允许发行的彩票是为了促进公共利益。同时,法案还规定"对于发行后全部或部分所得被用于社会福利服务、慈善目的或其他类似的部长同意的目的的彩票,财政部长可以免除其全部或部分税收"[2]。法案的其他重要规定有:取得财政部长同意的条件,公布彩票发行的计划书,保存允许发行的彩票的账目,各种惩罚措施及财政部长制定规则的权力。

3.私人彩票法案(第250章)

颁布该法案的目的是控制私人彩票,制定对该类彩票的征税政策和其他相关事项。法案将"私人彩票"定义为仅限于社团成员参加、不以赌博或彩票为目的而建立和发行的彩票。[3] 根据第18条规定,任何未经该法案所授权的特派员同意或与该法案规定不符而发行的私人彩票都是非法的。对允许发行私人彩票的条件规定是至关重要的,即根据该法案,特派员可以要求将要发行的彩票具备他认为必要的条件,但在所有情况下,将要发行的私彩必须符合以下条件:

(a)任何个人不得通过发行此类彩票而获得盈利;

(b)关于出售彩票的授权不应是有偿的,无论是以金钱形式或免费获

---

① 见 Lotteries Act,1952,Act 288,Clause 4 (1) (2).

② 见 Lotteries Act,1952,Act 288,Clause 8(1).

③ 见 Private Lotteries Act,Chapter 250,Clause 2.

取彩票或中奖机会的形式。[①]

4. 社会福利服务彩票委员会法案(1962 年第 21 号法案)

该法案批准将根据 1950 年社会福利服务彩票委员会法令所发行的彩票筹集的资金归入统一基金,用于支付 1950 年法令规定的用途以外的事业,以及更改法令的规定及规定其他相关事项。法案对有关委员会空缺、部长协同财政部规定委员会条件和限制的权力、发行彩票所得利润及委员会详细账目等事项做出了规定。[②] 同时法案也强调了与 1952 年彩票法案相同的发行彩票目的。

(三)为发行国营彩票做准备

当时,非法彩票经营者的活动已对政府造成了极大的威胁。潜在的巨额税收收入将落入地下歹徒手中,还会滋生罪恶。1960 年初,内阁成员——财政部长 Goh Keng Swee 博士和劳动和法律部长 Byrne 就正式与新加坡跑马场俱乐部主席 Vivian Bath 讨论博彩业合法化问题。[③]

总之,这样的做法是非常必要的:一方面粉碎非法赌博集团,另一方面通过安全合法的途径达成公众的赌博愿望并为政府提供可观的税收收入。

六、国营彩票(1965—至今)

(一)背景

发行彩票从性质上说是政府参与的一种新活动,因为从本质上看它是以公司形式经营,以营利为目的的。国家政府作为彩票的经营者,扮演的是一个与其其他职责截然不同的角色。彩票一直以来是一个有争议的话题,公众对它的意见从来都不一致。[④] 支持者视彩票为获取国家财政收入以增进公共服务的典型形式。[⑤] 彩票是一种风险基金,因为当初投资的一两元

---

① 见 Private Lotteries Act,Chapter 250,Clause 5(1).

② 见 Social and Welfare Services Lotteries Board Act. Act 21 of 1962,Clause 3-6.

③ 见 Social and Welfare Services Lotteries Board Act. Act 21 of 1962,Clause 3-6.

④ Kathleen M. Joyce. Public Opinion and the Politics of Gambling. Journal of Social Issues 35,3 (1979),p. 157.

⑤ Layn Phillips. The Premium Savings Bond: Respectable Revenue through Legalized Gambling. Tulsa Law Journal 11,241(1975).

可能会带来可观的回报。对某些人来说,彩票只是一种娱乐,期待一张即时彩票能否中奖及与人们讨论购买策略都是一件乐事。除了娱乐功能,彩票还鼓励公众将其作为一种社会公益活动,因为彩票经营所得都将用于支持教育、体育和其他公共服务,这种想法更能激发公众购买彩票的欲望。当然,希望获得额外收入是公众购买彩票的主要原因。同时,发行国营彩票还可以打击非法博彩业,降低犯罪率和减少防止犯罪的投入。然而反对者看到了发行彩票阴暗的一面。他们将彩票视为现代社会生活空虚和物质化的反映,将彩票合法化会激化财政问题。从道德上看,彩票也是有害的,它不仅对购买彩票者有害,而且还会加速社会道德沦丧。① 尽管《圣经》中并没有明确禁止赌博,但反对者认为赌博是基于自私思想的,因为它破坏社会资源管理工作,并且由于其随机性而排除了人为的控制。② 从 19 世纪的社会变革派到 20 世纪的政治自由派,都担心赌博的负面影响及对少数民族和贫穷者不成比例的税收分担。他们还指出诈骗和腐败都是彩票合法化的消极影响。③ 基于上述分析,找到国营彩票在税收最大化和防止负面社会影响之间的平衡点是至关重要的。

我们可以将全世界现代国营彩票的共同点归纳如下:

(1)发行彩票首先被视为提供一种娱乐活动,筹集税款的目的虽然诱人但只能是第二位的;

(2)发行彩票往往与重大体育事项有关;

(3)发行彩票往往选择特殊节日或假日进行;

(4)彩票发行者和策划者往往提供许多小奖,而大奖则非常有限;

(5)大多数彩票经营都独立于政府,但要得到政府的许可,并受政府的管制;

(6)彩票从本质上说是社会的而不是经济的,进一步说,彩票是社会正常现象,并非是一种"罪恶"而要被课以重税作为惩罚措施。④

在了解了一些关于国营彩票的背景知识后,我们可以试着看看新加坡

---

① Tom Witosky. Babbitt Warns Iowans against State Lotteries. Des Moines Register, August 3, 1984.

② Kenneth S. Kantzer. Gambling: Everyone's a Loser. Christianity Today, November 25, 1983, 12; Lycurgus Starkey. Christians and the Gambling Mania. in Herman, Gambling, pp. 226-227; James Wall. Why isn't the Church Fighting Lotteries? Christian Century 91 (1974), 1163-64.

③ I. Nelson Rose. The Legalization and Control of Casino Gambling. Fordham Urban Law Journal 8 (1980), p. 245.

④ Alan J. Karcher, Lotteries. New Brunswick, U. S. A.. Transaction Publishers, c1989, p. 17.

国营彩票的发展历史是否与其一致。当 1965 年 8 月新加坡脱离马来西亚联邦后,年轻的领导者们雄心勃勃,急需资金支持他们的计划。新政府面临的形式非常严峻,包括社会福利、教育、健康和住房等方面的问题。就在独立后,新政府立即考虑仿效马来西亚彩票。新财政部长 Lim Kim San 于 1966 年 10 月在国会会议上说,由于国家财政福利和其他慈善机构对资金的迫切需要加速了国家发行彩票的进程。新加坡社会服务会议也支持此类彩票的发行。所以作为过渡时期为慈善事业筹款的手段,新加坡跑马场俱乐部首次发行了一种特殊的"新加坡彩票"。在扣除俱乐部运营支出和奖金外,所有盈利都必须上交政府。1966 年下半年财政和法律部长之间的备忘录也提到了发行新形式的彩票来为建造国家体育馆筹集资金。

（二）为配合新彩票所做的立法调整

对彩票和赌马税收法令修正案的迅速出台,赋予了财政部长减免这些活动通常需缴纳的 30% 税款的自由裁量权。如果彩票和跑马比赛是为了俱乐部利益而举办的,则需要如数缴纳税款,但如果是为了社会福利目的而举办的,则无需缴税。

1968 年 5 月 23 日,新加坡博彩私人有限公司成立并经营一种叫"乐透(Lotto)"的彩票。筹集的款项被用于建造体育场和举办国际和地区性体育盛会。① 彩票合法化的益处已经得到了国际共识,世界上 140 多个国家,其中包括亚洲的马来西亚、菲律宾、泰国、印尼、日本和尼泊尔,都有国营彩票。

该公司本质上是隶属于财政部的国有企业,但以私人公司形式存在,这是为了方便营利和以公司形式经营业务。其主要目的是为了策划发行各种合法形式的博彩业。1980 年 10 月 1 日,新加坡彩票私人有限公司进行机构重组,成为政府控股公司的附属企业。非常重要的是该公司在初期都享受免税待遇,因为它的一切活动都是为建造国家体育馆筹款。② 截止 1968 年 11 月 12 日,公司已向社会事务部递交了 200 万新加坡元的支票。公司秉承其一贯宗旨,乐于支持能给普通新加坡人生活带来有益变化的事业。每年其经营所得的大部分利润都重新投入到社区支持体育、慈善和社区服务工作。1987 年至 1995 年间,公司捐献给慈善事业的总额达到 3200 万新

---

① Singapore Pools (Private) Ltd, Annual Report, 2 1997—1998.

② 见 Ilsa Sharp with Jacintha Stephens. Just a little flutter: The Singapore Pools story. Singapore: Singapore Pools, 1998, p. 23.

加坡元。①

1988 年 1 月 1 日,新加坡博彩业委员会根据新加坡博彩业委员会法案(第 305 章)第 3 条规定而成立。1988 年 3 月 22 日委员会为实行"新加坡博彩计划"而授权跑马场俱乐部承办赛马和赌博活动。② 制定新加坡博彩业委员会法案的目的是为了保护公共利益和减少博彩业举办过程中法律和语义上的争议,是为了确保跑马场俱乐部的财产没有被用于与促进公共利益无关的活动或只为俱乐部少数成员的私人利益服务。

通过该法案为确保公众资金被用于公共事业提供了保证。由于涉及大笔资金,成立一个公共监督机构以确保资金用途是非常必要的。根据该法案所成立的委员会为公众参与监督彩票经营利润去向提供了合理的途径。根据以往记录,只有极少的资金被用于慈善事业,而大部分积聚的钱财都被用于促进小部分人的利益。所以政府成立一个机构来监督跑马场俱乐部的活动是非常适时的。

该法案能为社会、慈善和艺术事业提供可观的额外资金来源。在过去,经营慈善事业和推进体育和艺术发展大部分都依靠公众和企业捐款或赞助,所以,大部分议员对于建立一个自力更生的社团集中提供大量资金的做法都是非常赞同的。然而,议员 Leong Horn Kee 认为仅仅规定委员会常常捐款给慈善事业是不够的,因而规定委员会需将其年利润的固定比例捐献给慈善机构是必要的。这样不仅公众受益于这项义举,而且参加赌博者不管其是输是赢,也清楚地知道它投入资金的固定比例被用于公益事业。

该法案第 16 条第 1 款规定委员会或跑马场俱乐部"可以以委员会的名义在任何报纸上刊登广告,列出博彩机构的名称、地址、营业时间、电话号码、规则、条款或条件"。第 2 款则规定"第 1 款中所列事项不得出于诱使公众做出博彩投资的目的"。事实上,第 2 款与第 1 款是矛盾的,因为第 1 款明显允许对博彩事项进行宣传,而这些信息都是为了鼓励公众参与博彩业。彩票广告体现了一个政策困境,因为税收最大化的目标与大规模鼓励公众参与博彩业活动的非道德性是相矛盾的。显而易见的是,增加博彩业收入需要吸引新顾客或激发现有顾客的兴趣。但是公然鼓励公众赌博就跟引诱其酗酒和抽烟一样通常被视为不道德或违法。但仍有方法可以缓解分歧。根据美国经验,彩票广告宣传一些基本信息是允许的,如彩票如何运作,票面价格、奖金分配、奖项个数及关于获奖者的真实报道。但一般商业广告不

---

① Singapore Pools (Private) Ltd, Annual Report, 1987－1995.
② Singapore Totalisator board, Annual Report, 1990－1991.

应包括以下内容：

（1）叙述虚构的中奖者可能、希望或已经用奖金所做之事；

（2）用不规范或不准确的语言叙述潜在的中奖者/奖金；

（3）采取赞扬购买彩票者或贬低不购买彩票者的促销方法。①

具有重要意义的是法案还规定"未满 18 周岁者：（a）不准赌博；（b）不得试图获得红利、奖金或任何形式的回馈款；（c）不得进入委员会所有或在营业时间进入俱乐部用于赌博的场所，除非有与赌博无关事项或有特殊情况征得了委员会的批准。"②

七、前景与启示

新加坡博彩有限公司在 2004 年 5 月 1 日正式改组成为新加坡博彩业委员会的下属公司。在此之前，新加坡博彩业委员会法案已做出修整来配合委员会扩大了的工作范围。修正案的第一读在 2004 年 2 月 27 日进行，第二读和第三读则安排在 2004 年 4 月。修正案规定博彩业委员会将负责支配联合经营所得利润的捐赠工作。博彩业委员会、跑马场俱乐部和博彩有限公司的一切运作都将照旧。博彩有限公司归属于博彩业委员会可以将两者的捐赠活动统一起来。重组活动也允许两个博彩机构——跑马场俱乐部和博彩有限公司将精力集中于各自主要经营的活动并改进运作方式，以产生更高利润和增加其对社区的捐赠额。同时，修正案也修改了原来只允许委员会创建公司而不能接管公司的规定，为其接管新加坡博彩有限公司铺平了道路。

在回顾新加坡彩票业政府管制的整个历史演进过程后，笔者认为其中有许多机构设置和法律规定都值得当前我国政府借鉴。

（1）我国当前体育彩票和福利彩票的发行目的都是为了促进社会公益事业的发展，不存在新加坡私彩与国营彩票并存的现实，所以笔者认为我国自 2000 年以来对彩票均收取企业所得税，奖金征收 20％的个人所得税的规定还有可以改进的地方。当然我国还没有具备像新加坡一样对为公益事业而发行彩票的企业实行免税的条件，但当前的税率明显偏高，所以如果企

---

① 见 National Association of Broadcasters, Radio Code and Television Code. Washington, D. C. , 1975.

② 见 Singapore Totalisator Board Act，the Singapore Totalisator Scheme (SCH1)，Clause 2，section 5.

业发行成本降不下来,势必压缩奖金,而这又会导致基金比例下降,不利于公益事业的发展。笔者建议国家有关机关通过权衡,兼顾国家税收和公益事业的发展,规定一个较为合理的彩票发行企业所得税。另外包括新加坡在内的多数国家,都不缴纳奖金个人所得税。而我国却对所有获奖者都规定了20%的个人所得税,这会明显影响奖金的吸引力,不利于调动公众的积极性,应当适当调低。

(2)我国与新加坡一样,也经历了一个从国家不承认彩票合法性到最终参与其中经营国营彩票的过程。但当前社会上还存在许多反对国营彩票的意见,在这方面,包括新加坡在内的许多国家所接纳的容忍理论与牺牲理论的协调理论就可以成为我国发行国营彩票的坚实理论基础。

(3)我国可以适当仿效新加坡政府对非法彩票活动的严惩措施。新加坡政府早在1959年就明确规定了非法彩票活动的禁止和犯罪行为的情形和法律后果,而我国目前在正式法规、规章中都没有规定,只有1999年年初,人民银行在进一步加强彩票市场管理的通知中指出,对与发行和销售非法彩票有关的行为,参照取缔非法集资办法进行查处。正是由于法律规定的不周全,才导致了近期发生的西安"宝马"假彩票案。该案作为一起即开型彩票销售中的极其恶劣的欺诈案件,严重侵犯了彩民的利益,给彩票事业造成了恶劣的社会影响,极大地损害了体育彩票的信誉。所以,在将来制定《彩票法》中,要强化政府的管制职能,打击违法违规行为,制裁犯罪行为,同时运用税收、行政、经济等手段为彩票市场创造良好的环境。

(4)当前我国彩票业政府管制的结构如下:国务院有关财政部门(如财政部和中国人民银行)→国家体育总局和民政部→各级地方政府的体育和民政部门。各部门权责规定不明确,导致彩票管制关系没有理顺,而且各民政和体育部门与相关彩票发行都有利害关系,所以常会出现一手制定政策一手执行政策的现象,虚化了国家的管制和制约职能。各部门之间由于利益冲突而互相诋毁,从而导致彩票信誉毁损的事例也常有发生。所以建立一个与新加坡博彩业委员会功能相似的国家彩票管理委员会并在各地设立彩票管制办公室,来专管彩票市场是非常必要的。

(5)与新加坡博彩有限公司类似,我国应成立全国统一的彩票总公司,置于国家彩票管理委员会的领导和监督之下,负责全国各种类型彩票的印制、储运、发行和销售,改变目前中央、地方、部门分属管理局面,保证彩票市场的统一性和完整性。

(6)在我国设置了一套彩票业政府管制的完整机构后,规定一套严密的彩票发行、管理和监督制度是非常必要的。在这方面,《新加坡博彩业委员会法案》的规定就是一个很好的借鉴。该法案不仅对新加坡博彩业委员会与跑马场俱乐部之间的职责分配和监督关系进行了明确的规定，而且对所有发行、管理和监督过程中的细节都做出了细致、明确的规定。

（7）新加坡法规中关于彩票广告和限制未成年人参加博彩业的规定也非常值得我国借鉴。我国法律应规定彩票广告只能限于对一些基本信息的宣传，如彩票运作方式、票面价格、奖金分配、奖项个数、彩票代理机构地址、营业时间及关于获奖者的真实报道。对于某些夸大或煽动性的宣传必须严格禁止。虽然发行彩票的利润大部分都被用于支持社会公益事业，但由于未成年人的身心发育都未健全，若对其参加彩票活动不加任何限制，极容易导致其沉迷其中，不仅浪费父母钱财，而且还可能误入歧途，走上犯罪道路，所以应当谨慎地对未成年人参加博彩活动做出适当的限制。

第十章

奥地利博彩业的政府管制[*]

一、欧洲的博彩市场

（一）法律现状

到 1993 年,欧盟成员国合法的博彩业年营业额估计已经超过了 1000 亿马克[①],之后自然也有增无减。合法的博彩市场因此而成为欧盟第十二大产业。

然而,欧洲的博彩市场的说法是错误的,欧盟各成员国博彩市场的唯一可比性在于合法的博彩机构必须取得政府的特别许可和营业执照。因而除非获得政府对经营博彩的许可,否则从事博彩业是违法的。另一个欧盟范围内有共性的特征是,法律规定许可证持有者不能招揽来自境外的客户的投注。组织博彩的经营许可证主要也只颁发给国内的公司。因此,从法律角度看来,"欧洲博彩市场"的提法——从共同市场的意义上而言——是不对的,只能说是一个欧盟范围内并列的各国内市场。[②]

因此,在 20 世纪 90 年代早期欧盟委员会不断试图使各成员国的博彩立法更加宽松化和一体化就不足为奇了。但迄今为止,这些努力都由于欧洲议会的反对(尽管这些反对是否是基于管理或财政的需要仍是存在争议的问题)而功亏一篑。在 1992 年,(欧盟议会)爱丁堡会议的预备阶段,欧盟委员会明确以共同体之"辅助性"原则为据,放弃对各国博彩市场法律管制自由化的主张。

此后欧盟委员会寄希望于通过欧盟法院的判例法的方式来实现自由

---

　　* 本章作者为奥地利学者沃尔特·施瓦兹和弗朗茨·沃尔法特,由浙江大学法学院宪法学与行政法学专业硕士生路遥译。

　　① 参见斯坦恩,Glücksspiel im Europäischen Binnenmarkt (1993) RIW 838. 国家彩票占 36%,赌马占 31%,赌场占 17%,老虎机占 11%,其他博彩(宾果等)占 5%。

　　② 参见例如 Vosskuhle. GluÈ cksspiel zwischen Staat und Markt (1996). VerwArch 414.

化。① 然而，欧盟法院于 1994 年 3 月 24 日在对 Schindler 案②的划时代的裁判中——与众多期望以及首席辩护律师的结案陈词相左——出人意料地宣称，英国限制自由提供服务的法规并不违背共同体法。最近，欧盟法院的判例法又发展出了其他两个判决，Läärä 判决和 Zenatti 判决③——再次与首席辩护律师的结案陈词相左。尽管后一判决认为，对符合共同体法律的国家博彩业垄断的限制本应更谨慎地适用，但这种（对自由经营的）管制目前仍非违法。

（二）发　展

撇开这种严格的法律标准不谈，共同体内各国博彩市场的发展欣欣向荣：进入这一不断发展的市场的公司数量与日俱增；所有成员国都开设了政府许可的彩票发行，作为增加财政收入的一种手段；而且由于共同体法律所确立的统一标准，这种彩票发行的范围将会进一步扩大。

这种国家博彩市场与日俱增的经济渗透力是由三方面的发展所促进的。首先，各成员国政府——主要出于财政的考虑——作出了有节制的"僭越"。例如英国，通过 1993 年国家彩票等方面的法案，取消了之前的对大规模彩票发行的禁止，并首次允许成立国家彩票发行机构。其次，社会共识越来越赞同赌博的非罪化。几十年前，在欧洲的大部分地区，赌博被普遍视为一种犯罪，然而现在人们越来越将其看作是一种社会现象或者普通人发财的机会。博彩活动的盈利被捐赠给慈善事业的事实④，促进了社会的逐渐认可。故社会渐渐将博彩视为一种娱乐活动。而更为特别的是，在博彩领域中市场的力量是相当明显的。尽管有各成员国的法律障碍，博彩领域中的发展和盈利潜力实在太过诱人，以至于难以严格固守国家间的划分，并且新型媒体，像因特网为不受国家垄断阻碍的跨境赌博提供了理想的可能性，而这将导致那些国家垄断的逐渐弱化。

---

① 委员会新闻通讯 1993 年 1 月 8 日，IP (92) 1120.

② C-275/92 案，海关和消费税长官诉 Schindler［1994］QB 610；［1994］3 WLR 103；［1994］2 All ER 193；［1994］ECR I-1039.

③ C-124/97 案，Läärä 诉 Kihlakunnansyyttaja（Jyvaskyla）［1999］ECR I-6067；and Case C-67/98，Questore di Verona 诉 Zenatti［2000］1 CMLR 201. 亦可参见：沃尔法特. Der Zweck heiligt nicht immer die Mittel (2000). Ecolex 166.

④ 例如，C-124/97 案，Läärä 诉 Kihlakunnansyyttaja（Jyvaskyla）［1999］ECR I-6067. 亦可参见当前在奥地利和 Connection Schwartz 的讨论，Das "kleine Glücksspiel" -ein taugliches Mittel der Behindertenhilfe? (1995)，ÖJZ 928.

二、奥地利博彩法的历史发展

（一）奥地利垄断博彩业的发展

奥地利博彩市场和许多欧盟成员国的市场具有类似性。基于长久以来的历史传统，这是一种由国家博彩垄断主导的市场。基于 1751 年 11 月 13 日的皇家许可令，哈普斯堡皇室世袭的土地（Erblande）上引入了意大利模式的数字型彩票。① 玛丽亚戴蕾莎女皇将组织这种数字型彩票的权利授给 Conte Ottavio di Cattaldi，这一举措增加了哈普斯堡皇室家族的收入，为奥地利的行政整编以及针对普鲁士的竞选活动提供了经费。

Cattaldi 经营这种彩票直到 1770 年。其后，这项特权被授予 Andre Baratta & Komp。1787 年 10 月 21 日的彩票许可规定，数字型彩票的经营权以后不可再被授予私人，而应该由国家 Kameraldirektion 来组织，也即由国家自己经营。1787 年 11 月 1 日皇家彩票部（kaiserlich-königliche Lottogefälligkeits-direktion）的建立标志着奥地利博彩垄断开始。1765 年 9 月 25 日的皇家许可令禁止了各种各样"新创制的或将被认为具有危险性的欺骗性的 legis"②。

彩票③与其他博彩游戏截然不同的是，输赢仅仅是或主要是取决于运气，并且——如上所述——是由国家自己或国家明确授权的个人或公司来经营。其他的博彩被认为具有危险性，因此其组织和参与者将因犯罪被提起公诉。

（二）第一共和国与国家社会主义

这种将国家彩票和危险性游戏独特的区分决定了奥地利垄断博彩 150 多年的特点，直到第一共和国时期才被抛弃。尽管彩票——具体地说，是指 1913 年引进的数字型彩票和分类彩票——仍然由国家经营，1933 年 10 月 7 日就联邦政府经营赌场和游乐场博彩的独占权问题发布的联邦财政大臣

---

① 数字型彩票于 17 世纪早期在 Genova 发展起来。当地通行从 90 个竞选人中选出 5 名议会成员（90 选 5）补充该城议会。聪明的庄家接受对每位竞选人的投注，将它们的名字变成号码，可以让人下注。这种所谓的"Lotto di Genova"非常流行，很快成为国家收入的一种来源。

② 该词起源于 ludus azardus，骰子游戏所用的阿拉伯数字的拉丁文写法。

③ 抽奖游戏这个词是从已确定或可确定的大量的可能性中靠运气（例如，从袋子或鼓中胡乱抽取小票或小球）产生某种结果的游戏的通称。

法令①(赌场法令),规定了通过政府许可经营赌场的另一种可能性,从而参与传统的危险游戏的经营。这是奥地利的国家博彩垄断范围第一次扩大到彩票博彩以外,其原因在于增强奥地利作为旅游胜地的吸引力。结果,第一批赌场——由新建立的 Österreichische Casino AG 经营——在维也纳附近的巴登夏冬季旅游中心(Kurhaus)、塞梅宁(Panhans 旅馆)、萨尔茨堡(Mirabell 城堡)和 Kitzbühel (Goldener Greif 旅馆)开张。②

1933 年法令的意义不容低估:以前奥地利垄断博彩只包括彩票和类似彩票的下注,自那以后危险性博彩第一次成为了国家垄断的组成部分并用于增加国家收入。③

1938 年,除了巴登赌场外,所有的赌场都被禁止继续经营;1944 年,巴登赌场也由于战争而停止了营业。

(三)第二共和国

1945 年生效的联邦宪法第 10 条第(1)、(4)项允许联邦立法者建立垄断权。以这一宪法根据为基础,垄断博彩业于二战后很快恢复起来。1933 年法令的特色仍然体现在现行法中。1950 年,萨尔茨堡和巴德加斯坦的赌场恢复了营业,并且在威尔登新开了一家赌场。战后,赌场继续由 Österreichische Casino AG 经营。1954 年和 1955 年,Kitzbühel 赌场和巴登赌场分别重新开张。1956 年和 1961 年,泽博登(现在叫塞费尔)赌场和维也纳赌场分别开张。1967 年,Österreichische Spielbanken AG 建立,从原公司接手了现有的赌场,1985 年以来,前者被称为 Casinos Austria AG (CASAG)。

然而,彩票——以国家博彩垄断经营的模式——仍然由国家经营,博彩垄断部门仍然监督赌场的经营者。20 世纪 80 年代早期,奥地利赌博资产外流呈增长趋势,因此 1983 年,奥地利改造了其博彩市场。模仿其他国家的彩票业引入了 45 选 6 的乐透型彩票,并且规定私人经营这种乐透彩票需要通过类似于赌场经营的许可系统。

引入乐透的法律刚出台,新成立的 Toto-Lotto-Projektierungsgesell-schaft mbH——主要由 CASAG 控制——就申请乐透、体育彩票和附加游

---

①　联邦法律公告第 463/1933 号。

②　参见施瓦兹和沃尔法特. Glücksspielgesetz, 1998. Note I. 1 to § 21 GSpG.

③　在此事实基础上,新近研究表明赌场垄断的宪法包容性的保留。参见施瓦兹,Strukturfragen und ausgewählte Probleme des österreichischen GluÈcksspielrechts, 1998, p. 14.

戏的经营许可,并于 1986 年 6 月 11 日获得了许可证。1986 年 7 月 2 日, Österreichische Lotto Toto Gesellschaft mbH 成立。

Österreichische Lotto Toto Gesellschaft mbH 的成功促使联邦政府于 1989 年转让原先由博彩垄断部门经营的即开型彩票(Brieflos)、数字型彩票和奥地利分组彩票给 Österreichische Lotto Toto Gesellschaft。1991 年,该公司改为 Österreichische Lotterien Gesellschaft mbH (ÖLG)。

三、奥地利博彩法基本术语

(一)赌 博

奥地利民法典(ABGB)第 1270 条规定:"赌博是指针对双方都未知的事件设定一定的奖金,并将其归于言中的一方。"因此,赌博的实质性标准是参与者就某事打赌,也就是说,他们在并不确定自己主张是否正确的情况下承诺,如果对方正确就给出奖金。

(二)博 彩

ABGB 第 1272 条定义了作为"赌博的一种形式"的博彩。因此,立法者认为"赌博"一词涵义较广,而"博彩"是个比较具体的用语。但是如果一种具体的博彩仅是赌博的一种形式,它当然也就体现出赌博的主要特征,而博彩的其他固有属性也会存在。在博彩中,参与者也要就一个未知的事项做出不同的主张,且同意给言中的一方以一定的奖金。

(三)博彩与赌博的区别

将博彩与赌博相区分的其他特征是什么呢? 早期理论认为区分博彩与赌博纯粹只有学术价值,因为二者的赌约协议本质相同。[①] 然而,很多新近的研究正确地强调了不同赌约协议下权利不同。[②] 例如,奥地利博彩法(GSpG)第 1 条只提到民法意义上的博彩一词;而奥地利刑法典(StGB)第

---

① 例如 Wolff, in Klang and Gschnitzer (ed.). Kommentar zum Allgemeinen Bürgerlichen. Gesetzbuch, 1968, vol. 2, p. 994; 以及 Krejci, in Rummel (ed.). Kommentar zum Allgemeinen Bürgerlichen. Gesetzbuch, 1992, vol. II. 2, para. 16 to §§ 1267±1272 ABGB.

② 根据 Höpfel, Probleme des Glücksspielstrafrechts (1978), ÖJZ 421; 施瓦兹和沃尔法特, Glücksspielgesetz, 1998, Note II. 1. to § 1 GSpG; 以及施瓦兹和沃尔法特, Rechtsfragen der Sportwette (1998), ÖJZ 603.

168 条和 GSpG 第 52ff 条只对参与非法博彩处以刑罚，而不处罚参与非博彩的非法赌博。

所以，博彩法与刑法典并不调整 ABGB1272 条所定义的非博彩的赌博。因此，非博彩的赌博是不包括在 GSpG 第 1 条所言的博彩游戏中的，也就不受联邦政府博彩垄断的监管。从而，进行或组织这类赌博可以既不违反 GSpG 第 52ff 条的行政违法规定，也不触犯 StGB 第 168 条的司法刑事规定。

这就必须回答赌博和博彩的区别究竟是什么。一些早期的理论试图根据两种赌约协议目的不同来区分它们，认为博彩是一种娱乐活动，以获取利润为目的，反之赌博在于赢得辩论并证实所做出的断言。①

然而这种观点是不对的：赢得辩论不能作为一个特征，因为博彩作为赌博的一种其实体权利在法律上也需要这一事实。明确的区别只能在于其附加目的是为了娱乐还是为了获取利润。在实践中判断这样一个特征的确存在困难，除此以外，这些目的将常常同时存在于同一个人的头脑中：一个人赌了某匹马，往往不仅只是想要证明他们具有特殊的专业知识，还想要通过观察赛跑获得娱乐并获取利润。②

因此要明确区别博彩与赌博必须找其他的特征。立法者使用的"博彩"这个词的特殊含义为这一特征提供了线索：博彩的典型特征在于参与者在比赛。这一特殊的行为导致某种结果，必然构成博彩与其他赌博协议的区别：博彩参与者企图通过他们的行为影响博彩的结果，而赌博的参与者却对此无能为力。

因此，ABGB 第 1272 条所定义的博彩——同样定义于 GSpG 第 1 条和 StTB 第 168 条——含义为，双方关于一个未知事件的结果作出不同主张，同意将一个确定的或可确定的奖金给予赢者，并为其自身利益通过参与其中试图影响该未知事件的博彩协议。

（四）博彩游戏

GSpG 第 1 条第（1）项规定："联邦法律意义上的博彩游戏是指输赢全部或主要取决于运气的游戏。"在缺乏相反规定的情况下，我们可以假定 GSpG 第 1 条第（1）项所用的博彩游戏一词与 ABGB 定义的博彩含义一致。

然而，GSpG 第 3 条中相应地规定将"组织博彩的权利"保留给联邦政

---

① Seelig. Das Glücksspielstrafrecht, 1923, p. 44.

② 施瓦兹和沃尔法特. Glücksspielgesetz, 1998, Note II. I. to § 1 GSp G, p. 604.

府独享。正如前文提到的,"博彩游戏"这个词不包括那些参与者不试图通过他们的行为影响结果的赌博。所以,奥地利赌博法的大部分规定并不受联邦政府的博彩垄断监督(宪法中也有同样规定①)。

GSpG 第 1 条第(1)项规定,在博彩游戏的范围内,博彩的结果必须"主要取决于运气",所以博彩必须由纯偶然机遇组成。在一定程度内,博彩的结果可能也受参与者的影响,但是如果博彩结果由绝大多数偶然机遇决定,则博彩就是一场博彩。②

四、奥地利博彩法规则详述

(一)概　述

如前文所述,奥地利博彩法可以被分成两个主要的部分:博彩协议和赌博协议。③ 联邦管理的博彩领域具有国家垄断的特征且可分为抽奖博彩和赌场博彩;除此以外,存在一个非常狭窄的博彩领域,虽然本质上属于博彩,但依据法律规定并不是联邦政府垄断博彩业的一部分。根据现有的研究和判例法,这个所谓的"小额博彩"④受各州发布的法规管制。

与此相对照,赌博受原始的(不仅仅是派生的)立法机关和州行政机关的监管,并且由 9 部不同的州法管制。

(二)垄　断

1. 概　述

依照 GSpG 第 1 条与第 3 条的规定,除非联邦法律提供另外的方式,联邦政府拥有组织博彩的垄断权利。因此,所有博彩要受垄断监督;联邦政府已经通过授予许可证将抽奖博彩(GSpG 第 14 条)和赌场博彩(GSpG 第 21 条)的组织权授予私人。虽然未被有关的许可证法令提及的博彩目前不受

---

①　参见 ibid. , p. 606; Schwartz, op. cit. , note 12, p. 34ff.

②　参见施瓦兹和沃尔法特, Glücksspielgesetz, 1998, Note II. 4. to § 1 GSpG.

③　除了赌博、博彩和彩票, ABGB 第 1260 条将"所有购买和其他取决于正确的希望或运气的、目标未确的协议"均认定为赌博协议。更进一步说,养老金,社会慈善机构,保险和船舶押款契约均属于此。

④　参见 Schwartz, Das "kleine Glücksspiel"-ein taugliches Mittel der Behindertenhilfe? (1995), p. 928.

本法控制,但其相关的权利仍然在垄断范围内由联邦政府保留。

2. 抽奖博彩

抽奖是一种每张彩票的收益是根据总额计算法则算出的博彩。这意味着实际上所分配的收益额是直接与参与者所下赌注成比例的。依照此计算法则操作的博彩组织者实际上是资本零风险。[①]

GSpG 第 6—12 条详尽列举了各种彩票博彩:乐透型彩票、体育彩票、附加游戏、即开型彩票、分组彩票、数字型彩票、号码彩票、电子彩票、宾果游戏和基诺游戏也被明确归入抽奖博彩;只有以上种类可以由政府颁发许可证给个人组织经营。许可证只能颁一个(例如,一个许可证允许组织 GSpG 第 6—12 条规定的所有抽奖博彩)。许可证有有效期,且只能颁给合法的实体,即在奥地利注册办事机构的公司,且该公司必须有至少 15 亿先令实缴资本且不得有控股的保留。[②] 另外,许可证持有人须提供至少为注册资本 10%的风险保证金,作为对支付下注者的诉求以及政府博彩税收的保证,且由联邦财政大臣保管。[③]

从法律角度来看,联邦政府通过私人机构专营管理(公共)垄断彩票业。因此政府有意将垄断的经济利益同私人管理的财政利益结合起来。

如前文所述,彩票许可证依行政命令授给了 ÖLG 公司,且有效期分别至 2004 年(分组彩票、数字型彩票)和 2012 年(乐透型彩票、体育彩票、附加游戏、号码彩票、电子彩票、宾果游戏和基诺游戏)。1999 年,ÖLG 总营业额达到了 1500 亿先令,其中“45 选 6”乐透型彩票收入为 79 亿先令,贡献最大,年度纳税额达到 51 亿先令。

3. 赌场博彩

和抽奖博彩相比,博彩法没有详细列举各种赌场博彩。许可证只是授权在某地“经营赌场”。所谓“赌场博彩”是一种可致公众于风险中的营业。

如前所述,在奥地利,赌场博彩发端于 1934 年,是由 1933 年 10 月 7 日的赌场博彩法令所致。这一法令最初只允许现场博彩,例如法式轮盘和巴

---

① 参见 Sura. Die grenzüberschreitende Veranstaltung von Glücksspielen. im europäischen Binnenmarkt, 1995, p. 35；施瓦兹和沃尔法特. Glücksspielgesetz, 1998, Note I to § 6 GSpG.

② 对股资的这种要求在奥地利管辖区内非常高而独特,因此,学者反复主张如此大额的股资要求的宪法保留。参见 Schwartz, Glücksspielmonopol mit Ablaufdatum? (2000) , Ecolex 582. 这一要求可能被认为是违反宪法和共同体法律对市场准入的限制的。

③ 参见 Schwartz 和沃尔法特, op. cit. , note 11, Note V. 4. to § 14 GSpG.

卡拉纸牌。① 尽管博彩法规则本身并未列明可依命令许可的博彩种类，GSpG 第 22 条第(3)项明确规定，在赌场中进行的各种博彩活动必须由行政命令特定化。根据目前生效的许可命令，奥地利的 12 个赌场可以经营法式轮盘、巴卡拉纸牌、21 点、老虎机、美式轮盘、百家乐、幸运轮、扑克、红狗以及掷骰子。

许可证持有人须是在奥地利注册的股份公司。公司中没有可信赖度不佳的垄断性的股东，且其股资不少于 3 亿先令。此外，聘用的管理者应当具备资格以及基于其先前从业经历运作该项营业应必备的品质和资历，有其他任何排除事由者除外(例如犯罪纪录)。最后，许可证持有人须基于一定因素(他们的经历、技能和个人财产)来证明其将可以确保赌场税的缴纳。(见 GSpG 第 21 条)

现有的 12 家赌场的经营许可证都颁给了 CASAG 公司。这些许可证将于 2006 年(巴登，巴德加斯坦，KitzbüEhel，Kleinwalsertal，塞费尔和威尔登)及 2012 年(布雷根茨，格拉茨，因斯布鲁克，林茨，Wals-Siezenheim 和维也纳)期满。1999 年，CASAG 经营额总计 29 亿先令。

自从 CASAG 持有 ÖLG34％的股份后，ÖLG 及 CASAG 这两家许可证持有者在经济上相互联系起来。而且，银行、保险公司、奥地利广播公司，以及——在较小的程度上——各散户股民，都是这两家许可证持有者的股东。

(三)小额博彩

GSpG 第 4 条明确规定几种博彩作为联邦政府博彩垄断权的例外。根据当前学说和判例法，这些博彩——被归类于"小额博彩"概念之下——受各州发布的法规管制。

根据 GSpG 第 4 条第(2)项规定，使用老虎机博彩时，如果投注者的投注额不超过 5 先令，奖金不超过 200 先令，则该项活动由州专营，在实践中尤为显著。故这一领域就由州通过制定不同的规则进行管理。在维也纳、施蒂利亚和克林西亚，小额机器博彩是合法的，相反，在下奥地利、上奥地利、布尔根兰、蒂罗尔、萨尔茨堡和福拉尔贝格则是绝对禁止的。

---

① GSpG § 22 para.6 仍然规定赌场经营者经营这种现场博彩的义务。赌场收益的最大贡献来自于大额老虎机博彩游戏。

（四）打　赌

在过去的岁月里，奥地利打赌市场的经济价值日渐提高。尽管无法与英国人那种将打赌作为最热衷的休闲活动的热情相比，奥地利的这项产业依靠 500 位雇员就创造了每年 33 亿先令的营业额，[①]以及 7 亿先令的税费。[②]

奥地利这一市场的主导者是在维也纳附近的 Gumpoldskirchen 注册的 Admiral Sportwetten AG 公司，它是综合性国际博彩业集团 Novomatic AG[③]的子公司。Admiral Sportwetten AG 公司在数州经营着约 50 家下注网点。最近，其又提供网上体育投注，[④]这在 2000 年（适逢欧洲足球锦标赛及奥运会）盛极一时。此外，在一些地方还有一些小庄家，并从 2000 年 3 月起，一家网上投注公司也在维也纳证交所上市。

对体育赛事进行打赌（体育赌博）是由奥地利 9 个州发布的法规管制的。各州立法中一致规定，庄家是出于商业考虑而接受投注的人，中介是出于商业考虑撮合参赌者的人。这些赌博服务只有经由各州政府批准方可从事，州政府具有对企业商务活动的管辖权。无论自然人还是法人，满足条件的申请者都有权要求获得许可，除了从业者条件（如法律能力、企业登记和负责人的信用度）以外，还需向当局提供银行资金担保以证明其信用良好。当局既可能发放不定期许可证也可能发放定期许可证（一般 3～5 年），后者在满足法定条件的情况下可以延续。

缔结赌约的形式不受法律拘束：除了双方亲自到庄家或中介处（所谓"投注事务所"）缔约外，赌约亦可以通过电话、信件、电子邮件以及网上点击的形式缔结。

针对体育赛事以外事项的赌博（例如选举结果）不受法律管制，也没有被明确禁止。根据近期研究，这种"社会赌博"受各州相应领域的法规管制。

一旦开始对体育赛事的赌博，庄家须依法每月向税务机关缴纳月赌注总额 1.5％的税款。若赢家的收益已支付，根据获胜奖金的多少，还要支付获胜奖金的 1％到 25％作为获利费。"社会赌博"的费用为赌注的 2％。

---

①　参见 Kurier Daily，2000 年 12 月 14 日。

②　参见 Wirtschaftsblatt Daily，1997 年 3 月 5 日。

③　更多详情参见 www.novomatic.com。

④　更多详情参见 www.admiral.at。

五、结 论

上述讨论展现了奥地利博彩和体育赌博市场的多样性。虽然基于现有博彩的垄断市场被严格划分,尤其在体育赌博领域,一个朝阳产业业已形成。在垄断之外,存在着小额机器博彩,虽然并未为所有州允许,却每年获得很高的营业额。

从近期大部分欧盟法院的判例来看,在共同体法律下国家博彩垄断还能走多远仍然是个未知数。特别是谈及奥地利国家博彩垄断时,为博彩垄断辩护的声音又会出现——与Läärä案形成对比——这不仅可以实现慈善目的,又能使经营者获得相当可观的收益。无论如何,博彩领域中越来越多新媒体的使用,使得要排除外国参与者是越来越难了。迟早,欧洲博彩市场将会获得共同体范围内的自由开放。

第十一章

西班牙彩票的销售:组织与激励(1763—2000)

——"一直以来我们依靠彩票销售致富"(西班牙谚语)*

一、简 介

西班牙的彩票销售是由国家垄断的,因此,彩票的出售和分配完全控制在国家手中。目前主要存在两种彩票,一种被称为原始的(primitivain,西班牙语),另一种叫现代的(modernain,西班牙语)。① 在西班牙差不多 250 年的彩票业历史中,并且在 1812 至 1862 年间,两种彩票都共存着,仅有一个由国家控制的组织完全负责彩票的销售。我们在本文中的目标是描述这种销售网络的主要特征并试图通过其历史理解这种结构背后的原理。

我们试图解释西班牙的彩票销售是如何运转的,并以此澄清国家在很早就决定控制这一部分而非将他们留给私人部门的原因。设立一个特殊的机构来完成这一职能是否真的必要? 奖励在这个部门工作的员工所付出努力的最好方法是什么呢? 西班牙在这些年来又是怎么做的呢? 成为一个彩票监管者的要求是什么呢,为什么? 这些要求会不断地变化吗?

西班牙彩票行政一个有趣的特征是妇女在其中扮演了越来越重要的角色。很多年来,这个职业无一例外都由男性包揽,但是在 20 世纪里,它成为了女性的职业。这种改变是否与不断增加的彩票销售的激励机制有关抑或

---

* 本章从彩票销售的激励机制的角度出发着重分析西班牙彩票体系的关键特征。什么是最好的彩票销售体系? 一个无限制的开放市场还是一个控制彩票业的垄断实体? 什么是对彩票销售者最好的激励机制? 为他们提供固定的收入、不固定的经纪佣金还是一个固定的职业? 这些选择可以兼容吗? 在本章中我们的目标就是试图找出这些问题的答案,并以西班牙彩票制度的发展历程为背景检测我们的结论。

本章作者 Carlos álvarez Nogal 为西班牙马德里卡洛斯三世大学经济史系教授。本文为他提交给第十四届国际经济史大会专题的论文。译者为浙江大学法学院宪法学与行政法学硕士生陈无风。

① D. Box y Ruylova. Tratado de lotería primitiva para uso de los jugadores y muy útil á los Administradores del Ramo. Madrid, 1855. F. R. Cirugeda, Informe sobre la lotería española. Madrid, 1962.

它只是其他与彩票本身无关的因素而导致的呢？

二、为什么要控制彩票的销售与分配

西班牙的彩票销售一直都置于国家的控制之下。这种控制并不限于彩票发行的组织及收入与奖金的管理，而且包括对于谁、什么时候、如何及在哪里卖彩票的控制。为什么需要这么多的控制呢？可能的原因有三。一为控制发售彩票所得的资金流向，以保证资金的保值和增值，这对于原始彩票而言尤其重要。通常需要对所有彩票项目都给予严格的控制。二为需要产生最大限度的盈利。三则与这个体系本身的信誉有关，而这是任何彩票体系的本质部分。

国家对彩票销售施加控制的第一个原因源于国家想掌握所有有关彩票的信息，包括销售方面的数据、图表及季节性变动的报告。这些信息都在销售商手中，因此，对发行、分配和销售的控制有助于彩票管理者更容易获得以上信息。

在原始彩票的情形下，理想的情况是国家需要在开奖之前投注，以保证运气在自己这一边。在现代彩票的情形下，理想的情况是所有发行的彩票都一售而空，需求和供应恰巧吻合。如果供过于求了，公众将会丧失利益，因为国家由于未售的彩票而将有更大的赢面。而另一方面，如果供不应求，彩票以高于官方定价而销售的可能性就越大，那些无法经由官方渠道买到彩票的人将乐意支付额外的价格。如果销售网络设计得不好，这种情况也将出现，一些地区的彩民无法买到彩票而另外一些地区将有彩票过剩。彩票的二度销售是彩票管制所不允许的，但它们总是存在。因此，坚持规则与必要时的强制执行将是必须的。[①]

非法转售商的存在打破了彩票垄断，使得一部分利润无法控制地流入私人口袋。然而这并不是施加完全控制的唯一原因。彩票体系的信誉同样承受着风险。比如在 1856 年 8 月，有报道称在咖啡馆里，一些侍者、彩票销售商和青年到处向公众兜售需要额外付费的彩票。问题在于经常有骗子在卖过期的彩票。[②]

这种情形迫使国家依照公众对彩票的需求不停地提出变更方案。在某种程度上，在设置奖项之前，猜测公众的需求成为必备的事项。而如果对销

---

① Boletín de Loterías y de Toros, nº. 1359, 12/03/1877 y nº. 1360, 19/03/1877.

② I. Blanco. Tratado elemental teórico-práctico de la lotería primitiva. Madrid, 1857, p. 11.

售网络施加严格的控制,这种猜测将会变得更为容易。

对于资金短缺的国家而言,一个主要的目标就是使彩票获得的利润最大化。将彩票建成一个垄断性事业,排除竞争者,在一种产品上集中需求都是决策内容中的部分。彩票分配网络可以提供额外的收入来源。在国家控制彩票供应的范围内,国家还有控制分配体系和由其提供的利润的机会。

经营者获得利润很大部分是由于相对于潜在的顾客而言,他们能够获得所涉商品的信息并加以使用。经营者由于自己所掌握的技巧或者只有自己知道的技术,比起终端消费者可以以更低的价格获得并分配商品。后者会愿意支付超出产品价值的额外价格,只要这个额外的价格没有超出直接到生产商那里购买产品需要支付的费用。经营者的优势在于他能将运输费等费用降到最低,而这些费用在生产商与顾客之间则是无法避免的。[①]

在彩票业,国家能够获得所有的信息并且对产品的供应施加完全的控制。所以在这里没有让私人中介获得更好信息的余地。也就是说,如果国家能够提供一个适当的销售网络,从私人中间商处购买彩票将不可能存在任何有利条件。这就是通常在西班牙存在的情况。在这里,代理商总是以管理者的身份被提及,事实上,他们管理的是属于国家的彩票与现金。

国家对于垄断与控制彩票销售网络感兴趣的背后还存在第三个原因,即这个体系的声誉,这是一个与彩票销售成功与否密切联系的因素。人们必须信赖这个体系,否则,他们不会从这里购买彩票。没有人会参与这个游戏如果他们觉得自己会被欺骗。[②] 每个玩家都只有很少的机会获胜,但是他们参与游戏的欲望是由他们对于每个玩家都有相同的获胜机会这一事实的信赖驱使的——而非由很小的获胜可能性本身所驱使。上帝之手才主宰输赢。对于过程可能被操控的任何怀疑都将直接导致那些寄希望于上帝之手的玩家的即刻拒绝。

正由于此,国家必须保证这种信赖不仅仅是继续存在,还应当创造条件让它成长壮大。这种声誉存在的一个重要原因在于简明规则的建立,并代表国家承诺当国家恣意妄为时不会改变规则。那些做分配与销售彩票工作的人的形象与行为对于建立信赖的作用是十分重大的。公众与彩票体系接触的途径通常都是通过彩票销售商发生的。

如果国家控制销售网络,那么控制它的代理销售商也相对容易。销售

---

① R. Coase. The Nature of the Firm. Economica, 4 (1937), pp. 386-405.

② C. Fabé Fernández. La Lotería Nacional en España: Historia Instrucción de loterías. Madrid,1949, p. 15.

商的声誉保证取决于这样一个事实:如果通过政府监控,发现任何不合规则的行为,那么销售商将面临丧失客源与受到解雇的双重后果。然而,国家可以惩罚管理者并不代表这个销售体系会在规则行为的情形下受到损害。因此,要达到并维持必要的好的声誉,管理者只是可能受到惩罚是不够的,国家必须谨慎选择管理者并找到能鼓励他们有效且诚信地行动的激励机制。

三、一种官方组织:西班牙彩票管理网络

西班牙的彩票销售总是控制在国家手中,虽然某些替代的选择时不时会被考虑到。比如1896—1897年的预算工程中,建议对外界开放彩票销售。然而,这种建议从来都没有被采纳。[1]

一开始,这个体系是基于那不勒斯的模板建构的,包括彩票本身和管理的人。琼斯·帕雅(José Peya)就来自这个城市[2]。考虑到彩票带来的国库收入,彩票被置于税收控制之下。起初,在18世纪,由财政部的副部长负责控制,后来,这种控制权移交给部长本人。

彩票组织总是包括三大块:彩票管理包括印制彩票、控制平衡、彩票的销售及最后创收的管理。管理三个任务的核心部门是位于马德里的中央彩票管理局(Dirección General de la Lotería)。中央彩票管理局的所有行政岗位和部门负责所有彩票的管理方面、技术方面和操作方面的工作。

西班牙彩票发行的地理分布背后有三个基本的理念。所有这些发行都必须与马德里的中央彩票管理局有很好的沟通。这些发行应位于人口相对密集的地域并且这些地方设有地方的财政机构,因为财政部门负责彩票的收益。[3]

彩票收益的管理和转移一向都置于税务部门的控制之下。比如,在卡洛斯四世(Carlos IV)统治时期即19世纪早期,税收通过三个渠道收归国库:位于马德里的中央财政部、地方和军队以及被赋予以上地位的跨省的或地方性的机构。后来,这些功能由每个省建立的地方财政部办公室来执行。一开始,彩票发行被认为属于行政管理事项之一。虽然起初在马德里和新卡斯提尔的彩票发行被称为"porterías",这种组织彩票发行被描述为所谓

---

① J. Altabella. La Lotería Nacional de España (1763—1963). Madrid, 1962, p. 121.

② H. Herrero. El monopolio de una pasión. Las reales loterías en tiempos de Carlos III. Valladolid, 1992, p. 63.

③ H. Herrero. El monopolio de una pasión. Las reales loterías en tiempos de Carlos III. Valladolid, 1992, p. 103.

的彩票规则,这为管制彩票的规则奠定了基础。

表 11-1 西班牙彩票规则

法　规	颁布日期
王室彩票法令	1763 年 9 月 30 日
H. M. 发布的彩票管制法	1776 年 7 月 31 日
西班牙国家彩票法令	1812 年 2 月 13 日
管理部门发布的国家彩票管制法	1812 年 12 月 12 日
一般彩票法令	1836 年 11 月 18 日
一般彩票法令	1852 年 6 月 19 日
一般彩票法令	1882 年 12 月 3 日
一般彩票法令	1893 年 2 月 15 日
一般彩票法令	1956 年 3 月 23 日

彩票管理部独立于任何其他公众事务管理部。类似地,虽然这些部门的雇员由国家支付薪水,但他们从来都不被认为是国家公务员。[1] 他们的工作只是卖彩票而已。一开始的目标是建立一个覆盖整个西班牙的复杂的网络来保证运营能力。正由于此,这个网络是按等级排列的并且比照地理分布建立,尽可能地模仿其他行政部门的架构:省、村社,必要时也有例外。

中央彩票管理局和个人管理者代表了这个组织的两端,在省会所在地可以看到代表中央的管理者。[2] 他们负责检查与控制账目和较小管理者的活动。后者就是被大家所知道的管理者代表,并且由于他们的监督功能被每个地区或省的税务部门取代后,最后于 1931 年终结了。[3]

四、给彩票销售商设定激励机制的必要性

彩票销售可能被看成是一种无需技能的工作,似乎只要懂得读、写和计算就充分具备了这种工作所需要的素质。然而这种观点并不完全正确,因为彩票销售有两个方面。一个是销售本身,用一定数量的货币交换彩票,而另一方面是促进销售的方式以及围绕交易产生的其他事情。第二个方面在吸引顾客回头再买彩票的概率上起了很大的作用。

第一个方面是机械性的,因此是国家很容易控制的。不外乎双方都做

---

① M. L. Meijide. Vicente Seixo y la lotería en Cuenca y Galicia en el siglo XVIII. Madrid, 1981.

② 马德里的部长直接管理所有在马德里与卡斯蒂利亚的管理者和普通雇员。

③ La Gaceta de Madrid, nº. 150, 30/05/1931, p. 1038.

好关于彩票销售量和收到的现金数量的相关记录并且核算数额与每次交易的佣金。对于任何一方而言，可能作弊的空间都很小。这对于国家和销售商双方都是很有利的，因为它将冲突的可能性降到了最低，也因此降低了操作成本。然而这对于管理者而言却存在威胁，因为他们可能很容易被另一个人或机器替代。这种技术可能在19世纪尚未开发出来，但到了20世纪中叶，已经完全可能了。

销售商比起刚才所介绍的减少人力消耗的技术所具备的优势在于彩票销售的第二个方面。取决于需求和供应的价格并不是产品销售时发挥作用的唯一因素。销售商和客户之间的关系同样起着作用。这种关系在商品为几乎相同的必需消费品时可以忽略不计，但在奢侈品的情形下，如彩票，这种关系就至关重要了。在彩票销售中，诸如偏好、信心、信赖以及这个组织和销售者的声誉，与其他买家的关系、社会关系等因素都起着作用。上述的第二个方面比起其他类型的交易而言更加重要。彩票管理者就处在可以控制和影响这些因素的位置。这个主观方面的要求是他们工作的关键部分，这也解释了给那些于日常销售之外做出不同的努力和销售额更高的销售者额外奖励的原因。

将销售商塑造成负责带给人们幸运的代表的努力在多方面进行中。比如一个关于1866年彩票的报道就提到在马德里 Puerta del Sol 地区的一个彩票管理者 Garcia de la Puente 先生，已经获得了17项主要奖励，使得16个家庭致富且大幅度改善了另外160个人的境况。[①]

虽然管理者销售彩票的收益取决于彩票的需求量而与负责彩票发行的人的身份无关，并且销售额最高的地区是某些特定类型的城市或近郊，或者那些曾经幸运地中奖的地方，但是销售商与客户之间的关系仍然是一个关键因素。这可以用来解释为何发行情况类似的地区销售额却有差异，也解释了为何当负责发行的人改变了，销售额也随之改变。

五、激励的类型：职业结构抑或经济回报

激励的问题必须由负责销售彩票的实体来解决。[②] 需要提供什么种类

---

① Boletín de Loterías y de Toros, n°. 827, 31/12/1866.

② C. Prendergast. The Provisión of Incentives in Firms. Journal of Economic Literature, XXXVII, 1999, pp. 7-63. R. Gibbons. Incentives in Organizations. Journal of Economic Perspectives, 12, n. 4, 1998, pp. 115-132.

的激励才能尽可能地激发销售商的能动性? 哪种激励机制最为有效且最容易控制呢? 在作为所有者和彩票系统管理者的国家利益与彩票销售商的利益冲突如何解决呢?

我们要解决这个问题必须先明白彩票销售商只是彩票经营垄断所有者与公众之间的一个中介,但是他们却控制着对于彩票运营成功至关重要的在之前的发展中积累的信息。[①]

对于彩票,人民最初的印象是任何象征着销售商获利的部分都导致国家的利益的损失。然而,这种关系不能简单地被看成是一种零和关系。因为彩票是一种重复性的游戏。所有参加的选手、国家、销售商,以及公众都能从某次游戏中学会并在以后运用一些技巧和策略。将来赢得或赚到更多的可能性是一个影响所有目前游戏参与者的因素。当这种关系继续下去,博彩一局又一局地进行,销售额增长可以分享的利润将会越来越多。而这又依赖于公众对于彩票的未来态度,依赖于彩票销售商对于客户的态度,当然也依赖于国家决定和销售商与公众以奖金形式分享利润的方式。这将会出现一种可能的平衡状态,在这种状态里,国家和销售商之间的协调将引致双方的利润都增加。

国家有两种激励销售商的方式:经济上的和职业上的。经济上的激励包括短期或长期的奖金和各种回报。职业上的激励可能包括提供一个长期稳固的工作和内部的提拔。所有这些手段在西班牙彩票历史上都曾被用过。

六、经济激励:佣金

一种短期的经济激励容易吸引人们加入这个职业。问题在于决定这种报酬的数量和来源。一种和销售额挂钩的佣金制度最能激励销售者。这种制度源于早期的西班牙并且随着销售和需求的增加而有所改变。

这种经济激励由于它的直接性和对于双方而言都是一目了然的,因而总是最清楚的也因此是最重要的。彩票一出售,销售者就能拿到佣金而这可以由负责销售的管理者控制。国家只需要确认这些活动都处于监督之下且公平地进行,而当明知彩票供应的数量时,这是容易做到的。

---

① E. Fama. Agency Problems and the Theroy of the Firm. Journal of Political Economy, 88,1980, pp. 288-307.

表 11-2 彩票销售的佣金

年 份	佣 金
1673	管理者 10%,5%(原始彩票)
1813	管理者 3%,1.5%(现代彩票)
1946	3.5%,Murcia,Cartagena and Valladolid; 3%,La Coruña,Algeciras,Jerez de la Frontera,La Línea de la Concepción,Puerto de Santa María,San Fernando and Pamplona; 2.75%,Granada,Valencia and Bilbao; 2.5%,Saragossa; 2%,Barcelona,Cadiz,Madrid,Malaga and Sevilla; 4%,其他
1971	300 万比索塔以内,5%; 300 万到 1500 万,4%; 1500 万到 2500 万,3.6%; 大于 2500 万,2.4%
1979	300 万银币以内,6%; 300 万到 1500 万,4.8%; 1500 万到 2500 万,3.6%; 大于 2500 万,2.4%

来源:El Enano,n°. 147,20/12/1853,BOE 10/2/1946. n. 41,p. 1118. BOE 22/8/1954. n. 234,p. 5797. BOE 2/12/1970. n. 288,p. 19568. BOE 17/3/1979. n. 66,p. 6712

　　由于主要的管理者要对他们控制的其他的彩票发行负责,他们有一部分数量取决于整个省彩票发行量的佣金外的报酬。在 1929 年这部分额外报酬是每月每个发行量数量 10 比索塔。[①]

　　这个体系背后最大的困难在于每一个发行都是不同的。城市的发行与乡村的大相径庭,甚至就算在差不多大小的城镇发行,居民的购买力都是一个关键因素。

　　为了鼓励雇员在落后的地区努力工作并试图至少让他们能够维持生计,国家提高了这些地区的佣金水平。发行变大变小的频率可以清楚地反映出维持生计的困难程度。由于人口和销售量都增加了且管理者也发展

---

① La Gaceta de Madrid,n°. 150,30/05/1931,p. 1038.

了，重新思索高佣金制度的必要性就显现出来了。

整个 19 世纪，佣金水平和变化情况是销售额升高或降低背后的关键因素，然而这种变化对于成功地销售彩票的实质影响仍然不清楚。

销售佣金之外，仍然有针对特殊种类彩票的特殊报酬。比如销售商通常在圣诞节彩票发行的时候收到这种报酬。不止一次证明这种激励对于销售商有积极的效应。自 1864 年圣诞彩票获得特殊报酬之后，《彩票和斗牛》海报提醒读者，当时的主管 Zea 曾经给包括所有管理者在内的雇员以奖励，而结果则是彩票几乎全部售罄。[①]

在 19 世纪，这种奖励没有任何规则，完全取决于主管部门，由它们来决定奖励谁，什么时候奖励以及奖励多少。

七、另一种经济激励：额外收益

这是在奖金之外的奖励销售者的办法，包含了零售商对于销售者的妥协。这些零售商并不负担运营彩票所需的成本。当国家和销售者对收益讨价还价的时候，这种额外收益能使国家增加利润。在西班牙，这种额外收益包括额外的报酬、官方对于服务的认证（使用对于公用服务相同的体系）和大量义务的豁免（比如兵役或者公民义务）。[②]

在 19 世纪中叶，这种额外收益经常被使用，特别是 1864—1865 年间佣金减少时。如果经济报酬没有可能，作为补偿，管理者们可以要求享受比照公务员的特权，依靠等级和业绩划分。[③]

八、职业激励：提拔和稳定性

支付报酬并不是西班牙促进彩票销售网络质量的唯一制度。职业激

---

① Boletín de Loterías y de Toros，nº. 724，10/01/1865. El Sr. D. Mariano Zea，que tanto renombreadquirió como director de la renta，adoptó el sistema de recompensas en más de una ocasión，y los buenosresultados pueden verse todavía en el archivo y en los libros de la dirección en los cuales aparecerá que enaquella época apenas había un sorteo en que se hiciesen devoluciones de billetes sobrantes.

② El Enano，nº. 147，20/12/1853.

③ Boletín de Loterías y de Toros，nº. 736，4/04/1865. 在 1865 年早期，这些管理者"他们并不享有工作带来的好处，相反他们需要面对很多困难与交税"。

励——提拔与提供长期稳定的工作——同样起着重要的作用。[①] 这种激励机制更加复杂,因为回报不是立竿见影的,而是中期或长期才能实现的。因此,他的可信度取决于国家作为一个许诺者本身的声誉。

从某种角度说,短期利润收入取决于该地区的潜在客户类型。一种补偿管理者的方法是,承诺对于成功的销售商,他们的努力将得到去更有利可图的地域发行彩票。这种内部的升迁取决于国家的"记忆力"和国家经常性地对于自己鉴别好的销售商与差的销售商的能力的证明。

我们没有找到西班牙建立了清楚、客观的升迁规则的证据。因此,我们可以看出,这种类型的激励机制并不是驱动彩票销售商的关键因素。在另一方面,如果内部的升迁真的实现了,移到一个更好的地域必定会影响到很多销售商。

除了在部长任命的场合,素质和经验总是被考虑的因素,因为此时二者是可争辩的。比如当税务部的副部长 José del Ribero Cevallos 在 1836 年退休的时候,曾经是彩票监督者[②]的 Casimiro Tirado 取代了他位子。在 1868 年 10 月 2 号的晚上,在一个负责国家垄断收入部门(Dirección de Rentas Estancadas y Loterías)的高层会议上,在临时革命委员会(JuntaProvisional Revolucionaria)的决定下,高级主管的位子被 Gerardo Lameyer 占领,作为中央彩票管理局(Dirección General)的负责人,行使部长职权。Ramón de Barroeta 是第三层级的管理者,并负责彩票部门,而 César Bellenguero则只负责彩票的检查和发行[③]。

在 1865 年,José Schneidre y Reyes 被任命为中央彩票管理局(Dirección General de Loterías)的部长助理,他曾经是那里的图书管理员。[④] 在 1885 年 8 月,Juan de Mata González y Bachiller 在负责彩票印制达 30 年之久后死去。这个位子起初暂时性地由他儿子继任,因为他伴随他父亲工作并有经验,最终他因为被认为是这个位子的最好人选而成为永久继任者[⑤]。

[①] L. Carmichael. Firm Specific Human Capital and Promotion Ladres. Bell Journal Economics 14, 1983, pp. 251-258. Incentives in Academics: Why is There Tenure? Journal of Political Economy, 96, 1988, pp. 453-472.

[②] La Gaceta de Madrid, 24/09/1836.

[③] La Gaceta de Madrid, 10/1868.

[④] Boletín de Loterías y de Toros, nº. 758, 5/09/1865.

[⑤] Boletín de Loterías y de Toros, nº. 1798, 10/08/1885. The ministro de Hacienda y del Director deRentas Estancadas were agree.

　　内部升迁并不限于中央彩票管理局内部的雇员,也包括那些受雇于管理者的人。服务的年限和个人素质将在新人任命中起到作用,这一点很早就是确定无疑的了。比如在发行量最好地区之一的 Sevill 地区服务的管理者 Antonio Travé 死后,他的位子就被在这个城市里服务时间最长且收入最低的管理者所取代,这种制度也使得他的同僚们的处境逐渐改善。[①]

　　和升迁一样的另一个对于管理者的激励机制就是一个长期的稳定的工作。虽然很多管理者不能赚到高薪,但是至少他们有比较稳定的常规收入。在西班牙暂时的彩票销售商并不是国家的雇员。一旦一个管理者被任命,他或她正常情况下将占用一个职位,除非他或她由于一个大的错误而被解雇。为了避免模棱两可,国家建立了一个可以授权解雇的严重违规行为的清单,并在彩票法规中加以出版。

　　稳定的工作这个概念作为一个激励机制在销售者的机会成本减少时更为有效,也就是说,可选择的谋生途径越少,激励效果越好。这种情况是雇佣一些在雇佣市场上存在困难的素质较差的员工是合算的。事实上,国家有权开放或关闭彩票发行来减少雇佣较差管理者的负面后果。收益制度和发行竞争减少了只是简单地接受某一水平的报酬的诱惑而鼓励管理者主动增加销售额。

　　20 世纪,当公开招聘管理者制度被引进后,人们认为应当给管理者的家人提供一些利益因为"一个正确的彩票管理应当是一个家庭项目、一种集体性的财富创造"。管理者的死亡可能会使一直为国家服务的家人处于绝望的境地。在多年的连续服务的情况下,管理者只是作为一个家庭资产创造者的概念受到质疑,其他的家庭成员应当因此受惠。[②]

　　可以确定的是,当一个连续服务超过 20 年的管理者死去,此份工作应当直接移交给家庭成员而不需要经过公开招聘的过程。

　　稳定的工作与升迁两种形式的激励机制,总是相辅相成的。国家给予努力升迁的回报只有工作的稳定性能够保证的情况下才是可信的。

九、西班牙彩票管理者的任命：不同的任命体系及其结果

　　国家控制销售网络的同时也负责管理者的任命以及他们的地理分布。

---

　　① H. Herrero. El monopolio de una pasión. Las reales loterías en tiempos de Carlos III. Valladolid, 1992, p. 114.

　　② La Gaceta de Madrid, nº. 305, 1/11/1931, p. 683.

这种选择由控制与经营彩票的实体本身行使。

严格按照既定规则为管理者和下属零售商设定责任的做法,与彩票发展早期通过非正式方式任命这些职位的做法形成鲜明对比。[①] 第一批的职位是在没有既定规则的情况下任意任命的。有影响力的人的推荐起到了重要的作用。许多职务是由作为 Peya 的朋友的意大利人担任的,他们之前曾经在那不勒斯为彩票业工作过。所有新的管理者都被要求存储一定的准备金,数量根据佣金和发行彩票的销售量而不等。

后来,税务部的副部长建议当职位空缺时,应当从城镇或城市的居民中选拔。虽然所有任命最后都需要中央彩票管理局主任和税务部部长同意,但候选人首先应当获得当地市长的积极评价。[②] 唯一的要求是候选人没有其他中央彩票管理局的领薪职位且有足够的准备金可保证发行的正常运行。以后逐渐增加的内部升迁的标准则还考虑到服务的期限和本身的长处。

1893 年彩票法规定财政部负责第一和第二等级的管理者的任命。唯一的条件是如果有每年佣金小于 3,000 比索塔的职位空缺,要先通知国防部。[③] 第一等级的管理者由部长任命,第二等级则由财政管理局任命。这个文件也赋予管理者推荐零售商的权利,由于零售商在管理局之外与客户直接接触,这样可以提高销售额。这种任命需要地方财政管理局同意并且要保证销售彩票时不借助管理者的名义收取任何额外的费用。

20 世纪,围绕任命的任何情形都受到严格的管制,以用来排除任何形式的违规行为。1924 年 7 月 9 日的王室法令规定,空缺的职位要通过官方公开考试的方式填补。这个法令同时也包含了一个产生重要影响的规定:候选人需要是公务员中的那些父亲或母亲已经过世的寡妇。[④] 这使西班牙彩票销售商队伍的结构产生了重要的变化。短短时间之内,一个原来由男性主宰的职业领域瞬间变成女性的坚固领地。在 1931 年早期,有评论指出"所有的管理马上都要被妇女掌控了"[⑤]。

---

① H. Herrero. El monopolio de una pasión. Las reales loterías en tiempos de Carlos III. Valladolid, 1992, p. 113.

② Ibídem.

③ La Gaceta de Madrid, nº. 286, 12/10/1932, p. 225. Law of 10 july 1885 and Regulation 10 October 1885.

④ La Gaceta de Madrid, nº. 305, 1/11/1931, p. 683. "一开始,这些管理者并不是公务员,他们的家人也不是,但是在这种做法受到很多抱怨之后,就将家人考虑进去了"。March 20, 1930. La Gaceta de Madrid, no. 150, 30/05/1931, p. 1043.

⑤ La Gaceta de Madrid, nº. 150, 30/05/1931, p. 1038.

　　任命经济状况不济的妇女是利用彩票作为社会福利的一种方式,但是也产生了很多问题。两年后,人们意识到,想要使得到任命的经济状况不稳定的妇女有一大笔存款作为准备金是不合逻辑的。这个系统间接诱发了人们举债来作为准备金。很多妇女需要借钱来支付准备金就意味着她们实质上将失去收入中的很大一部分,"更糟的是她们有时候要将法定的直接的发行控制权交给债主"①。

　　旨在监督缺席的管理者和监督员的数量也在增加,用以防止出现类似情况,但是相伴而来的另一种能够吸引那些"有良好经济背景又能带着勤勉、谨慎和热情工作的人从而达到最好的效果"的制度也亟待建立。② 这就意味着建立忽略性别的公开的选拔制度。一些优惠条款仍然存在,比如公务员或者管理者连续服务 15 年后其亲属享有一定的权利,这其中也包括曾经被排除的男性亲属。同时,由中央彩票管理局任命最合适的人选的最终权力得到稳固和提升。③

　　然而,这种更加开放的制度并没有持续多久。国内战争使制度又回到了任命经济不济妇女的形式上,而且政治倾向也在任命时起到了很大的作用。1939 年彩票、烟草和石油监督局建立以后,就从那些在共和国战争中死难者的家属里挑选候选人。

　　18、19 世纪期间,不管是立法还是实施的彩票法规都特别规定不允许任命妇女,但事实上这一规定多年来都形同废文。一开始,在某些情况下曾有过抗议。④

　　第一个女性销售商出现于 19 世纪。Isabel Blanco,马德里的主要管理者,于 1856 年出版了一本旨在帮助公众理解彩票工作及建议如何运营的书

---

　　①　La Gaceta de Madrid, nº. 286, 12/10/1932, p. 225.

　　②　La Gaceta de Madrid, nº. 286, 12/10/1932, p. 225.

　　③　La Gaceta de Madrid, nº. 286, 12/10/1932, p. 225. La Gaceta de Madrid, nº. 82, 22/03/1936, p. 2296. It is important to note that: "en la resolución de los concursos para la provisión de Administraciones deLoterías vacantes, el Ministro de Hacienda designará libremente entre los concursantes que se estimeconveniente, en uso de sus facultades discrecionales, y que en consecuencia, sus acuerdos no seránrecurribles por la vía contencioso-administrativa."

　　④　Boletín Oficial del Estado (BOE), 27/07/1939, p. 4048. Por ley del 22 de julio de 1939.

籍。在 19 世纪 70 年代,有一些妇女被任命,但这属于例外而非常规。[①] 奇怪的是几乎所有这些任命都发生在马德里。

除这种帮助妇女的努力之外,妇女作为一个因社会分工而受歧视的群体因此而很难找到工作或独立生活。这种任命贫困妇女的政策也可以被看成是中央彩票管理局减少成本支出的一种方式。

从雇佣的角度看,这些妇女属于比较省事且远离麻烦的劳动力。这不是因为他们在维护权利和薪水方面要求比男性低,而是这些经济不济的妇女、寡妇、孤儿的机会成本比较低。不管收入水平如何,能够发行彩票对于他们而言是极端重要的。

我们应当注意到,对于一个资源有限又带了几个孩子的寡妇而言,虽然收入可能很少,但是提供给他们一个长期稳定的工作比提供给一个处境更好的人有价值得多。寡妇和孤儿的机会成本很低,特别是妇女会在雇佣市场面临很多困难的场合。这种情况下,国家可以达到其中一个目标:拥有一个领取低薪效忠于工作又没有劳工冲突的管理者队伍。

十、结　论

西班牙的彩票总是由国家垄断运营的。对此我们可以找到三个原因:第一是控制现金流的需要以保证其活力,这在原始彩票中是至关重要的,因为发行之前要经过分析。第二个理由是为了排除中介以最大限度地提高利润。第三个原因是与彩票体系本身的声誉紧密相连的,这是由国家和那些真正与公众接触的人即销售商共同维系的。

销售网络的组织很大程度上依赖于国家需要的激励体系,以尽可能地驱动销售商。它必须同时做到信任它的销售商与激励他们以保证可能的最

---

① Diario de Sesiones. Sesión del 5 abril de 1821, n. 39, p. 894. I. Blanco. Tratado elemental teórico-práctico de la lotería primitiva. Madrid, 1857. Boletín de Loterías y de Toros, nº. 1350, 8/01/1877. On November 21, 1876 doña Fulgencia Mirandagot the Administration number 13 at Madrid. Boletín de Loterías y de Toros, no. 1363, 9/04/1877. ByReal Orden March 29, 1877 doña Cesárea Maroto was named Administrator for the office number 21 atMadrid. Boletín de Loterías y de Toros, nº. 1388, 1/10/1877. Administration n. 8 at Madrid was held bydoña Dolores Fernández Travanco and there were other three women: Doña Antonia Girado was in theAdministration 1ª class, n. 1310 at Santander. doña Rosalía Rodríguez at Valladolid and doña Carolinadel Dalmon at Palma de Mallorca. Boletín de Loterías y de Toros, nº. 1409, 25/02/1878. By Real Orden January 11, 1878 doña Pilar Segovia was promoted as Administrator 1ª class at Valladolid, when theformer owner, don Dámaso Espinosa, died.

好结果。那里有两种可能的激励：经济的和职业的。西班牙的彩票发展史提供了运用两个体系的多个例子。最常用的经济激励是佣金的支付：从销售额中抽成支付给销售商。其他额外的利益也时常被运用以使销售商提高社会地位。职业激励则包括稳定性和内部升迁，这依赖于服务时间长度和本人优点与价值，当然并不存在成为公务员的可能性。

　　彩票管理者的选任过程有很大的变化。早期，有影响力的人的推荐起到了重要的作用，中央彩票管理局的主任有最后决定权。后来，任命最合适的候选人的权力转移给了部长。一种官方的有客观标准的公开选拔制度于20世纪被引入，这与给予经济贫困的妇女——特别是那些公务员和彩票管理者去世后剩下的寡妇与孤儿——以优先权同时存在。一个彩票销售队伍外观的重大变化就发生了。从一个由男性主导的职业转为一个由女性支配的职业。而这种改变是由社会福利还是由减少成本所驱动却无法清晰地判断。

附录一

《中华人民共和国彩票法》立法建议书*

一、建议书基本框架一览

◆ 引言:彩票管制实践及其制度缺失召唤《中华人民共和国彩票法》
   的出台
◆ 彩票立法的必要性
   • 彩票立法是重塑彩票业秩序,增强社会公信力的需要。
   • 彩票立法是理顺彩票业管制体制,合理配置管制权力的需要。
   • 彩票立法是解决各类彩票纠纷、维护彩民权利,从而维护稳定、
     打造和谐社会的需要。
   • 彩票立法是取缔和根治私彩毒瘤的必要手段。
◆ 彩票立法的可行性
   • 我国彩票业的发展已相对成熟。
   • 我国彩票立法已存在一定的规范基础。
   • 国外和我国港澳台地区的彩票立法及实践可以提供有益的
     借鉴。
◆ 对彩票立法中几个具体问题的思考
   • 立法模式:结合我国现状,在立法模式上应选择统一而专门的彩
     票立法,而非制定广义的博彩法或者在相关法律法规中作出具
     体规范。
   • 立法内容:借鉴各国彩票法的立法例,涵盖彩票管制的主要
     方面。
   • 应对中国具体问题的特别建议:
     △ 组建新的彩票业管制机构,并以彩票法确认其职责和管制
     体制。
     △ 在发行体制上推行渐进式改革。

---

* 执笔人唐明良、朱新力。

△ 在现有发行基础上引入竞争机制。

△ 明确彩民的权利。

△ 进一步规范公益金的管理和使用。

彩票是指印有号码、图形或文字供人们填写、选择、购买并按特定规则取得中奖权利的凭证。目前，在我国体育和福利彩票的发行中，尚有一些不尽如人意之处。2004 年"西安宝马彩票案""双色球事件"等新近的彩票案件更折射出我国彩票管制的诸多缺失。我们认为，解决这些问题的一个捷径，就是尽快出台《中华人民共和国彩票法》。

二、彩票立法的必要性

彩票立法是重塑彩票业秩序，增强社会公信力的需要。对国家而言，彩票被视为是"微笑的纳税女神"和"无痛的税收"。而彩票业也深深镶嵌在我国现实社会生活之中，有的社会成员通过参与彩票活动来建构一种"光荣与梦想"，乃至企望借此改变自己的生活境遇。因此，彩票业公信力的降低，将会使彩票本身的价值受到毁损，乃至损害社会公信力。彩票立法可以建立一个完备的彩票法律制度，通过对彩票业秩序的重新建构，确立一个公正公开、稳定和客观的游戏规则，从而确保彩票大奖能够随机地落在任何一个购买彩票者的头上。而这种人人有份的激励机制正是彩票市场得以生存和发展的基础性条件，也是确保社会信任和公信力的重要举措。

彩票立法是理顺彩票业管制体制、合理配置管制权力的需要。当前我国彩票发行的审批权集中在国务院，任何地方和部门均无权批准发行彩票。财政部作为国务院主管彩票工作的机关，负责起草和制定国家有关彩票管理的法规、政策，管理彩票市场和彩票资金，监督彩票的发行和销售活动。县级以上地方各级人民政府财政部门负责管制本辖区彩票市场，管理纳入本级财政彩票专户的资金。民政、体育部门则分别负责组织福利、体育彩票发行和销售活动。诚然，现行的彩票管制体制在十多年的彩票管理实践中发挥了重大作用，但随着彩票业的蓬勃发展，这种体制却面临一些困难：它是一个在行政框架内部的"多头"流水作业；它缺少一个统一的、专业化的、权威的彩票管制机构。同时目前彩票管制还缺少必要的人员、机构和财政保障。因此通过立法建立有更强专业性和独立性的彩票管制机构，以对彩票业进行有效的过程管制，必可摆脱目前掣肘彩票业发展中的体制问题。

彩票立法是解决各类彩票纠纷、维护彩民权利从而维护稳定、打造平安社会的需要。随着彩票业的日渐繁荣，各类彩票纠纷也日益增多。如 2000

年 6 月的上海"空白彩票纠纷案",2000 年 6 月的海南"非法经营彩票案",2000 年 11 月 16 日的安徽桐城"安徽风采"福利彩票纠纷案,2001 年 4 月的武汉"4.20 体彩案",2001 年 6 月北京 20 人集体购资彩票案,2001 年 11 月"11.16 南宁盗打彩票案",2004 年 2 月北京"双色球事件",2004 年 6 月昆山"假彩票风波",2004 年震惊全国的西安"宝马彩票案"等。面对彩票种种光怪陆离的新现象,由于缺少专门的法律规范,彩票法律关系主体之间的权利义务关系常常出现模糊和真空。因此,从解决彩民与发行机构之间的纠纷,彩民与管制机构之间的纠纷,管制机构与发行机构之间的纠纷,彩民间的权利义务纠纷,更好地维护彩民权益,维护社会稳定的角度出发,一部专门的彩票法也是必要的。

彩票立法是取缔和根治私彩毒瘤的必要手段。早在 1985 年,国务院就针对当时部分地区以有奖销售为名,趁机推销残次、积压商品的行为发出通知,规定任何单位和个人不得举办有奖销售和有奖募捐活动。在 2001 年颁布的《国务院关于进一步规范彩票管理的通知》(国发〔2001〕35 号)中,国务院进一步指出,要坚决取缔各种以有奖销售或抽奖方式变相发行彩票的活动,加大对民间私自发行彩票、代销境外"六合彩"等非法行为的打击力度。但是私彩发行依然屡禁不绝,乃至在个别地区有愈演愈烈之势。而目前取缔和根治私彩的法律根据尚不健全,法律手段更是缺乏,专门的彩票立法当可解决此燃眉之急。

三、彩票立法的可行性

我国彩票业的发展已相对成熟。1984 年 10 月 10 日,中国田径协会和中国体育服务公司共同在北京发行"发展体育奖,一九八四北京国际马拉松赛"奖券,这是新中国有记录的第一次发行彩票。1987 年,当时的民政部部长崔乃夫认识到,中国民政福利资金极度缺乏,而依赖传统的资金募集渠道无法解决问题,所以其在考察国外经验后提出发行中国社会福利有奖募捐券(福利彩票)的设想,得到党中央、国务院的批准。1987 年 6 月 3 日,中国社会福利有奖募捐委员会(简称"中募委")在北京成立,并在各地建立地方机构,率先发行福利彩票。之后,国家体育总局也在 1994 年获准发行体育彩票。有关资料显示,截止到 2004 年底,通过发行彩票,累计筹集社会公益金已经达到约 700 亿元。经过长达 20 年左右的摸索和总结,我国彩票业的发展已为立法积累了相当的成功经验和失败教训。

我国彩票立法已存在一定的规范基础。在我国,彩票业的运作一直是在"摸着石头过河",彩票统一立法尚付阙如。但国务院、财政部、民政部、国家体育总局和中国人民银行都先后颁布了部分彩票业管理方面的规章和规范性文件,为彩票业的正常运作起到了积极作用。民政部早在 1994 年底就通过了《中国福利彩票管理办法》,国务院曾先后发出《关于加强彩票市场管理的通知》和《关于进一步加强彩票市场管理的通知》(其中第七条规定:"财政部要会同有关部门尽快起草《彩票管理条例》,报国务院审批后公布执行。财政部要尽快制定统一的彩票发行与销售管理、彩票发行与销售机构财务管理以及彩票公益金管理的办法,规范彩票发行与销售机构的行为,加强对彩票资金的监督及管理。"),财政部则先后颁布了《彩票发行与销售机构财务管理办法》(财综〔2001〕84 号)、《彩票发行与销售管理暂行规定》(财综〔2002〕13 号)和《即开型彩票发行与销售管理暂行规定》(财综〔2003〕78号),结束了两个彩票机构分别实行不同管理制度的历史,从制度上统一了全国彩票市场,进一步规范了彩票机构行为准则。此前,中国人民银行亦先后下发《关于加强彩票市场管理的紧急通知》(银发〔1995〕330 号)和《关于进一步加强彩票市场管理的通知》(银发〔1996〕122 号),从金融政策层面规范彩票市场。从另一个层面上看,这些规范层级不高,某些规定较为笼统原则,缺少相应的法律责任规定(罚则设定),对彩票发行、资金分配和使用、财务管理公开和信息披露、中奖规则、行业准入和从业人员资格要求等的规范有些不甚明确,更无法适应现实的需要。但不可否认的是,上述规章和规范性文件已为彩票统一立法提供了相当的规范基础,制定规范彩票管制全过程的专门彩票立法时机也日渐成熟。

国外和我国港澳台地区的彩票立法及实践可以提供有益的借鉴。目前,全世界已经有 150 多个国家和地区经营彩票业务。特别是最近几年,彩票业更是以每年 18％左右的速度迅猛发展。据统计,彩票业已经成为世界第六大产业。发达国家的彩票业不仅市场发育成熟,相关的法律法规也基本健全,为彩票业的规范发展提供了制度化的保障。如在美国,彩票立法由各州自行制定,较著名的有肯塔基州、路易斯安那州、新泽西州和加利福尼亚州的彩票法;在日本有《中彩金付票证法》;在英国有《1993 年国家彩票业法》;在法国有《取缔随机性游戏法》;在瑞士有《彩票与职业赌博联邦法》;在中国香港有《奖券管理局奖券规则》和《赛马会博彩规则》;在中国澳门有《幸运博彩法》,回归祖国后特区政府为规范博彩业专营权,先后制定了《娱乐场幸运博彩经营法律制度》(2001 年)、《规范经营娱乐场幸运博彩的公开竞投批给合同以及参与竞标公司和承批公司的资格和财力条件》(2001 年)等法律法规;在中国台湾有《公益彩券发行条例》。这些立法可以成为我国大陆地区制定彩票法的借鉴蓝本。

四、对彩票立法中几个具体问题的思考

彩票与博彩①有着本质的区别。彩票具有强大的筹资功能,是对社会财富的再次分配,但另一方面,彩票活动亦具有一定的道德可责性。历史上英国政府对彩票的不同态度就是对这种利弊权衡的最好注脚。英国政府于1826年禁止在全国发行彩票,议会给彩票下的结论是:"它滋长人的惰性,增加贫困,导致人的放荡,破坏国内的融洽气氛,而且会增加疯子。"1994年则以下列理由而解禁:"政府发行彩票将对社会产生巨大影响,至少可以弥补政府某些公共开支的严重不足。"的确,彩票会鼓励百姓不劳而获、一夜暴富的心态,导致社会道德的恶化。但也不能忽略它的正面作用,增加政府收入,救济穷人,扩大就业机会,娱乐方式更新等,都是好处。可见,彩票是一把双刃剑。正因为如此,所以从世界范围观之,全面禁止彩票的国家非常少见,而全面放开博彩市场的国家也是凤毛麟角,大部分国家的政策选择是在立法管制基础上的部分放开。所以,在论证了彩票立法的必要性和可行性之后,紧接着的问题就是,在彩票领域,国家应该怎样立法?

首先是立法模式问题。国外主要有三种彩票立法模式:一是出台专门的《彩票法》,二是出台《博彩法》,三是在相关的法律法规中对博彩业作出具体规范。就我国的实际情况而言,博彩业中的跑马、赌博在目前的政策和法律框架中没有生存空间,因此,不可能出台旨在规范彩票、跑马和赌博三种博彩行为的广义博彩法;而采取在相关的法律法规中对彩票业作出具体规范的做法已不敷现实的需要。显然,我国应该采取"出台专门而统一的《彩票法》"的立法模式。

其次是立法的内容。借鉴各国的立法例,未来我国的彩票法至少应包括下列内容:彩票立法的目的、宗旨和基本原则;彩票主管部门及其职权;彩票经营机构的设立与经营;经营彩票的许可证制度;彩票的面额、种类、具体游戏规则和监制等;彩票收入的分配与使用;彩票公益金管理制度;彩票纠纷解决机制;法律责任等等。

第三是一些具体问题的特别建议。

---

① 需要说明的是,从世界范围来看,广义的博彩业大致可以分为彩票、赛马和赌博三个不同的层次。各国一般按照彩票—赛马—赌博的顺序开放博彩市场,因此,彩票业可以说是博彩业中的初级层次。

（一）组建新的彩票业管制机构，并以彩票法确认其职责和管制体制

我国的彩票业早期由中国人民银行负责管制，2001 年 10 月 30 日，国务院发布《关于进一步规范彩票管理的通知》，明确财政部负责起草和制定国家有关彩票管理的法规、政策，管理彩票市场和彩票资金；民政、体育部门分别负责组织福利、体育彩票发行与销售活动。正如前文所阐述的那样，现行管制体制在 17 年的彩票管制实践中发挥了应有的作用。但由财政部对与其性质相同、级别一样的民政部和国家体育总局进行监督，管制力度难免有所削弱。而这种管制上的困难也与现行的发行体制密切相关。因此，从长远来看，在改革现行发行体制的前提下，建议参照国家电力监督委员会、证券监督委员会等独立管制机构模式，重新组建一个国家彩票监督管理委员会，其地位相对独立、超然。管委会成员可由相关利益主体共同构成，如分享彩票公益金的政府机构、组织，涉及彩票管理的政府部门，彩票发行主体代表，彩民代表等等。

（二）在发行体制上推行渐进式改革

从本质上说，彩票发行权归属实际上决定了公益金的分配。而福利和体育事业不是唯一需要公益金扶持的，卫生、环保以及教育等事业也需要资金的支持。所以，对彩票发行体制进行改革成为一个争论的话题。关键问题在于，究竟选择何种改革方案。目前提得比较多的是以下三种方案：一种是国家统一行使彩票发行权。由国家统一发行，彩票所得公益金由国家统一分配，按照需要程度排序，分发给福利、卫生、教育、环保、体育等领域。当然，国家统一行使发行权的方式可以灵活，比如成立国有的全国彩票公司（在地方上设立分支机构），在国家彩票管制机构的授权和监督之下，由全国彩票公司进行内部管制。发达国家在彩票发行管理上多采取这种模式。这一管制制度在政府管制理论和行政法学上又被称为"私的管制"或者"自我管制"。第二种是在现有的两家发行机构之上设立一个彩票中心，发行体制不变，但收入全归彩票中心，由彩票中心统一协调。第三种是维持现状，即由民政部和国家体育总局从公益金中拿出一定比例，由国家财政部调配给其他领域。应该说，上述三种方案各有利弊。但是，目前立即启动第一种改革方案的时机并未成熟，改革的阻力会相当巨大。而从兼顾各方利益及其改革动力、鼓励部门积极性的现状出发，现采用第三种方案具有现实的合理性。当然，从长远出发，改革的方向应是循序渐进地向第一种方案靠拢：实

现彩票发行的企业化、公司化,并予以相应的制度配套。

(三)在现有发行管理的基础上引入竞争机制

在具体的制度设计上,《行政许可法》已经规定在有限公共资源领域采取招、投标等许可确定方式。为节约彩票销售过程中发生大量的社会成本,建议基本取消存在销售额度限制、时间限制以及地点限制的即开型销售方式,全面形成以计算机网络热线销售为主的经常化、网络化销售系统,以大幅减少彩票销售环节中的社会成本。为防止彩票业的挤出效应,导致资源的畸形配置,最终窒息实体经济,在进行彩票业发展总体规划时,必须认清彩票业的非生产性决定了其在一国经济中居从属于实体经济的寄生地位,其发展必须以实体经济的优先发展为先决条件,处理好彩票业与其他产业之间的比例关系,把握好彩票业发展的度。

(四)明确彩民的权利

在我国彩票业中,一方面,政府在很大程度上担当着管制者的角色,行使着公权力,此时,政府与彩民之间的关系主要是公法上的法律关系,彩民享有的是一种公权利,这种公权利既包括实体上的诸多权利种类,也包括程序上的参与权。另一方面,在具体的彩票发行销售以及中奖彩票的承兑过程中,政府从事的是一种根据私法而为的私经济行为。此时,彩民与政府之间构成一种平等主体之间的私法关系,相应地,彩民所享有的就是一种私法上的权利——私权。因此,彩票法应当对这种动态的法律关系以及与之相关的不同质权利给予必要的回应。具体说来,可以从以下几个方面进行规范:(1)规则制定阶段,即决定是否管制、是否发行彩票、发行何种彩票、如何发行、具体采取何种发行销售形式、中奖后如何承兑、怎样计算彩金、公益金如何使用等问题时,相对于管制者的政府而言,彩民具有一定的公权利,这主要表现为参与的权利。所以彩票法应当规定彩民在各环节的参与权。(2)发行销售与承兑阶段。在双方意思自治的情形下,彩民通过购买彩票,与彩票发行(管理)中心形成合同关系,这种合同是合法有效的。基于这种合同关系,彩民获得中奖的机会与利益,享有相应的民事权利。一旦中奖,彩民就可以凭借该彩票要求予以承兑。另一方面,在这一过程中,作为彩票管制者,政府应当监督具体的彩票发行销售及承兑工作,相对于此,彩民也具有一定的公权利。例如,彩民有权对政府管制行为进行监督、批评、建议、控诉,而政府则具有必须回应这些要求的责任。

（五）进一步规范公益金的管理和使用

尽管财政、民政、体育等部门对公益金的使用管理有过规定，但是，公益金合理使用问题还是没有得到彻底的解决，根本的缺陷在于公开度不够。所以，应当通过彩票法对此予以规范。可以借鉴其他国家的经验，比如让彩票发行预算本身成为具有规范效力的法律文件；尽量将预算规划做得细致，甚至在发行彩票之前，公益金支出的项目和预算已全部列清。

以上建议并不排除先由国务院制定《彩票管理条例》，等各方面条件成熟后再由全国人大或其常委会出台《中华人民共和国彩票法》。

附录二

国 务 院
关于进一步规范彩票管理的通知

国发〔2001〕35 号

各省、自治区、直辖市人民政府,国务院各部委、各直属机构:

发行彩票是国家筹集公益资金的一种重要手段。近年来,福利彩票和体育彩票发行方式不断更新,发行规模不断扩大,促进了社会福利事业和体育事业的发展。但是,当前彩票管理中仍存在一些问题,主要表现在:个别地方和部门违反国务院规定,未经批准擅自发行或变相发行彩票;一些彩票发行与销售机构违反有关规定,擅自改变彩票发行方式和游戏规则,或在宣传中发布可能误导公众的信息;个别地区存在民间私自发行彩票、代销境外"六合彩"等非法行为;彩票发行管理办法、资金和财务管理制度不尽完善,发行费用比例过高;彩票公益金的使用范围过于狭窄。这些问题严重影响了彩票市场的健康发展。为进一步加强对彩票市场的监督管理,规范彩票发行和销售行为,适当扩大彩票发行规模,支持社会保障事业,现就有关问题通知如下:

一、彩票发行的审批权集中在国务院,任何地方和部门均无权批准发行彩票。目前,经国务院批准发行的彩票有两种,即福利彩票和体育彩票。要坚决取缔各种以有奖销售或抽奖方式变相发行彩票的活动,加大对民间私自发行彩票、代销境外"六合彩"等非法行为的打击力度。对未经国务院批准擅自发行或变相发行彩票的,财政部要会同工商、公安等部门进行查处,涉及政府部门和行政机关的,要对主要责任人给予党纪和政纪处分,触犯刑法的要追究刑事责任。

二、财政部负责起草、制定国家有关彩票管理的法规、政策;管理彩票市场,监督彩票的发行和销售活动;会同民政部和国家体育总局研究制定彩票资金使用的政策,监督彩票资金的解缴、分配和使用。

民政部、国家体育总局根据国家有关法规、政策和制度,分别研究制定福利彩票和体育彩票的发行、销售和资金管理的具体办法并组织实施;负责研究制定本系统彩票发展规划;研究提出发行额度并经审核批准后组织实施;确保及时足额向财政专户解缴彩票公益金;加强对彩票发行与销售机构的管理,努力降低成本,扩大发行规模。

三、国务院对年度彩票发行规模仍实行额度管理。民政部、国家体育总局发行彩票要向财政部提出额度申请,财政部审核汇总后报国务院,经国务院批准后由财政部将发行额度分别下达给民政部和国家体育总局,由民政部和国家体育总局据此制定具体分配方案并组织实施。年度执行中,财政部可根据彩票市场情况,会同民政部、国家体育总局提出调整彩票发行额度的意见,报请国务院批准后执行。

四、从 2001 年起,适当扩大彩票发行规模,并对彩票公益金的分配比例进行调整。财政部会同民政部、国家体育总局分别确定民政部门和体育部门的彩票公益金基数,基数以内的彩票公益金,由民政和体育部门继续按规定的范围使用;超过基数的彩票公益金,20％由民政和体育部门分别分配使用,80％上交财政部,纳入全国社会保障基金,统一管理和使用。

五、从 2002 年 1 月 1 日起,彩票发行资金构成比例调整为:返奖比例不得低于 50％,发行费用比例不得高于 15％,彩票公益金比例不得低于35％。今后随彩票发行规模的扩大和品种增加,进一步适当调整彩票发行资金构成比例,降低发行费用,增加彩票公益金。

六、按照“收支两条线”的原则,对彩票发行收入实行专户管理。彩票公益金和发行费用必须纳入财政专户,支出应符合彩票发行与销售机构财务管理制度和彩票公益金管理制度。彩票公益金不得用于平衡预算,发行费用结余不得用于补充民政、体育部门的行政经费。国家审计机关要加强对彩票发行以及彩票公益金筹集、分配和使用情况的审计,年度审计结果向社会公布。

七、财政部要会同有关部门尽快起草《彩票管理条例》,报国务院审批后公布执行。财政部要尽快制定统一的彩票发行与销售管理、彩票发行与销售机构财务管理以及彩票公益金管理的办法,规范彩票发行与销售机构的行为,加强对彩票资金的监督及管理。

国务院
二〇〇一年十月三十日

附录三

彩票发行与销售机构财务管理办法

财政部关于印发《彩票发行与销售机构财务管理办法》的通知

财综〔2001〕84 号

各省、自治区、直辖市财政厅（局），民政部，国家体育总局：

为了规范彩票发行与销售机构的财务行为，促进彩票发行与销售机构的公平竞争，推动彩票业的健康发展，根据《国务院关于进一步规范彩票管理的通知》（国发〔2001〕35 号）的要求，以及《事业单位财务规则》有关规定，我们制定了《彩票发行与销售机构财务管理办法》，现印发给你们，请遵照执行。

附件：彩票发行与销售机构财务管理办法

二〇〇一年十二月九日

附件：

彩票发行与销售机构财务管理办法

第一章 总 则

第一条 为了规范彩票发行与销售机构（以下简称彩票机构）的财务行为，加强彩票机构财务管理，根据国务院《关于进一步规范彩票管理的通知》（国发〔2001〕35 号）和《事业单位财务规则》，结合彩票机构特点，制定本办法。

第二条 本办法适用于在中华人民共和国境内设立的，经国家彩票主管机关授权专门从事彩票发行与销售业务的彩票机构。彩票零售商不适用本办法。

第三条 彩票机构财务管理的主要任务是：

（一）编报和执行本单位的财务收支计划，保证彩票发行与销售工作的正常运行；

（二）按照规定向财政专户解缴彩票公益金和发行经费；

（三）依法组织收入，努力节约开支，有效利用各项资产，提高资金使用效益；

（四）开展财务分析，提供财务信息，如实反映彩票机构的财务状况；

（五）加强国有资产管理，防止国有资产流失；

（六）参与本单位重大经济决策和对外签订经济合同等事项，对本单位经济活动进行控制和监督。

第四条　彩票机构应严格执行国家各项财经法规，建立健全内部财务管理制度，做好财务管理基础工作，防范经营风险，并接受财政机关的指导、监督和检查。

第二章　彩票资金及账户管理

第五条　彩票资金是指彩票销售实现后取得的资金，由彩票公益金、返奖奖金和发行经费三部分组成。

第六条　彩票机构应在指定的国有商业银行开设彩票销售资金专用账户，用于归集彩票机构销售彩票的全部资金，并按规定比例将发行经费和彩票公益金缴入财政专户。

第七条　彩票公益金和发行经费缴入财政专户，按"收支两条线"原则进行管理，专款专用。

第八条　彩票公益金实行省级统管。在省级行政区域内销售彩票所筹集的公益金，统一由省级彩票机构集中，并于每月 10 日前将上月计提的彩票公益金从彩票销售资金专用账户全额缴入省级财政专户。

第九条　发行经费实行分级管理。各级彩票机构应在每月 10 日前，将上月计提的属于本级使用的发行经费，扣除电脑型彩票代销点经费后的余额缴入同级财政专户，同时按规定的比例缴拨应上缴上级和下拨下级彩票机构的发行经费。

第十条　进行彩票大奖组销售时，基层彩票机构应在销售活动结束后三周内，对彩票销售资金进行清算，编制销售报表，加盖彩票销售组织单位公章和主管财务人员章后，报送同级财政主管部门和上级彩票机构，并按规定及时解缴彩票公益金和发行经费。

第十一条　各级彩票机构应在年度终了后二十天内，按年度实际销售量结清应上缴财政专户的彩票公益金和发行经费，不得拖延。

第十二条　各级财政主管部门应定期或不定期对彩票公益金和发行经

费上缴财政专户情况进行检查。

第十三条　财政部门在财政专户中未拨付的发行经费,应用于弥补彩票机构以后年度彩票销售亏损和事业发展。

第三章　财务收支计划管理

第十四条　彩票机构必须根据本级彩票销售计划及其他经营活动,编制年度财务收支计划,并报同级财政主管部门审核批准后执行。

第十五条　财政主管部门对彩票机构实行核定收支、计划拨付、结余留用的管理办法。

第十六条　彩票机构财务收支计划编制的原则:

(一)坚持量入为出,自求收支平衡。

(二)坚持统筹兼顾、重点安排,正确处理彩票业务发展需要与财力可能的关系,合理安排支出。

(三)坚持勤俭办事业、厉行节约。

(四)购建固定资产应在保证正常事业支出需要,保持正常收支平衡的基础上统筹安排。

第十七条　彩票机构应按照财政主管部门规定的表式和要求编报年度财务收支计划。

第十八条　彩票机构编制的下年度财务收支计划经行政主管部门审核后,应于当年 11 月 30 日以前报同级财政主管部门审定批复。

第十九条　财政部门应按月根据经批准的财务收支计划,以及彩票机构业务开支需要和发行经费上缴情况及时拨付发行经费。

第二十条　彩票机构应严格按财政主管部门审批的财务收支计划执行。因特殊原因需调整财务收支计划时,应报同级财政主管部门批准。

第四章　收入、结余及其分配

第二十一条　收入是指彩票机构为开展业务及其他活动依法取得的非偿还性资金。

第二十二条　彩票机构的收入包括:

(一)事业收入,指彩票机构从事彩票发行与销售业务取得的属于本级使用的发行经费收入。其中,按规定应上缴财政专户的发行经费,不计入事业收入;从财政专户核拨的发行经费和经核准不上缴财政专户的发行经费,计入事业收入。

(二)经营收入,指彩票机构在彩票业务活动及其辅助活动之外开展非独立核算经营活动取得的收入。

（三）上缴补助收入，指彩票机构从主管部门和上级机构取得的非财政补助收入。

（四）其他收入，指除上述收入外的各项收入，包括广告收入、租赁收入、投资收益、利息收入、代征税收返还手续费收入用于单位开支的部分、捐赠收入等。

彩票机构的各项收入应统一核算，统一管理。

第二十三条　结余是指彩票机构年度收入与支出相抵后的余额。

第二十四条　彩票机构的结余，可以按照规定提取职工福利基金。剩余部门作为事业基金，用于弥补以后年度单位收支差额，不得用作返奖奖金或补充行政主管部门经费。国家另有规定的，从其规定。

第五章　支出管理

第二十五条　支出是指彩票机构开展彩票发行与销售业务及其他活动发生的资金耗费和损失。彩票机构的支出包括：事业支出、经营支出、对下级机构补助支出。

（一）事业支出是指彩票机构开展彩票业务活动及其辅助活动发生的支出，包括人员支出、日常公用支出、业务支出、对个人和家庭的补助支出、固定资金支出。其中：

1. 人员支出包括基本工资、津贴、奖金、福利费和社会保险缴费等。其中福利费根据国家统一规定按工资总额一定比例提取；社会保险缴费指彩票机构为职工缴纳的基本养老、医疗、失业、工伤等保费。

2. 日常公用支出包括彩票机构的办公费、会议费、招待费、水电费、邮寄费、电话通讯费、差旅费、公用取暖费、物业管理费、交通费、外事经费、租赁费、维修费等费用。其中，招待费指彩票机构为业务活动的合理需要支付的费用，按不超过本级使用发行经费的5‰据实列支。

3. 业务支出指彩票机构为完成彩票发行与销售业务所需的消耗性费用开支，主要包括彩票的印制、运输、仓储、检验、电脑投注单和热敏纸、广告、宣传、技术开发支持、系统运行维护费、专线通讯费、公证费、代销点经费、尾票核销等费用。

4. 对个人和家庭的补助支出包括离退休费、退职费、就业补助费、抚恤金、救济费、医疗费、生活补贴、提租补贴、住房公积金、购房补贴等。其中医疗费指未参加职工基本医疗保险的彩票机构发生医疗费支出，以及参保人员在医疗保险基金开支范围之外，按规定应由彩票机构负担的医疗补助支出。

5.固定资产支出指彩票机构为固定资产更新改造提取的折旧和发生的大修理支出。

(二)经营支出指彩票机构在彩票业务活动及其辅助活动以外开展非独立经营活动发生的支出。

(三)对下级机构补助支出指上级彩票机构用财政补助收入以外的收入对下级机构补助、奖励等发生的支出。

第二十六条　彩票机构在开展非独立核算的经营活动中,应根据经营支出与经营收入配比的原则,正确归集实际发生的各项支出数,不能认定的应当按合理比例分摊。

第二十七条　彩票机构应当严格执行国家有关规定的开支范围及开支标准;没有统一规定的,由彩票机构行政主管部门提出方案,报同级财政主管部门批准。

第二十八条　彩票机构在单位负责人的领导下,由单位财务部门根据财政主管部门核定的计划统一掌握本单位的财务,不得办理无计划、超计划的支出。

第二十九条　彩票机构为购置、自行研制、建造固定资产和无形资产以及其他资产所发生的支出、对外投资支出、上交行政主管部门的支出,以及国家规定不得列入成本费用的其他支出,均不得计入各项支出。

第六章　返奖奖金

第三十条　返奖奖金是指按国家规定比例从彩票销售额中提取,用于按发行规则规定支付给中奖者的资金。

第三十一条　电脑彩票可以从返奖奖金中提取调节基金,专项用于支付各种不可预见情况下的奖金支出风险,调节浮动奖奖金,以及设立特别奖。调节基金由以下几部分组成:(一)按不高于返奖奖金2％提取;(二)浮动奖奖金取整后的余额;(三)设置奖池的弃奖收入;(四)逾期未退票的票款。

第三十二条　调节基金必须全部用于返奖,不得挪作他用。彩票机构按上述规定提取调节基金后,不再提风险基金和预留奖金,凡本办法下达以前提取的风险基金、预留奖金等同类性质的资金,应统一转入调节基金。

第三十三条　凡设置奖池的彩票,奖池由滚存的未中出的浮动奖金额组成,包括:

(一)未中出的浮动奖奖金;

（二）超出头等奖单注封顶限额部分的奖金。

奖池用于头等奖奖金支出。奖池与当期奖金中用于头等奖的部分及调节基金转入部分合并颁发头等奖奖金。

第三十四条 逾期未兑付的奖金视为自动弃奖，不再予以兑付。

第三十五条 中奖彩票实际兑出的奖金，为彩票奖金支出额。当期未中出的奖金和弃奖奖金，不得计入奖金支出额。

第三十六条 凡设置奖池的彩票弃奖收入纳入调节基金继续用于返奖；不设置奖池的彩票弃奖收入纳入公益金，统一上缴财政专户。

第三十七条 返奖奖金、调节基金、奖池应按不同的彩票品种分别核算、使用。

第三十八条 电脑型彩票头等奖的中奖彩票原件和兑奖登记表应作为原始凭证，按照《会计档案管理办法》规定的期限进行保管。

电脑型彩票兑付除头等奖外的浮动奖和即开型彩票兑付一万元以上奖项时，应保留中奖彩票原件及中奖者有效证件复印件和奖金兑付登记表，彩票机构应按奖期汇总，另行装订成册，存档备查。其中经确认的每期浮动奖和固定奖兑奖汇总表应作为原始凭证，按照《会计档案管理办法》规定的期限进行保管。

电脑彩票固定奖经省级彩票机构机房数据库确认，由销售网点兑付，其兑奖票可不集中保管，由销售网点保存到兑奖期结束后自行处理。

规模销售即开型彩票兑付万元以下小额奖票，由销售组织单位收回，统一保管，经公证部门验证出具公证书后统一销毁，公证书要留作记录备查，销售结束后的结算清单，应作为原始凭证，按照《会计档案管理办法》规定的期限进行保管。网点销售即开型彩票兑付万元以下小额兑奖彩票，由彩票机构定期收回，统一保管，经公证部门验证出具公证书后统一销毁，公证书要留作记录备查。

第三十九条 支付中奖者的奖金按税法规定应缴纳的税金，由彩票机构在兑付奖金时代扣代缴。

第七章 专用基金管理

第四十条 专用基金是指彩票机构按照规定提取或设置的有专门用途的资金。包括：

（一）职工福利基金是指用于彩票机构职工的集体福利设施和集体福利待遇等的资金。彩票机构的职工福利基金按照结合的一定比例提取以及按规定提取转入。

（二）医疗基金是指未纳入公费医疗经费开支范围的机构，按照当地财政部门规定的公费医疗经费开支标准提取，并参照公费医疗制度有关规定用于职工公费医疗开支的资金。

（三）其他基金是指按其他有关规定提取和设置的专用基金。

第四十一条　各项基金的提取比例和管理办法，国家有统一规定的，按统一规定执行，没有统一规定的，由同级行政主管部门会同财政主管部门确定。

第八章　负债管理

第四十二条　负债是彩票机构所承担的能以货币计量，需要以资产或劳务偿还的债务。

第四十三条　彩票机构的负债包括流动负债和长期负债。

（一）流动负债是指偿还期限在一年以内的债务，包括短期借款、应付账款、应交税金、应缴财政专户款、其他应付款、预收账款、应付返奖奖金等。调节基金和奖池分别在应付返奖奖金中反映。彩票机构收取的终端机押金在应付账款中反映。

（二）长期负债是指偿还期限在一年或超过一年的债务，包括长期借款、长期应付款等。

第九章　流动资产和长期投资

第四十四条　流动资产是指可以在一年以内变现或者耗用的资产，包括现金、各种存款、应收款项、预付款项、存货等。

第四十五条　彩票机构应当建立健全现金及各种存款的内部控制制度。现金收入做到日清月结，确保现金的账面余额与库存金额核对相符，银行存款与银行对账单金额核对相符。

第四十六条　彩票机构对应收款项和预付款项要按时清理结算，不得长期挂账。对确实无法收回的，要查明原因，分清责任，报请主管部门批准后核销；超过十万元的呆坏账，还应报同级财政主管部门批准后核销。

第四十七条　材料指彩票机构库存的物资材料、电脑投注单和热敏纸，以及达不到固定资产标准的工具、器具、低值易耗品等。

第四十八条　库存彩票指彩票机构购进的已验收入库的彩票，库存彩票按实际支付价款计价。库存彩票应按彩票类型分开核算。

彩票机构应严格彩票出入库制度，建立库存彩票明细账和台账，定期或不定期盘点，并将库存明细账和台账与业务部门、财务部门总账进行核对，年度终了前必须进行一次全面盘点清查。对于盘盈、盘亏及毁损、报废的库存彩票,应及时查明原因,经省级财政部门审核后,报彩票发行机构批准,在分清责任的基础上区分不同情况进行处理。

尾票核销应由公证机关公证,省级财政部门监销。

第四十九条　彩票机构在保证正常经营活动的前提下,可利用闲置资产进行对外投资活动。对外投资是彩票机构利用货币资金、实物、无形资产等方式向其他单位投资或购买有价证券,包括债权投资和股权投资。彩票机构对外投资必须符合以下规定:

(一)彩票机构对外投资必须符合国家有关法律、法规的规定。

(二)彩票机构对外股权投资必须是与彩票发行与销售业务有关的项目。

(三)对外投资必须进行充分的技术和经济效益论证,保证国有资产的完整和增值。

(四)以实物、无形资产对外投资的,应当按照国家有关规定进行资产评估。

第十章　固定资产、无形资产

第五十条　固定资产是指使用年限超过一年的房屋及建筑物、机器设备、交通运输设备,及其他与生产经营有关的设备、器具、工具等。不属于生产经营主要设备的物品,单位价值在2000元(含2000元)以上,并且使用年限超过2年的,也应当作为固定资产。

未作为固定资产管理的工具、器具等,作为低值易耗品处理。低值易耗品在领用时一次列入支出。

第五十一条　固定资产按下列原则计价:

(一)购入的固定资产,以实际支付的买价、包装费、运输费、安装成本和缴纳的税金计价。机构用借款购置固定资产时,在购建期间发生的利息支出和外币折合差额,计入固定资产价值。

(二)融资租入的固定资产,按租赁开始日租赁设备原账面价值与最低租赁付款额的现值两者中较低者,作为入账价值。

(三)在原有固定资产基础上改建、扩建的固定资产,按原固定资产的净值加上改建、扩建发生的实际支出,扣除改建、扩建过程中发生的变价收入后的金额计价。

(四)盘盈的固定资产,按照同类或类似资产的市场价格,减去按该项资产的新旧程度估计的价值损耗后的余额计价。

彩票机构购入固定资产交纳的契税、增值税、车辆购置税、耕地占用税等相关税费计入固定资产价值。

第五十二条　下列固定资产提取折旧：

（一）房屋和建筑物；

（二）在用的机器设备、仪器仪表、运输工具、工具器具；

（三）季节性停用、大修理停用的固定资产；

（四）融资租入和以经营租赁方式租出的固定资产。

第五十三条　下列固定资产不计提折旧：

（一）房屋和建筑物以外的未使用、不需用的固定资产；

（二）以经营租赁方式租入的固定资产；

（三）已提足折旧继续使用的固定资产；

（四）按规定单独估价作为固定资产入账的土地。

第五十四条　固定资产折旧方法一般采用平均年限法，电脑彩票销售系统，包括投注机可采用加速折旧法提取折旧。具体的固定资产目录和折旧年限附后。

折旧方法和折旧年限一经确定，不得随意变更。如确有必要变更，应报同级财政主管部门备案，并将变更的情况、变更的原因及其对机构财务状况和经营成果的影响，在财务报告中说明。

第五十五条　固定资产采用个别或分类折旧办法按月计提折旧，固定资产的折旧率按固定资产原值、预计净残值率和使用年限计算确定。

净残值率按不超过固定资产原值的5％确定。

第五十六条　固定资产应定期或不定期进行盘点和清查，年度终了前必须进行一次全面的盘点清查。盘盈、盘亏和毁损的固定资产，应核实情况，查明原因，及时处理。

固定资产转让、报废清理和盘盈、盘亏、毁损的净收益或净损失，计入其他收入或事业支出。

第五十七条　彩票机构发生的固定资产修理费支出，计入当期支出。

第五十八条　无形资产包括专利权、土地使用权、房屋使用权等。

第五十九条　无形资产按取得时的实际成本计价，并自开始使用之日起在有效使用期内平均摊销。

第十一章　机构清算

第六十条　彩票机构发生划转撤并时，应当进行财务清算。

第六十一条　彩票机构清算应当在主管部门和财政部门的监督指导

下,对单位的财产、债权、债务等进行全面清查,编制资产负债表、财产目录和债权、债务清单,提出财产作价依据和债权、债务处理办法,做好国有资产的移交、接收、划转和管理工作,并妥善处理各项遗留问题。

第六十二条　彩票机构清算结束后,经主管部门审核并报财政部门批准,其资产分别按下列办法处理:

(一)因隶属关系改变,成建制划转的彩票机构,其全部资产无偿移交。

(二)转为企业管理的彩票机构,全部资产扣除负债后,转作国家资本金。

(三)撤销的彩票机构,全部资产由主管部门和财政部门核准处理。

(四)合并的彩票机构,全部资产移交接收单位或新组建单位,合并后多余的国有资产,由主管部门和财政部门核准处理。

第十二章　财务报告和财务评价

第六十三条　财务报告是反映彩票机构一定时期财务状况和经营成果的总结性书面文件。彩票机构应当按照财政主管部门的规定和要求,定期编制财务报告,做到内容完整、数据真实、计算准确、说明符合实际情况,并定期向财政主管部门和行政主管部门以及其他有关的报表使用者提供财务报告。

第六十四条　彩票机构的年度财务报告包括资产负债表、收入支出表两张主表及有关附表和财务情况说明书。彩票机构应按季报送主表。

第六十五条　财务情况说明书主要说明以下内容:

(一)资产负债情况。本会计年度资产负债总量、增(减)量、结构、质量情况、增减变化原因。

(二)彩票发行情况。本会计年度经批准的彩票发行额度及实际销售额。

(三)即开型彩票领用、结存情况。说明本地区年初库存即开型彩票票面金额、本年度实际领取票面额、实际销售额、核销尾票额及年末库存彩票票面金额情况。其中,年初、年末库存彩票票面金额包括散布于各地、各销售点尚未实现对外销售的即开型彩票面额。

(四)公益金提取上缴情况。

(五)返奖奖金、调节基金的提取使用情况和奖池累积情况,以及弃奖处理。

(六)财务收支执行情况。本会计年度各项收入、支出及结余分配情况。彩票销售点(投注站)的分布及增减变动情况。

（七）某些主要项目采用的财务会计方法及其变动情况和原因；对本期或下期财务状况发生重大影响的事项；资产负债表日后至报出期内发生的对财务状况有重大影响的事项。

（八）重大案件、重大差错及重大损失情况。

（九）其他需要说明的事项。

第六十六条　彩票机构应对经营状况和经营成果进行总结、评价和考核。

（一）经营状况指标。

资产负债率＝负债总额/资产总额×100％

流动比率＝流动资产/流动负债×100％

单台投注机销售额＝彩票销售额/投注机总数

（二）经营成果指标

净资产收益率＝（当期账面结余＋本年度财政未返还发行经费）/净资产平均余额×100％

费用率＝事业支出总额/彩票销售额×100％

奖金兑付率＝本年度实际支付奖金/（本年度返奖奖金提取额＋上年奖金结余额）×100％

第六十七条　彩票机构应当建立健全财务报告制度。按季、年向同级财政主管部门和上级机构提供财务报告。彩票机构季度财务报告应在季度终了后 10 个工作日内上报；年度财务报告于年度终了后 3 个月内，连同国家审计机关或中国注册会计师出具的审计报告一并上报主管财政机关。中央级彩票机构应将本系统汇总的年度财务报告同时上报财政部。

第六十八条　彩票机构年度财务报告必须经国家审计机关或财政主管部门认可的具有良好信誉且近 3 年无不良执业记录的会计师事务所审计。

第十三章　附则

第六十九条　本办法从 2002 年 1 月 1 日起执行，自实施之日起，其他部门以前制定的各种规章制度，凡与本办法有抵触的，以本办法为准。

第七十条　本办法由财政部负责修订和解释。

第七十一条　各省、自治区、直辖市财政厅（局）可根据本办法的规定，结合本地区实际情况制定实施细则或补充规定，并报财政部备案。

附录四

彩票发行与销售管理暂行规定

财政部关于印发《彩票发行与销售管理暂行规定》的通知

财综〔2002〕13 号

民政部、国家体育总局,各省、自治区、直辖市、计划单列市财政厅(局):

根据《国务院关于进一步规范彩票管理的通知》(国发〔2001〕35 号)的有关规定,财政部制定了《彩票发行与销售管理暂行规定》,现予发布,请遵照执行。

二○○二年三月一日

附件:

彩票发行与销售管理暂行规定

第一章 总 则

第一条 为加强彩票管理,规范彩票机构行为,促进彩票业健康发展,保护彩票购买者的合法权益,根据《国务院关于进一步规范彩票管理的通知》(国发〔2001〕35 号)的有关要求,制定本规定。

第二条 彩票是国家为支持社会公益事业而特许专门机构垄断发行,供人们自愿选择和购买,并按照事前公布的规则取得中奖权利的有价凭证。

第三条 彩票机构指国家特许负责彩票发行和销售的专门机构。

彩票发行分别由隶属于民政部的中国福利彩票发行中心和隶属于国家体育总局的体育彩票管理中心(以下简称彩票发行机构)承担,按省级行政区域组织实施。

省级行政区域内的彩票销售工作,由受彩票发行机构业务指导,隶属于省和省以下各级民政、体育部门的专门机构(以下简称彩票销售机构)承担,也可由彩票发行机构直接承担。

第四条　发行彩票由国务院批准。未经国务院批准,任何地方、部门、组织、个人均不得在中华人民共和国境内发行或变相发行彩票。

第五条　发行销售彩票应当遵循诚信和自愿购买原则,严禁以欺诈方式发行销售彩票,严禁采取任何摊派或变相摊派等强迫性手段发行销售彩票。

第六条　彩票不记名,不挂失,不流通,不返还本金,不计付利息。

第二章　发行与销售管理

第七条　跨省级行政区域发行和销售彩票,必须由彩票发行机构报财政部批准。

第八条　本规定第三条所指的彩票机构之外的任何组织和个人,均不得参与在中华人民共和国境内的彩票发行销售活动。

彩票机构可以对外委托电脑系统开发、彩票印制和运输、彩票零售、广告宣传策划等业务。彩票发行机构应当制定本系统对外业务委托管理办法,并报财政部备案。

第九条　国家对年度彩票发行规模实行额度管理。每年11月15日前,彩票发行机构应向财政部提交下年度彩票发行额度申请,经财政部审核并报国务院批准后,由财政部下达给彩票发行机构执行。

彩票发行机构可将财政部下达的额度分配给省级彩票销售机构,并将分配方案抄送财政部和有关地方省级财政部门。省级彩票销售机构对下分配额度,比照彩票发行机构的办法执行。

年度执行中,如需增加发行额度,彩票发行机构应提前45个工作日向财政部提出增加发行额度的申请,经财政部审核并报国务院批准后下达执行。

第十条　各类彩票的游戏规则及发行销售方式,由彩票发行机构报财政部审核批准。未经财政部批准,任何彩票不得上市发行销售。

彩票游戏规则包括彩票名称、具体游戏方法、单注彩票价格、设奖和兑奖方式,以及发行销售细则等。

发行销售方式,指发行销售彩票所采用的形式和手段,包括采用电脑网络系统(离线和在线系统)、电话系统(移动电话和固定电话网络系统)、大规模集中销售(大奖组)、邮售、网点销售等。禁止利用因特网发行销售彩票。

第十一条　彩票机构拟修改彩票游戏规则或发行销售方式,应先报同级财政部门审核,并由彩票发行机构向财政部提出申请。未经财政部同意,彩票机构不得擅自修改经财政部批准的彩票游戏规则和发行销售方式。

彩票机构拟停止发行销售已经财政部批准上市的彩票，应经同级财政部门同意，并由彩票发行机构报财政部批准。

第十二条　彩票以人民币计价，按面值发行销售，禁止溢价或折价发行销售彩票。

第十三条　彩票机构只能接受现金或银行贷记卡投注。

第十四条　彩票奖金实行单注奖金额上限封顶，单注奖金额最高不得超过 500 万元人民币。各种彩票单注奖金封顶限额，按财政部批准的具体游戏规则执行。

第十五条　彩票机构不得设置奖池保底奖金。但初始发行某种彩票时，可用发行经费结余一次性设置不超过 200 万元的保底奖金，具体数额在游戏规则中报财政部审批。

第十六条　调节基金按不同彩票品种分别设置和使用，不得相互挤占和挪用。调节基金累计超过 200 万元时，超出部分可转入奖池或设立特别奖；调节基金累计超过 3000 万元时应及时向社会公告，并将超出部分从调节基金转入奖池或设置特别奖。

彩票机构动用调节基金，需报经同级财政部门批准。

第十七条　彩票机构对中奖者个人信息负有保密责任，未经中奖者本人同意，不得对外公开。

第十八条　禁止向未满 18 周岁者出售彩票和支付中奖奖金。

第十九条　彩票机构应将彩票奖金以现金或现金支票方式，一次性全部支付给中奖者。

第二十条　通过电脑系统发行销售的有纸彩票，以当期投注截止时限前系统中心数据库收到完整数据，并由该系统终端在彩票发行机构统一印制的彩票纸上打印出清晰可辨的相应数据为有效彩票。

第二十一条　以非电脑系统方式发行销售的有纸彩票，以彩票发行机构统一印制的完整彩票为有效彩票。如果出现票面模糊不清，兑奖区覆盖层撕（刮）不开，兑奖符号空白、残缺、错误、号码无法正确识别，保安区裸露等问题，均为无效彩票。

第二十二条　由于电脑系统或印制、存储等原因造成的无效彩票，应取消已输入的数据，收回无效彩票，并按购买者的意愿，或退还其所付款项，或更换同等金额彩票。

第二十三条　在彩票销售、运输或保管过程中出现的废票和尾票，应由省级彩票销售机构统一集中，经省级财政部门审核和公证机关公证后，报彩票发行机构批准销毁，省级财政部门监销。

第三章　安全管理

第二十四条　有纸彩票必须由彩票发行机构统一印制。彩票的版式、票面图案、规格、制作形式、包装参数等技术工艺指标,由彩票发行机构统一制定。

有纸彩票储存应实行出入库登记制度,出入库记录应保存 5 年,调运有纸彩票应由专车运输,专人押运。

第二十五条　彩票发行机构应按照统一软件,统一标准,统一管理的原则,建立本系统电脑彩票发行销售系统。

第二十六条　彩票安全保密技术必须由彩票发行机构统一制定,摇奖设备由彩票发行机构统一购置。

第二十七条　摇奖设备必须处于彩票机构的直接管理和控制之下,存放地点要有可靠的安全保障措施,并有专门人员负责管理。

每次摇奖前,必须在公证人员监督下对摇奖设备进行检查和启动测试。

第二十八条　采用电脑系统发行销售的彩票,必须在公证人员的直接监督下,将销售截止时限前进入该系统中心数据库的有效数据,刻录在两个不可更改的数据光盘中,分别由公证机构和彩票机构保存,摇奖时从刻录的光盘中检索中奖信息。

第二十九条　彩票机构必须制定彩票安全管理制度,并报同级财政部门备案。

财政部门要不定期地对彩票机构安全管理制度执行情况进行检查。

第四章　彩票监督

第三十条　彩票机构应及时向社会公布以下信息:

(一)在正式发行销售彩票前,公布相应的游戏规则;

(二)每期(次)发行销售活动结束后,公布当期(次)发行销售总额,各奖级中奖情况,奖池资金,拟从调节基金转入奖池的资金数额。不得公布下期(次)预计销售额和奖金额;

(三)销售即开型彩票前,应公布当期彩票的编号范围、奖组规模、奖组数、设奖规则和兑奖程序,销售结束后应在当地主要媒体上及时公布销售总额和中奖、兑奖、弃奖情况;

(四)财政部门要求公布的其他信息。

第三十一条　彩票机构应及时向财政部门报告以下情况:

(一)每周向同级财政部门报送一周彩票发行销售及中奖情况;

（二）每月按月报制度向同级财政部门报送月度彩票发行销售及资金上缴情况；

（三）每年 1 月 20 日前，向同级财政部门报送上年度彩票发行销售情况总结报告，内容应包括全年彩票发行销售数量，中奖、兑奖、弃奖情况，资金上缴情况，安全管理情况，发行销售管理的主要措施，存在的主要问题，以及本年度工作安排等；

（四）彩票发行销售工作中出现的重大工作失误和违法违规行为；

（五）财政部门要求报告的其他情况；

（六）彩票机构认为应向财政部门报告的其他情况。

第三十二条　彩票机构对外公开发布信息和进行市场宣传时，应遵守国家有关法律，不得含有误导性内容，不得鼓动投机，不得含有对同业者的排他性、诋毁性内容，也不得在对外公开的比较性信息和宣传中涉及其他同业者。

第三十三条　彩票机构应自觉接受国家财政和审计机关的监督。财政和审计部门可根据工作需要，随时对彩票机构进行检查，彩票机构应积极配合，不得拒绝。

第三十四条　对违反本规定的行为，财政部门应当责令改正，并按照有关规定予以惩处。

第五章　附则

第三十五条　本规定自发布之日起施行。

第三十六条　此前实施的有关彩票管理办法和规定，与本规定抵触的，以本规定为准。

第三十七条　本规定由财政部负责解释。

附录五
即开型彩票发行与销售管理暂行规定

财政部关于印发《即开型彩票发行与销售管理暂行规定》的通知

财综〔2003〕78 号

各省、自治区、直辖市财政厅（局），中国福利彩票发行管理中心、国家体育总局体育彩票管理中心：

　　为规范即开型彩票管理，促进即开型彩票市场健康发展，财政部研究制定了《即开型彩票发行与销售管理暂行规定》，现印发给你们，请遵照执行。

二〇〇三年十一月十三日

附件：

即开型彩票发行与销售管理暂行规定

第一章　总　则

　　第一条　为加强即开型彩票发行与销售管理，促进即开型彩票市场健康发展，根据《国务院关于进一步规范彩票管理的通知》（国发〔2001〕35 号）和《财政部关于印发〈彩票发行与销售管理暂行规定〉的通知》（财综〔2002〕13 号，以下简称《通知》），制定本规定。

　　第二条　本规定所指即开型彩票，是指由彩票机构发行的即买、即开、即奖、即兑的彩票。彩票信息存储在纸介质上的为有纸即开型彩票，其他的为无纸即开型彩票。

　　第三条　凡在中华人民共和国境内发行销售的即开型彩票均适用本规定。

第二章　发行与销售

　　第四条　即开型彩票由彩票发行机构负责印制和发行。

第五条　有纸即开型彩票以彩票发行机构统一印制的完整彩票为有效彩票。凡出现票面模糊不清、残缺不全,兑奖区覆盖层撕刮不开,兑奖符号空白、残缺、错误、号码无法正确识别,保安区裸露,编组号不符合规定等问题的,均为无效彩票。若无效彩票已销售,彩票发行和销售机构应收回,并按购买者要求退回彩票款或另行补售相应价格的彩票。

第六条　通过计算机网络系统发行销售的无纸即开型彩票,以主数据库控制系统发出,购买者在销售终端购买后主数据库收到销售终端发出的完整数据为有效彩票。主数据库无完整数据记录的为无效彩票。

第七条　按发行销售方式划分,凡在某个固定空间和时间段以奖组形式销售的有纸即开型彩票,简称集中销售即开型彩票。采用分散零售网点连续销售的有纸和无纸即开型彩票,简称分散销售即开型彩票。

第八条　集中销售即开型彩票的游戏规则和销售实施方案,包括奖组规模、设奖方案、组织方案、宣传方案、销售时间、资金和安全管理方案等,由省级彩票销售机构报省级财政部门审核批准,并报彩票发行机构备案;分散销售即开型彩票的游戏规则由彩票发行机构报财政部审核批准,销售实施方案报省级财政部门审核批准。

第九条　集中销售即开型彩票需提前终止或延期销售时,应经当地县级以上人民政府批准后对外公告,并向同级财政部门报告。分散销售即开型彩票停止销售前,需由彩票发行机构报财政部批准。

第十条　彩票机构不得在已批准的即开型彩票游戏规则之外附设奖项和游戏。集中销售即开型彩票100万元以下的设奖奖组不得采取入围二次抽奖方式决定大奖。

第十一条　集中销售即开型彩票,必须取得销售所在地政府同意,并建立由所在地政府有关部门组成的销售指挥机构,内部设置销售、宣传、安全、兑奖、后勤等职能机构。

第十二条　集中销售即开型彩票的销售场所应具备开放程度高,进出道路畅通等条件。销售现场搭建的临时建筑必须牢固、安全。

第十三条　即开型彩票销售宣传要遵守国家法律,内容要真实,注重舆论正面导向。在对外公告和宣传中,必须注明财政部或省级财政部门的批准文件名称及文号。集中销售即开型彩票的现场主持人用语要文明规范,行为要得体。

第十四条　彩票机构组织即开型彩票发行和销售时,可按《通知》相关规定对外委托广告、宣传、组织销售队伍等业务。

第十五条　被委托单位需具备以下条件:

1. 具有民事行为能力的法人。

2. 没有违反国家法律法规的不良记录。

3. 具有一定经济实力、知名度和良好的社会信誉。

第十六条　以下工作和业务不得对外委托：

1. 设奖方案的确定；

2. 彩票的印制、保管、发放和销毁；

3. 开奖器具的置备；

4. 摇奖和兑奖；

5. 资金账户的开设和管理，资金收入、结算与缴拨；

6. 其他不宜委托的业务。

第十七条　彩票机构不得采用承包、转包、买断等形式对外委托彩票发行和销售业务。

第三章　开奖与兑奖管理

第十八条　集中销售即开型彩票的开奖操作过程和开奖器具必须经公证人员公证，非彩票机构人员不得参与。

第十九条　集中销售即开型彩票 50 元以下的奖项由销售人员直接兑付，并保留中奖彩票。每天销售结束时由彩票机构对当日销售和兑奖进行清算，对每一个销售人员兑付的奖金进行制表登记，向销售人员收回已兑奖的中奖彩票。兑付奖金的销售人员和彩票机构负责清算的工作人员必须在兑奖登记表上签字，签字后的兑奖登记表作为兑奖原始凭证入账。

50 元以上的奖项集中到指定的兑奖处兑奖，由彩票机构工作人员负责兑奖并制表登记，兑奖者和彩票机构工作人员必须在兑奖登记表上签字，该登记表作为原始凭证入账。其中，1 万元以上的奖项，中奖者应在中奖彩票背面签署本人姓名及有效身份证件号码，提供有效身份证明（头等奖中奖者需留存有效身份证明复印件）后验奖，验奖无误后，办理兑奖登记手续，中奖彩票、登记表、头等奖中奖者有效身份证明复印件均作为原始凭证入账。

第二十条　分散销售即开型彩票按游戏规则规定兑奖。由销售点兑奖的彩票，彩票机构应定期与销售点进行兑奖及资金清算，收回销售点已兑奖彩票，编制兑奖清算登记表。销售点业主及彩票机构经办人员要在兑奖登记表中签字，该兑奖登记表作为原始凭证入账。在指定地点兑奖的彩票，中奖者应提供有效身份证明（头等奖中奖者需留存有效身份证明复印件），填写兑奖登记表，中奖彩票、登记表及中奖者有效身份证明的复印件均作为原始凭证入账。

第二十一条　在兑奖有效期内,中奖者提出兑奖要求,经验证和确认后,彩票机构和销售点应即时兑付,不得拖延。彩票机构及其工作人员不得替彩民保管未兑付的中奖彩票。

第二十二条　兑奖期在具体的游戏规则中确定,并在售票前予以公告。逾期未兑奖,按弃奖处理。

第四章　资金管理

第二十三条　即开型彩票的返奖比例、奖池、奖级的设置等在相应游戏规则中规定。

第二十四条　按省级行政区域组织销售的即开型彩票,由省级彩票机构统一设置奖池,全国统一发行销售的即开型彩票,由彩票发行机构统一设置奖池。奖池资金由弃奖奖金,以及按规定奖组或结算周期计算的实际返奖比例低于规定返奖比例部分的资金组成。

第二十五条　奖池资金必须全部用于返奖,包括用于支付各种不可预见情况下的奖金支出风险以及设立特别奖,不得挤占、挪用。

第二十六条　集中销售即开型彩票可设置奖池,设置奖池由省级彩票机构报省级财政部门批准,并报彩票发行机构备案。不同场次的奖池资金可集中设置统一奖池。分散销售即开型彩票按不同品种分别设置奖池,不得相互挤占、挪用。彩票机构动用奖池资金需报同级财政部门批准。

第二十七条　未设置奖池的即开型彩票弃奖奖金上缴财政专户,纳入公益金管理。

第二十八条　集中销售即开型彩票,销售前彩票销售机构应在国有商业银行开设当期彩票销售收入临时专用账户,当期即开型彩票销售的启动资金、销售收入和销售支出等在该账户中核算。当期销售活动结束后 20 日内,彩票机构应进行结算,清理并取消该账户。该账户账号由彩票机构在销售前以书面形式报送同级财政部门备案。

第二十九条　按省级行政区域组织销售的即开型彩票,公益金原则上实行省级集中统一缴拨,其中,集中销售即开型彩票公益金,应于销售活动结束后三周内全额缴入省级财政专户;分散销售即开型彩票公益金,应于每月 10 日前全额缴入省级财政专户。全国统一发行销售的即开型彩票公益金按相关资金管理办法管理。

第三十条　即开型彩票发行经费实行分级管理。各彩票机构应将属于本级使用的发行经费扣除零售(网点)代销费后缴入同级财政专户,集中销售即开型彩票应于销售活动结束后三周内上缴,分散销售即开型彩票应于每月 10 日前上缴。需上缴上级和下拨下级彩票机构的发行经费,由彩票机构在上述时限内按规定比例缴拨。

第五章　统计管理

第三十一条　彩票机构要有专人负责即开型彩票发行销售统计工作,统计数据要及时、准确,不得随意更改。

第三十二条　集中销售即开型彩票应于销售活动结束后一个月内编制销售报表,分散销售即开型彩票应于每月 10 日前编制销售报表,报表需加盖彩票机构公章和主管财务人员名章后报同级财政部门和上级彩票机构。

第三十三条　集中销售即开型彩票以销售结束日所在月份确定统计期,分散销售即开型彩票以销售额实际发生日期所在月份确定统计期。

第六章　印制、仓储与运输管理

第三十四条　有纸即开型彩票的版式、票面图案、规格、制作形式、包装等技术工艺指标,由彩票发行机构统一制定。

第三十五条　地(市)以上彩票机构应建立纸质即开型彩票储存专用仓库。彩票仓库应具备防火、防水、防盗、防潮、防虫等功能,并配备专人管理。库内不得存放与彩票业务无关的物品。

第三十六条　有纸即开型彩票实行出入库登记制度,出入库记录保存 5 年。

第三十七条　彩票储存专用仓库应设有库存明细账和台账,并按下列原则登记库存情况:

(一)彩票发生增减必须登记,记录与实物应相符;

(二)彩票按品名和编号分类登记;

(三)按时序逐笔登记,不得并笔轧差和隔日登记;

(四)办理入库业务,先入库后登记;办理出库业务,先登记后出库。

第三十八条　彩票机构应定期盘点,将库存明细账和台账与业务部门总账进行核对,做到账票相符,账账相符。

第三十九条　彩票运输主要采用铁路和公路两种运输方式,特殊情况下可以空运。铁路运输要由两人押运;公路运输使用车况良好的箱式货车,专人押运。遇有突发事件,应及时报告,并采取措施保护彩票的安全。

第四十条　彩票机构调拨有纸即开型彩票,应将调拨单抄送同级财政部门和相关财政部门。

第七章　彩票销毁

第四十一条　纸质即开型彩票运输和销售中产生的废票、尾票、质量失去保障以及超过规定使用年限的彩票应定期销毁。纸质即开型彩票使用期限为自印刷之日起五年。

第四十二条　彩票机构销毁有纸即开型彩票前,需进行账务账实核对,并报同级财政部门备案。按省级行政区域组织销售的,由省级彩票销售机构负责组织销毁,并报彩票发行机构批准,省级财政部门、公证部门负责监销;在全国统一发行销售的,由彩票发行机构负责组织销毁,财政部和公证部门负责监销。

第四十三条　彩票销毁前,监销人员需按彩票发行机构批准的销毁数量、品种与现场待销毁彩票进行核对,清点零张数,抽点整捆票,各品种彩票抽点比例不得低于20%。核对无误后,出具公证证明并签字、盖章。如在核对中发现问题,应立即停止销毁工作,查明原因。

第四十四条　监销人员必须到现场监督销毁全过程。

第四十五条　彩票销毁可采用粉碎、焚烧、打浆等方式进行。

第八章　监督管理

第四十六条　集中销售即开型彩票,彩票机构需在销售现场公布销售起止时间、彩票名称、奖组规模、奖组数、设奖规则和兑奖程序,销售结束后应张榜及时公布销售总额和中奖、兑奖情况。

第四十七条　财政部门要定期或不定期地检查同级彩票机构彩票领用、库存、销售收入、返奖、兑奖、奖池、公益金和发行经费核算上缴等情况。财政部门应到同级彩票机构即开型彩票集中销售现场检查政策和制度执行情况,发现问题要立即纠正并追查原因和责任。

第四十八条　在即开型彩票销售过程中,若被委托单位发生违规行为,除依法追究其法律责任外,所有彩票机构将不得再与之合作,并将视彩票机构应负责任给予警告或罚款处罚。

第四十九条　彩票机构应自觉接受财政部门和审计部门的检查,积极配合检查工作,对提出的问题要及时纠正。

第九章　附　则

第五十条　本规定自发布之日起施行。

第五十一条　本规定由财政部负责解释。

第五十二条　各省、自治区、直辖市财政厅（局）可根据本规定，结合本地区实际情况制定实施细则并报财政部备案。

后　记

　　参与本书撰写的人员包括(按姓氏笔画)万成兆、朱新力、吕艳滨、宋华琳、苏苗罕、张渊、陈无风、陈伟、罗利丹、骆梅英、胡敏洁、唐明良、高春燕、黄金富、路遥。具体的分工如下:唐明良、朱新力撰写第一章;陈伟、罗利丹、万成兆撰写第二章;骆梅英、朱新力撰写第三章;胡敏洁、宋华琳撰写第四章;苏苗罕撰写第五章;高春燕撰写第六章;黄金富、朱新力撰写第七章;吕艳滨撰写第八章;张渊撰写第九章;路遥撰写第十章;陈无风撰写第十一章。附录一由唐明良、朱新力撰写;附录二由宋华琳提供。本书由陈无风审校了初稿,宋华琳审核了二稿,最后由朱新力统一定稿。

　　因为时间和能力的关系,书中可能存在的问题,恳请读者斧正。

　　　　　　　　　　　　　　　　　　"彩票业政府管制与立法研究"课题组
　　　　　　　　　　　　　　　　　　2006 年 11 月 25 日于杭州

图书在版编目(CIP)数据

彩票业的政府管制与立法研究 / 朱新力等著. —杭州：
浙江大学出版社,2007.8
(公法时代丛书)
ISBN 978-7-308-05216-0

Ⅰ.彩… Ⅱ.朱… Ⅲ.①彩票－国家干预－研究②彩票－
立法－研究 Ⅳ.F830.9 D912.28

中国版本图书馆 CIP 数据核字(2007)第 036493 号

彩票业的政府管制与立法研究

朱新力　宋华琳　等著

策　　划	曾建林　张　明
责任编辑	张　明
封面设计	俞亚彤
出版发行	浙江大学出版社
	（杭州天目山路 148 号　邮政编码 310028）
	（E-mail:zupress@mail.hz.zj.cn）
	（网址:http://www.zjupress.com）
排　　版	浙江大学出版社电脑排版中心
印　　刷	德清县第二印刷厂
开　　本	787mm×1092mm　1/16
印　　张	15
字　　数	270 千字
版印次	2007 年 8 月第 1 版　2007 年 8 月第 1 次印刷
书　　号	ISBN 978-7-308-05216-0
定　　价	28.00 元